学校传统保健体育教程

迟永柏　田　芳　李翠霞　著

中医古籍出版社

图书在版编目（CIP）数据

学校传统保健体育教程/迟永柏等著．-北京：中医古籍出版社，2007

ISBN 987-7-80174-527-9

Ⅰ．学…　Ⅱ．迟…　Ⅲ．体育保健学-高等学校-教材
Ⅳ．G804.3

中国版本图书馆CIP数据核字（2007）第077795号

学校传统保健体育教程

编　　著：迟永柏　田　芳　李翠霞

责任编辑：刘　婷
封面设计：天水工作室
出版发行：中医古籍出版社
社　　址：北京东直门内南小街16号（100700）
印　　刷：三河市长鸣印装厂
开　　本：850mm×1168mm　1/32
印　　张：12.5
字　　数：314千字
版　　次：2007年2月第一版　2007年2月第一次印刷
印　　数：0001～3000册
ISBN 978-7-80174-527-9
定　　价：28.00元

作者简介

迟永柏，黑龙江中医药大学体育部教授，1960年生，1985年毕业于哈尔滨师范大学，获教育学学士学位。立项课题七项，科研获奖十项，在国外、国家级、省级学术刊物上发表论文15篇，参编书2部，专著1部。

2005年个人投资创办了“黑龙江省新龙传统保健体育学校”，担任校长（法定代表人），该校被黑龙江省体育局指定为“黑龙江省体育行业特有工种职业技能鉴定站指定培训基地”（培训基地编号为005）。

2006年，北京体育大学、黑龙江中医药大学、黑龙江省新龙传统保健体育学校开展联合办学并成立“北京体育大学哈尔滨函授站”，迟永柏任函授站站长。北京体育大学、黑龙江中医药大学负责高等函授教育，黑龙江省新龙传统保健体育学校负责开展体育行业特有工种职业技能培训。

2002年参加由教育部高等教育司和科学技术司联合举办的高等学校骨干教师培训班学习并获得《高等学校骨干教师培训证书》。

2005年参加“全国体育行业特有工种第一期职业技能理论教师培训班”学习并获得由国家体育总局职业技能鉴定指导中心颁发的《体育行业特有工种职业技能培训教师资格证书（公共理论）》。同年又参加“全国首届体育行业职业技能鉴定考评员培训班”学习并获得由中华人民共和国劳动和社会保障部职业技能鉴定中心颁发的《国家职业技能鉴定考评员资格证书》。

2005 年，受国家体育总局人力资源开发中心（职业技能鉴定指导中心）职鉴部主任吉伟东处长的委托与黑龙江省体育局政策法规处处长（黑龙江省体育行业职业技能鉴定站站长）李红根一起向中华人民共和国劳动和社会保障部起草了关于“运动康复保健师”新职业的《建议书》。

2006 年，受“黑龙江省体育行业特有工种职业技能鉴定站”委托起草了：《健身气功社会体育指导员职业技能鉴定培训教材编写提纲》、《健身气功社会体育指导员职业技能鉴定培训大纲》和《健身气功社会体育指导员职业技能鉴定培训试题库及答案》。

黑龙江省教育科学研究院基础教育研究所、黑龙江省基础教育研究指导中心聘请为基础教育体育研究兼职研究员。

内容提要

本专著是北京体育大学、黑龙江中医药大学、黑龙江省新龙传统保健体育学校（黑龙江省体育行业特有工种职业技能鉴定站指定培训基地（培训基地编号005））联合办学“北京体育大学哈尔滨函授站”传统保健体育培训的指定教材。又是黑龙江省教育科学“十一·五”规划重大课题《黑龙江省中小学教师队伍建设现状及对策研究》子课题（省重点课题级）《提高教师及学生身体素质的行动研究》（课题批准文号：HZD001－0026）的研究成果，同时还是黑龙江中医药大学2006～2007年度教育教学基金资助项目“中俄传统保健体育及职业技能培训的研究”的研究成果。

本专著是作者迟永柏继《高校公共体育课武术多媒体教学》一书之后的又一部传统保健体育培训教材。

该专著的作者是由从事高等中医药院校传统保健体育教学和训练多年的黑龙江中医药大学体育部教授、北京体育大学哈尔滨函授站站长、黑龙江省新龙传统保健体育学校校长（法定代表人)、黑龙江省教育科学研究院基础教育研究所、黑龙江省基础教育研究指导中心基础教育体育研究兼职研究员迟永柏、哈尔滨市阿城师范学校体育部高级讲师田芳、哈尔滨工程大学体育军事训练部李翠霞教授合著，其中迟永柏编写第一章至第四章以及附件，编写字数共计十二万六千余字；田芳编写第五章第一节至第五章第四节，编写字数共计八万四千余字；李翠霞编写第五章第五节至第五章第八节，编写字数共计八万七千余字。

在编写内容与方法上体现了“精选、实用”的特点。全书分为五章。第一章叙述传统保健体育的概念、内容、特点、功能、健身机理以及传统保健体育对人体机能的良好影响；第二章叙述传统保健体育的教学特点、教学原则以及教学方法；第三章叙述传统保健体育导引养生基础（调身、调息、调心）；第四章介绍传统保健体育导引养生功法（自我保健按摩、部位拍打导引、练功十八法、五禽戏、八段锦、易筋经）；第五章介绍传统保健体育武术套路（简化太极拳、初级长拳第三路、初级剑术、初级棍术、初级刀术、初级枪术、太极剑、八卦掌）。

所有的套路和功法均有详细的图解，并有动作要领和动作要点予以说明和指导，可以有助于大中小学生既了解传统保健体育的理论知识，又能够选择适合自己的传统保健体育项目进行学习锻炼，对提高大中小学生身体素质有良好的促进作用。

经过系统的传统保健体育教学和训练后，教师和不同年级的学生的身体素质都会有不同程度的提高，可参照中华人民共和国教育部、国家体育总局、学生体质健康标准研究课题组编著的《学生体质健康标准（试行方案）》内容，每年进行一次测试，并进行对比和比较，以评价身体素质的提高与否。

序 言 一

中华传统保健体育，源远流长。它有着悠久的历史和广泛的群众基础，是中华民族在长期生活与斗争实践中逐步积累和发展起来的一项宝贵文化。传统保健体育的内容丰富多彩，形式多样，风格独特，它具有强身健体、防身自卫、锻炼意志、陶冶性情、竞技比赛、娱乐观赏、交流技艺、增进友谊的功能，是一项具有较高社会价值和民族文化特色的中国传统项目。

20 世纪 80 年代以来，具有中国文化特色的传统保健体育在高等学校校园蓬勃兴起，高校普遍开设了武术、气功等传统保健体育课。

传统保健体育锻炼要求练习者自己积极投入练功实践，自我体悟最佳的练功操作方法，合理地选练适合自己的项目，科学地运用教学原则和教学步骤指导自己锻炼。这些对于初学者和自学者来说，都有一定的困难，而本书恰好解决了这个问题。

《学校传统保健体育教程》是黑龙江省教育科学“十一·五”规划重大课题《黑龙江省中小学教师队伍建设现状及对策研究》子课题（省重点课题级）《提高教师及学生身体素质的行动研究》（课题批准文号：HZD001－0026）的研究成果。该子课题主持人迟永柏是我校具有多年传统保健体育课教学和辅导经验并承担我校大一普修课和大二武术专修课的教师。他学有专长，学术上有所建树。他是 7 项立项课题的主持人，科研获奖 10 项，在国外、国家级和省级学术刊物上发表科研论文 15 篇，参编书 2 部，专著 1 部。2005 年参加“全国体育行业特有工种第一期职业技能理论教师培训班”学习并获得由国家体育总局职业技能鉴定指导中心颁发的《体育行业特有工种职业技能培训教师资格证书（公共理论）》。同年又参加“全国首届体育行业职业技能鉴定考评员培训班”学习并获得由中华人民共和国劳动和社会保障部职业技能鉴定中心颁发的《国家职业技能鉴定考评员资格证书》。参加过由教育部高等教育司、科学技术司组织的高等学校骨干教师培训并获《高等学校骨干教师培训证书》。他总结了多年的丰富的教学经验，把可供学生选用的传统保健体育项目汇集起来编写成书，奉献给广大传统保健体育爱好者。

《学校传统保健体育教程》具有较强的知识性、科学性和实用性，必会引导选练传统保健体育的学生走上身心健康之路。

黑龙江中医药大学校长、教授、博士生导师：

2007 年 1 月

序 言 二

《学校传统保健体育教程》是黑龙江省教育科学“十一五”规划重大课题《黑龙江省中小学教师队伍建设现状及对策研究》子课题（省重点课题级）《提高教师及学生身体素质的行动研究》（课题批准文号：HZD001－0026）的研究成果。

教育部体育卫生与艺术教育司司长杨贵仁强调：“课业负担过重、学习时间过长、运动严重不足是导致学生体质下降的重要原因。”

从1985年起，我国共进行了4次全国青少年体质健康调查。调查显示，最近20年我国青少年体质在持续下降，视力不良检出率仍居高不下，超重及肥胖检出率呈上升趋势。最近一次全国青少年体质健康调查报告表明，学生肥胖人数在过去5年内迅速增加，1/4的城市男生是“胖墩”；眼睛近视比例，初中生接近60%，高中生为76%，大学生高达83%。

该成果正是根据目前大中小学生体质下降的现状，运用中华传统保健体育的理论和方法，对在校生及教师进行科学的锻炼指导，并能够根据中华人民共和国教育部、国家体育总局、学生体质健康标准研究课题组编著的《学生体质健康标准（试行方案）》进行效果检验，它对在校生及教师进行传统保健体育的锻炼以及身体素质的提高具有指导意义。

黑龙江省教育科学研究院基础教育研究所、黑龙江省基础教育研究指导中心聘请黑龙江中医药大学体育部教授、北京体育大学哈尔滨函授站站长、黑龙江省新龙传统保健体育学校校长（法定代表人）迟永柏为基础教育体育研究兼职研究员。

黑龙江省教育科学研究院副院长、研究员：(本人签字、盖名章)

黑龙江省教育科学“十一五”规划重大课题

《黑龙江省中小学教师队伍建设现状及对策研究》总课题组

2007 年 1 月

前　言

《学校传统保健体育教程》是北京体育大学、黑龙江中医药大学、黑龙江省新龙传统保健体育学校（黑龙江省体育行业特有工种职业技能鉴定站指定培训基地（培训基地编号005））联合办学“北京体育大学哈尔滨函授站”传统保健体育培训的指定教材。又是黑龙江省教育科学“十一·五”规划重大课题《黑龙江省中小学教师队伍建设现状及对策研究》子课题（省重点课题级）《提高教师及学生身体素质的行动研究》（课题批准文号：HZD001－0026）的研究成果，同时还是黑龙江中医药大学2006~2007年度教育教学基金资助项目“中俄传统保健体育及职业技能培训的研究”的研究成果。

本书是由迟永柏、田芳、李翠霞合著，其中迟永柏编写第一章至第四章以及附件，田芳编写第五章第一节至第五章第四节，李翠霞编写第五章第五节至第五章第八节。

本书是继《高校公共体育课武术多媒体教学》一书之后的又一部传统保健体育培训教材。

体育是学校教育的组成部分，是全面贯彻党的教育方针的一个重要方面。高等学校、中小学校体育教学的根本任务是培养身心全面发展的人才，以适应社会发展的需要。引导和教育学生主动、积极、科学地锻炼身体，使之获得独立从事传统保健体育运动的基本能力，培养终身体育的兴趣和良好锻炼的习惯，为自身全面发展打下良好的基础。

传统保健体育是实现高等学校、中小学校体育的目的、任务，有效地增强学生体质的重要手段之一。中共中央和国务院下发了关于进一步加强和改进新时期体育工作的意见，其中开展全民健身活动，增强人民体质，是体育工作的根本任务，是利国利民、功在当代、利在千秋的事业。1999 年中共中央、国务院《关于深化教育改革全面推进素质教育的决定》中指出：“学校教育要树立健康第一的思想，切实加强体育工作，使学生掌握基本的运动技能，养成坚持锻炼身体的良好习惯。实施素质教育必须把德育、智育、体育、美育等有机地统一在教育活动的各个环节中。学校教育不仅要抓好智育，更要重视德育，还要加强体育、美育、劳动技术教育和社会实践，使诸方面教育互相渗透，协调发展，促进学生的全面发展和健康成长。”为了丰富和加强学校体育工作，充实和完善体育教学内容，以适应未来自我发展的需要，国家颁布《学校体育工作条例》指出要“积极开展多种形式的强身健体活动，重视继承和发扬民族传统体育，积极开展体育科学研究工作”。教育部于 2002 年 8 月 12 日下发了《全国普通高等学校体育课程教学指导纲要》明确指出：“体育课程内容应民族性与世界性相结合。弘扬我国民族传统体育，汲取世界优秀体育文化，体现时代性、发展性、民族性和中国特色。”国家中医药管理局司函（国中医药办函（2003）14 号）《关于举办全国中医药院校传统保健体育运动会有关问题的复函》中明确指出：“传统保健体育运动是中医学的重要组成部分，作为强身健体、防病治病、陶冶情操的积极有效的健身方法，在中医药院校中普遍受到重视和学生的欢迎。传统保健体育运动是中医药院校教育独具的特色，对推进素质教育，扩大中医药的影响起到了积极的作用，应继续加以弘扬发展。”

从 1985 年起，我国共进行了 4 次全国青少年体质健康调查。调查显示，最近 20 年我国青少年体质在持续下降，视力不良检出率仍居高不下，超重及肥胖检出率呈上升趋势。最近一次全国青少年体质健康调查报告表明，学生肥胖人数在过去5年内迅速增加，1/4的城市男生是“胖墩”；眼睛近视比例，初中生接近60%，高中生为76%，大学生高达83%。

教育部体育卫生与艺术教育司司长杨贵仁强调：“课业负担过重、学习时间过长、运动严重不足是导致学生体质下降的重要原因。”

传统保健体育是一项以祖国医学的基本理论体系为理论基础，与传统养生健身方法相结合的具有民族文化特色的健身运动，它具有预防医学、临床医学、康复医学的综合效用。对在校生开展传统保健体育的教学和训练，让学生学习和掌握中华民族传统的健身、养生手段，提高自我保健意识，了解养生机理，对于提高全民族的身体素质和贯彻全民健身计划具有十分重要的意义。

《学校传统保健体育教程》正是从学生强身健体的需要出发，向广大传统保健体育爱好者系统地介绍了传统保健体育的具体内容，书中对传统保健体育的概念、内容、特点、功能、健身机理、对人体机能的良好影响、传统保健体育的教学特点、教学原则、教学方法进行了详细的阐述。同时，对传统保健体育导引养生基础、传统保健体育导引养生功法以及武术套路进行了详细的介绍和说明。

《学校传统保健体育教程》是献给全民健身运动和在校生的一份薄礼。它将成为读者健身益智的良师，防病治病的益友，养生保健的参谋，祛病延年的向导，使读者从练传统保健体育中终身受益。

黑龙江中医药大学校长、博士生导师匡海学教授和黑龙江省教育科学研究院副院长崔永平研究员在百忙中审阅了本书并为本书作序，北京体育大学成人教育学院院长马冰教授、黑龙江省体育局政策法规处处长、黑龙江省体育行业特有工种职业技能鉴定站站长李红根、黑龙江省教育科学研究院基础教育研究所赵清福所长和朱红研究员审阅了本书并提出了宝贵的意见，在此表示感谢。

由于水平有限，书中难免有不妥之处，恳请读者朋友批评指正。

北京体育大学哈尔滨函授站：(盖公章)

黑龙江省新龙传统保健体育学校：(盖公章)

黑龙江省体育行业特有工种职业技能鉴定站指定培训基地(005)：(盖公章)

北京体育大学哈尔滨函授站站长
黑龙江省新龙传统保健体育学校校长、法定代表人
黑龙江中医药大学体育部教授
黑龙江省教育科学研究院基础教育研究所、黑龙江省基础教育研究指导中心基础教育体育研究兼职研究员
(本人签字、盖名章)

迟永柏

迟永柏印

2007 年 1 月于哈尔滨

目　录

第一章　传统保健体育概述

第一节　传统保健体育的概念

国家中医药管理局司函（国中医药办函（2003）14 号）《关于举办全国中医药院校传统保健体育运动会有关问题的复函》中明确指出："传统保健体育运动是中医学的重要组成部分，作为强身健体、防病治病、陶冶情操的积极有效的健身方法，在中医药院校中普遍受到重视和学生的欢迎。传统保健体育运动是中医药院校教育独具的特色，对推进素质教育，扩大中医药的影响起到了积极的作用，应继续加以弘扬发展。"

传统保健体育是中国古代的养生学说与强身健体的锻炼方法相结合的宝贵民族文化遗产。它依靠人体自身的能力，通过姿势的调整、呼吸的锻炼、意念的运用，来调节和增强人体各部分机能，诱导和启发人体内在潜力，起到防病、治病、益智、延年的作用。它属于人体科学的范畴。

传统保健体育旨在发挥人的主观能动性，通过自身的锻炼，有意识地自我控制心理、生理活动，取得增强体质、防病治病的效果。传统保健体育重视加强人体内部运动，调整人体内部的机能，也就是精、气、神的锻炼。它不追求短期内身体的激烈运动，而是通过姿势、呼吸、意念的锻炼，漫漫地调整人体生理功能来发挥作用，因此尤其适应体质虚弱者和慢性病患者锻炼。

传统保健体育是一项以祖国医学的基本理论体系为理论基础，与传统养生健身方法相结合的具有民族文化特色的健身运动，它具有预防医学、临床医学、康复医学的综合效用。

面向21世纪高等中医药院校的人才规格应该如何定位，如何从体育教育的角度体现中医药院校的办学特色，特别是如何通过体育教育培养学生的非药物能力问题就显得尤为重要。中共中央和国务院下发了关于进一步加强和改进新时期体育工作的意见，其中开展全民健身活动，增强人民体质，是体育工作的根本任务，是利国利民、功在当代、利在千秋的事业。中共中央、国务院《关于深化教育改革全面推进素质教育的决定》中明确指出："学校教育要树立健康第一的思想，切实加强体育工作，使学生掌握基本的运动技能，养成坚持锻炼身体的良好习惯。实施素质教育，必须把德育、智育、体育、美育等有机地统一在教育活动的各个环节中。学校教育不仅要抓好智育，更要重视德育，还要加强体育、美育、劳动技术教育和社会实践，使诸方面教育互相渗透，协调发展，促进学生的全面发展和健康成长。"教育部于2002年8月12日下发了《全国普通高等学校体育课程教学指导纲要》明确指出："体育课程内容应民族性与世界性相结合。弘扬我国民族传统体育，汲取世界优秀体育文化，体现时代性、发展性、民族性和中国特色。"为了丰富和加强高等学校体育工作，充实和完善体育教育内容，以适应未来健康的需要，根据国家颁布的《学校体育工作条例》中指出的"积极开展多种形式的强身健体活动，重视继承和发展民族传统体育，积极开展体育科学研究工作"的精神，中医药高等教育学会下属的中国传统保健体育组织"全国中医药院校传统保健体育研究会"制定了本会的宗旨："团结和联络全国各中医药院校的体育工作者、教师和学生，改革体育教学，继承和发展中国民族传统体育，研究人体科学，普及与提高武术、五禽戏、易筋经、八段锦、太极拳、保健按摩和保健气功等传统养生理论与功法，切磋技艺，交流经验，增进师生身心健康，活跃学校文化生活。同时致力于国内外交流，促进传统保健体育的教学、学术研究、运动竞赛与训练以及群体活动的健康发展，为推动各校体育工作做出贡献。”为使高等中医药院校传统保健体育健身气功教育开展得更好，使学生学习和掌握中华民族传统的健身、养生手段，提高自我保健意识，了解养生机理，培养学生会运用传统保健体育健身气功这种非药物疗法指导患者康复保健、防病治病的能力，有必要对高等中医药院校开展传统保健体育教育的必要性、健身气功的概念以及内容进行探讨，以便收到较好的教育效果。

一、高等中医药院校开展传统保健体育教育的必要性

高等中医药院校是培养未来中医药专门人才的基地。毕业生走向社会后担负着为人民的卫生保健事业服务的重任。目前，在世界范围内自然医学重新受到广泛的关注。传统保健体育是一项以祖国医学的基本理论体系为理论基础，与传统养生健身方法相结合的具有民族文化特色的健身运动，它具有预防医学、临床医学、康复医学的综合效用。

高等中医药院校的体育教育如何体现中医药院校的办学特色，突出自己的办学特点，如何通过体育教育培养学生运用传统保健体育这种非药物疗法指导患者康复保健、防病治病的能力是一个值得探讨的问题。然而在高等中医药院校体育教学中，单纯以竞技为中心的体育教材仍占主要地位。教学中安排难度较高的竞技内容，采用专业式的教学方法，统一教学要求和考核标准，忽视了学生身体发展的个体差异。学生所学的项目和内容，在毕业步入社会后，因时间、场地、器材、环境等条件限制，无法进行体育锻炼。而学生急需的有益健康、健身、保健和养生等方面的理论知识和技能又很少学到，或者根本没有掌握。因此，对高等中医药院校学生进行传统保健体育教育具有十分重要的意义。

二、高等中医药院校传统保健体育健身气功的概念

（一）气功的概念

气功是中华民族一项历史悠久的健身养生术，他包含道家的吐纳、服气、行气、炼丹……，佛家的坐禅、参禅、定功……，医家的导引、按跷、养生……，儒家的“修身养气”等健身方法。由于流派众多，因此，在很长的时间里没有统一的名称。

新中国成立后，“气功”一词被广泛应用，1980年以后出版的《体育辞典》、《辞海》，1988年人民卫生出版社出版的《中国气功辞典》，1995年出版的《简明中医辞典》以及陕西科技出版社出版的《实用中医辞典》中都收入了“气功”这个词条。说明气功一词来源于中医文化、体育健身文化，是一种独特的医疗保健方法。

1998年由国家体育总局武术运动管理中心组织编写的《健身气功培训教程》（试用）一书对“气功”内涵的概括为：“气功是基于中华传统文化的人体生命整体观，通过调心、调息、调身的锻炼，改善自身的健康状况，开发人体潜能，使心身臻于高度和谐的技能。”1999年出版的高校教材《中医气功学》里对气功概念的基本解释为：气功是调身、调息、调心合为一体身心锻炼技能。调身、调息、调心在气功学里简称为“三调”。这个解释的特点是将气功定性为“三调合一”的操作技能，认为达到三调合一的身心活动就是气功，三调合一的状态或境界即是气功修炼的基本特征。

气功以其简单易学、动作舒缓、对场地和器材要求不高、健身效果良好等特点，深受广大群众特别是中老年群众喜爱，在推动全民健身运动、满足多元化体育健身需要方面发挥着积极的作用。

（二）健身气功的概念

健身气功是以自身形体活动、呼吸吐纳、心理调节相结合为主要运动形式的民族传统体育项目。健身气功的概念是 1996 年 8 月 5 日中共中央宣传部、原国家体委、卫生部、民政部、公安部、国家中医药管理局、国家工商行政管理局等七部委联合下发的《关于加强社会气功管理的通知》中第一次提出的。该通知明确："社会气功是指社会上众多人员参与的健身气功和医疗气功活动。其中群众通过参加锻炼，从而强身健体、养生康复的，属健身气功；对他人传授或运用气功疗法直接治疗疾病，构成医疗行为的，属气功医疗。"2000 年 9 月，国家体育总局第 4 号令《健身气功管理暂行办法》又进一步将"健身气功"界定为"以自身形体活动、呼吸吐纳、心理调节相结合为主要运动形式的民族传统体育项目，是中华悠久文化的组成部分"。2003 年 2 月，健身气功被国家体育总局确立为第 97 个体育运动项目。

第二节　传统保健体育的内容

（一）全国高等学校（其中包括高等中医药院校）公共体育课教材《中国传统保健体育与养生》一书中对传统保健体育内容的界定。

全国高等学校体育教学指导委员会审定的全国高等学校公共体育课教材《中国传统保健体育与养生》一书，从高等中医药院校传统保健体育教育的角度，将传统保健体育的内容分为两类：

1. 导引　导引是我国古代劳动人民在长期的生活和劳动中，在与疾病和衰老作斗争的过程中，逐渐认识和创造的一项自我身心锻炼的方法和理论。导引包括导引养生基础（调身、调息、调心）、传统导引养生功法（五禽戏、八段锦、易筋经）、现代导引养生功法（练功十八法、舒心平血功、木兰拳（二十八式））、按摩拍打导引（自我保健按摩、足部点穴养生、部位拍打导引）。

2. 武术　武术是以技击为主要内容，以套路和搏斗的运动形式，注重内外兼修的中国传统体育项目，是我国宝贵的民族文化遗产。中国武术按其运动形式可分为套路运动和搏斗运动两大类。套路运动，是以技击动作为素材，以攻守进退、动静疾徐、刚柔虚实等矛盾运动的变化规律编成的整套练习形式。其内容包括：

（1）拳术：包括查拳、华拳等类型的长拳，以及太极拳、南拳、形意拳、八卦掌、八极拳、通臂拳、翻子拳、劈挂拳、戳脚、少林拳、地趟拳、象形拳等。

（2）器械：包括刀、剑等短器械；枪、棍、大刀等长器械；双刀、双剑、双钩、双枪等双器械；九节鞭、三节棍、绳镖、流星锤等软器械。

（3）对练：是两人以上按照固定动作进行攻防格斗的套路练习，包括徒手对练、器械对练、徒手和器械对练。

（4）集体操练：是六人以上的徒手或器械的集体表演，可以编成图案，用音乐伴奏，使队伍整齐，动作划一。

（二）全国中医药院校传统保健体育运动会竞赛规程中对传统保健体育竞赛项目的界定。

2004 年 7 月，由国家中医药管理局、全国中医药院校传统保健体育研究会主办、浙江中医学院承办的第七届全国中医药院校传统保健体育运动会竞赛规程中，将传统保健体育竞赛项目划分为三类：

第一类：传统保健规定项目①五禽戏；②八段锦；③易筋经；④其它传统保健项目。

第二类：集体项目①简化太极拳（24 式）；②太极剑（32

式)；③初级长拳第三路。

第三类：武术项目①拳术：长拳、南拳。②器械：刀术、剑术、枪术、棍术、南刀。③其它拳术：第一类：形意、八卦、八极拳；第二类：通臂、劈挂、翻子拳；第三类：地趟、象形拳；第四类：查、花、炮、洪、少林等拳。④其它器械：单器械、双器械、软器械。⑤太极拳、械类：42 式竞赛太极拳、其它太极拳、42 式竞赛太极剑、其它太极器械。⑥对练。

（三）高等体育院校对传统保健体育健身气功内容的界定。

北京体育大学自 1986 年始就将导引养生功列入教学大纲，开设了课程。北京体育大学张广德教授所著的《导引养生功》一书共分上中下三篇：

上篇：导引及导引养生功理论篇（第一章：导引沿革浅说。第二章：导引养生功健身及防治疾病总机理。第三章：导引养生功中的养生观）。

中篇：导引养生功基础功法篇（第一章：宁神练意调心功。第二章：导气令和调息功。第三章：引体令柔十三式。第四章：养血补气益寿功）。

下篇：导引养生功对症功法篇（第一章：舒心平血功。第二章：疏筋壮骨功。第三章：四十九式经络动功。第四章：导引保健功）。

（四）政府主管部门对传统保健体育健身气功内容的界定。

国家体育总局健身气功管理中心组织编创的健身气功新功法包括："健身气功·易筋经"、"健身气功·五禽戏"、"健身气功·六字诀"和"健身气功·八段锦"等 4 个功法。国家体育总局健身气功管理中心将在反复试验的基础上不断修改完善新功法，使之真正为广大群众所接受，所欢迎，真正成为推广普及健身气功的标志性项目，在满足群众多元化体育需求、提高全民健康水平方面作出新的更大贡献。

第三节　传统保健体育的特点

一、共性特点

1. 既能养生，又能治病

传统保健体育健身气功通过姿势的调整、呼吸的锻炼、心神的修养，来疏通经络、活跃气血、协调脏腑、平衡阴阳，起到锻炼真气、培育元气、扶植正气的作用，达到抵御外邪、祛病强身的目的。健身气功在锻炼时，强调放松机体、平衡呼吸、安静大脑，可直接作用于中枢神经及植物神经系统，缓冲不良情绪对大脑的刺激，降低大脑的应急性反应，从而维持人体内环境的相对稳定，预防疾病的产生。

2. 强调整体观，以内因为主的运动

传统保健体育健身气功的作用不是在于发展身体某部分机能或治疗某种疾病，而是通过调身、调息、调心的综合锻炼，达到调整中枢神经系统，增强机体的抵抗能力和适应能力，改善整个机体功能。通过这些锻炼，人的睡眠改善，食欲增强，精神充沛，身体内部正气逐渐旺盛。不少体弱或有病的人，就是在身体内部力量逐渐充实的基础上，摆脱了病理状态，增强了体质，提高了健康。有的人在治疗某种慢性病的同时，其他疾病也随之减轻或治愈。

3. 内外合一，形神兼备的练功方法

所谓“内”，指的是心、意、气等内在的情志活动和气息运动；所谓“外”，指的是手、眼、身、步等外在的形体活动。练静功时，一般采用坐、卧、站等安静的姿态，结合意念的集中与各种呼吸方法进行锻炼，姿势、呼吸、意念三者不可分割。动功由肢体运动、呼吸锻炼、意念运用三个部分组成。肢体运动表现于外，但要求达到“动中有静”，即注意力集中，情绪安定，并根据动作变化，配以适当的呼吸方法，达到形、意、气的统一。这种练功方法，对外能利关节、强筋骨、壮体魄，对内能理脏腑、通经络、调精神，使身心得到全面发展。

4. 具有广泛的适应性

传统保健体育健身气功不仅锻炼价值高，而且内容丰富、形式多样，不同的功法有着不同的动作结构、技术要求、风格特点和运动量，不受年龄、性别、体质、时间、季节、场地和器械的限制，人们通过锻炼，可以提高防病、治病能力，提高体质，增进健康。

二、四种功法的不同特点

国家体育总局健身气功管理中心组织编创的健身气功新功法共包括：“健身气功·易筋经”、“健身气功·五禽戏”、“健身气功·六字诀”和“健身气功·八段锦”等4个功法。这4个功法的特点分别表现在以下几个方面：

1.“健身气功·易筋经”的功法特点

（1）动作舒展，伸筋拔骨。

（2）柔和匀称，协调美观。

（3）注重脊柱的旋转屈伸。

2.“健身气功·五禽戏”的功法特点

（1）安全易学，左右对称。

（2）引申肢体，动诸关节。

（3）外导内引，形松意充。

（4）动静结合，练养相兼。

3.“健身气功·六字诀”的功法特点

（1）读音口型，系统规范。

（2）吐纳导引，内外兼修。

（3）舒缓圆活，动静结合。

（4）简单易学，安全有效。

4.“健身气功·八段锦”的功法特点

（1）柔和缓慢，圆活连贯。

（2）松紧结合，动静相兼。

（3）神与形合，气寓其中

第四节　传统保健体育的功能

一、从中医学说研究的角度讲，健身气功的功能主要体现在以下几个方面

1. 疏通经络

经络遍布全身，是人体气血运行的通道，经络不通则痛，脏腑组织器官得不到气血的滋养和温煦，会导致各种病症。练功时，意识注意的部位，大多是腧穴部位。腧穴是经络气血流注汇集和经气出入的地方；以意引气，多见循经络运行，这种经气传感现象，通过锻炼可以获得；肢体的活动或按摩拍打，触动气血循经络互流。因此，很多人都有这样的感觉，练功后许多不舒服的症状都有所改善。

2. 平衡阴阳

阴阳的动态平衡是维持人体正常生理活动的基础，阴阳平衡关系的破坏，就意味着疾病的发生。人体的很多病是由于阴阳不平衡引起的，阴阳必须保持相对平衡。如果阴阳平衡失调，就会产生阴虚阳亢、阳虚阴盛，或者出现阴盛阳衰，阳盛阴衰等各种病症。健身气功锻炼可以平衡阴阳，能够改善和消除阴阳失调的各种病症。

3. 调和气血

气血是构成人体的重要组成部分，是维持人体生命活动不可

缺少的精微营养物质。气具有推动、温煦、防御、固摄和气化等作用，血具有营养和滋润等作用。正常情况下，气血之间维持着一种“气为血之帅，血为气之母”的相辅相成的动态平衡状态，称谓“气血调和”。如果气血不足就可导致贫血或营养不良，免疫功能下降，从而产生许多虚病；如果气滞血淤就会导致气血运行障碍，产生许多实症。练静功时，有意守病灶的方法，即病灶在哪里，意念亦放在哪里，以意领气至病灶，气能推动血液至病灶，从而改善病灶部位的血液供应，加强营养和滋润作用，使病灶组织得以修复，恢复气血调和的状态。

4. 扶正祛邪

扶正是指可以扶助正气，疾病的产生大多与正虚邪实有关。正虚是指精血不足和脏腑功能低下，邪实是指风寒暑湿燥火六淫之邪气侵袭。健身气功锻炼既可扶助正气，又可祛除邪气，所以能够防治虚症或实症多种疾病。

5. 调理脏腑

中医学说将人体器官分为两大类：心、肝、脾、肺、肾称之为脏；胆、胃、小肠、大肠、膀胱称之为腑。脏腑功能状况的正常与否，决定着人体的健康和疾病，脏腑失调是人体失去健康的病理基础。健身气功中的“调心”，就是调心神，心情神凝，则身安气和，并使魂、魄、意、志处于协调安定状态，这样即能使五脏安和，心身健康。

二、从现代医学研究的角度讲，健身气功的功能主要体现在以下几个方面

1. 提高人体的免疫功能

免疫是指机体对入侵异物的识别、排除和消灭的过程。免疫作为机体内一个完整的系统，在机体的生活过程中将受到体内外各种因素的影响。不利因素可使免疫功能受到抑制、破坏甚至丧失，不利于机体的健康与生存；而有利因素将增强免疫系统的功

能，使机体健康长寿。传统保健体育健身气功对人体免疫功能的影响表现在两个方面。一方面是促进心理健康，增强免疫功能。传统保健体育健身气功锻炼其动作柔和，松静自然，意气相合，动静交替，练习后心情畅快，精神振奋，提高了自信心，从而消除了不良情绪对免疫抑制的影响。实验证明，运动后的良好心理效应，可使免疫细胞的应答能力明显提高，免疫细胞的活性增强，免疫细胞的数量增多，使人的免疫能力保持在一个较高的水平上。另一方面是提高免疫细胞的吞噬功能和免疫球蛋白的活性。例如：

（1）重庆医学院生理教研室的研究就证实，导引锻炼后白细胞吞噬能力和吞噬指数增强，而且观察到白细胞总数也有所增加。

（2）天津中医研究所在研究中将68例患者分成三组进行导引锻炼，观察练功前后白细胞吞噬能力的变化。练功2~3个月后，三组的白细胞吞噬率和吞噬指数分别提高22.3%、13.72%和21.1%。

（3）兰州部队总医院临床实验科对30例慢性病患者进行导引训练，分别在练功前、练功45天、练功90天作了四项细胞免疫检查，结果如（表一），数据说明练功45天时，其平均值都比练功前高，训练前期就提高了免疫细胞的数量和功能。

（表一）

测定项目	练功前	练功45天	练功90天
EtRFC（%）	53.65±7.48	65.70±7.87	68.28±6.39
EaRFC（%）	28.08±8.62	39.88±7.97	38.57±4.56
LTT（%）	48.09±7.93	50.50±8.58	62.90±11.29
ANAE（%）	50.87±13.59	56.63±15.40	61.10±13.45

（依《中国传统保健体育与养生》20001年10月）

2. 增强大脑功能

实验研究证明，在练功放松入静时，练功者脑电图中 α 波波幅增高，并由枕叶逐渐向颞叶扩散。单位时间氧耗明显下降，比清醒状态下的正常人低约 16%，而正常人在熟睡时，单位时间氧耗比清醒状态下低 10%，这说明健身气功锻炼比睡眠得到更好的休息。由于 α 波是反映大脑皮层抑制的波型，所以 α 波波幅增高并有扩散趋势，说明健身气功锻炼可减轻或消除大脑皮层各种不良刺激，调节中枢神经，促进大脑皮层和全身脏器得到调养，提高记忆能力和开发智力。

3. 减少能量消耗

实验研究证明，练功可以不同程度降低能量代谢，使人体从“耗能”态转化为“储能”态。研究发现，练功后人体血 ATP 含量比练功前显著升高，平均升高 0. 54 × 10 − 4M，说明练内养功有储能作用。因此，经常练习健身气功能减少能量消耗，增加能量储存，有利于养生保健，抗衰防老，延年益寿。

4. 对血液与心脏血管系统机能的影响

血液起着重要的运输任务，输送机体需要的氧和各种营养物质。红细胞的机能有二：一是有运输氧与二氧化碳的作用；二是有缓冲体内所产生的酸减物质的作用。红细胞这两项机能是由血红蛋白（Hb）来完成的。在肌肉活动时，Hb 的作用更为重要。因运动时人体的代谢率增高，需氧量增大，酸性代谢产物增多，这时，就需要更多的 Hb，才能增加氧的供应及增加缓冲酸性代谢产物的能力。如果 Hb 和红细胞数量减少到贫血程度，就会导致运动能力下降。Hb 量较高就会出现良好的机能状态，从而提高运动能力。所以，Hb 可做为运动员机能评定的生理指标。有人研究证明，长期练习气功可使血红蛋白含量提高（表二）。

（表二）气功练习前后血红蛋白的变化（克%）

运动员编号	练功前	练功后	相差	备注
1	13.7	16.3	+2.6	
2	12.6	13.5	+0.9	
3	13.0	16.0	+3.0	
4	13.0	12.5	-0.5	
5	13.5	14.0	+0.5	
6	13.5	15.5	+2.0	
7	17.5	18.0	+0.5	
8	17.6	18.6	+1.0	
9	15.2	17.0	+1.8	
10	17.0	18.5	+1.5	
11	11.5	14.0	+2.5	
12	15.6	15.2	-0.4	
平均值	14.47	15.75	1.28	T=3.867
标准量	2.05	2.02	1.14	P<0.01

（依《武汉体院学报》1981.4）

据科学的临床观察，气功对高血压与冠心病均有较好的疗效。据文献资料，气功对高血压的有效率在85%以上。练功后血压下降，临床症状消失或减轻。坚持练功者疗效巩固，用药量减少。气功对冠心病的治疗效果表现为心绞痛与心律失常等症状减轻，心电图改善，心功能指数增加。气功对心血管系统疾病的治疗作用首先在于降低大脑皮层的紧张度和交感神经的兴奋性，从而使周围血管扩张，血压降低，心律减缓，减轻心脏负担。有作者实验观察到练气功可改善血流动力的反应和改善冠状动脉循环和心肌代谢，从而提高心血管机能。

经常进行传统保健体育健身气功锻炼能起到增强心血管功能的作用。可使红细胞增多，提高了输氧能力；白细胞适量增加，增加了抵抗力。由于锻炼，血脂特别是低密度脂蛋白及胆固醇有所降低，减少了动脉粥样硬化的形成，能保持血管壁良好的弹性，使血流畅通，血压保持正常而稳定。同时又可使心肌纤维增粗，心壁增厚，心脏体积运动性增大，重量增加，收缩力增强，每搏输出量增大，心率减缓，心脏收缩后有更长的休息期，故心脏不易疲劳。进行同样强度的运动或劳动时，有锻炼者比无锻炼者心率变化的幅度小，而且活动后易于恢复。

5. 对呼吸系统机能的影响

据国内多数报道，气功主要对支气管哮喘、气管炎、肺气肿和肺结核有良好治疗效果。有人以气功为主治疗阻塞性肺气肿 11 例，观察到练功 2~3 个月后气息症状均有改善，膈肌运动度平均增加 3.3 厘米，肺功能各种指标亦有不同程度的改善。某医院以气功为主的综合疗法治疗支气管哮喘，对 99 例随访四年总有效率达 93%，某结核病院的气功为主综合治疗肺结核 357 例，治疗 2 个月后，经 X 射线检查，病灶缩小的占 70.2%，180 例空洞形成的病人练功后闭合的占 27.1%，缩小的占 36.7% 另外还观察到多数病人的血沉恢复正常，痰菌为阴性。

气功对呼吸系统疾病的治疗作用是通过呼吸深度增加，膈肌活动幅度加大（练功时比平时增大 2 至 3 倍），肺通气功能改善以增加气体交换和改善气体代谢功能；因而有助于缓解支气管哮喘和肺气肿的症状与促进肺结核病灶的愈合。经常进行传统保健体育健身气功锻炼可起到增强呼吸系统功能的作用。长期进行意气结合锻炼，提高了神经系统对呼吸肌的调节能力，随着呼吸肌的增强，扩大了呼吸差，使呼吸深度增大，呼吸频率减慢，不仅呼吸肌不易疲劳，更重要的是提高了换气效率，使血液含氧量增多，从而促进了新陈代谢。久而久之还可增强呼吸道防护功能，适应气候变化，有助于预防呼吸道疾病。

6. 对中枢神经系统机能的影响

临床上很多疾病与神经系统，特别与大脑皮层的功能紊乱有关，如神经衰弱病人往往伴有其他系统疾病的存在。据文献资料，气功治疗神经衰弱的疗效达90%以上，随着神经衰弱的治愈，其他病症亦随之消失。气功对神经衰弱的治疗作用在于调整大脑皮层的活动功能，平衡兴奋与抑制过程，加速两者之间的转化过程。除神经系统功能性疾病的疗效以外，气功对神经系统的器质性疾患，如偏瘫、不全截瘫和周围神经损伤等亦有效果。在临床上观察到，气功意行法能加速瘫痪肢体主动运动的出现，增加肌力和改善肢体的血液循环。其治疗作用在于通过练功中的意行法，大脑皮层不断发出神经冲动至麻痹的神经，使其兴奋刺激不断向远端扩散，逐渐恢复其支配功能，从而使肌肉的运动功能亦逐渐得到恢复。

7. 对消化系统机能的影响

据文献资料与临床观察，气功对胃及十二指肠溃汤、胃下垂、慢性肝炎的治疗有良好效果。中国医学科学院实验科学研究所用气功治疗107例溃疡病人，治愈率达84.53%，他们观察到，练功3周后大多数病人的溃疡基本愈合。有人用真气运行法治疗胃下垂55例，治疗后经X射线钡餐造影检查，总有效率78.2%。对肝炎的疗效，有作者观察30例，练功三个月后根据临床症状与肝功能检查判断疗效，有效率达90%。

气功对消化系统的治疗作用有两个方面：一方面通过练功改善大脑皮层的功能紊乱和植物神经系统对内脏的调节功能，从而缓解胃肠的痉挛症状，特别是解除胃与十二指肠粘膜下血管痉挛，使粘膜营养得到改善，促进溃疡愈合；另一方面，通过练功中的腹式呼吸运动，加强膈肌的活动，增加腹内压，改善胃肠及肝脏的血液循环，并可使脏器本身的营养改善，有助于炎症的消失。腹式呼吸运动加强胃肠周围韧带的张力，从而使下垂的脏器复位。

第五节 传统保健体育的健身机理

传统保健体育是通过姿势调整、呼吸锻炼、身心松弛、意念集中和运用等锻炼方法，以调节和增强人体各部分机能，诱导和启发人体内在潜力，有保健强身、防治疾病、延年益寿的作用。它旨在发挥人的主观能动性，通过自身的锻炼，有意识地自我控制心理、生理活动，取得增强体质、防病治病的效果。传统保健体育重视加强人体内部运动，调整人体内部的机能，也就是精、气、神的锻炼。它不追求短期内身体的激烈运动，而是通过姿势、呼吸、意念的锻炼，慢慢地调整人体生理功能来发挥作用。通过调身，使得身体各部位放松、舒适，符合生理体位和形态，进而使呼吸轻松，思想集中，为练功奠定良好的基础。通过调息，有意识地注意自己呼吸的调整，选择和掌握适合自己身体情况的呼吸方法，尽可能多地摄取和利用空气中的氧气，排出机体代谢的废气，这对培育人的真气、提高脏腑各器官组织的功能、增进人体的健康有很大的作用。练功时，注意呼吸的出入，使腹肌、膈肌不断地收缩和扩张，这首先加强了胃肠的蠕动，进而带动了肝、肾、脾等内脏的活动，可以起到加强肺的通气量和吸氧排碳的生命活动过程，改变和加速全身的血液循环，促进消化和营养的吸收，调整各内分泌系统的功能，增强机体的抗病能力。通过调心使意念集中，把注意力集中到身体某一部位、某一练功姿势、某一事物或某一词义上来，以致能安静地练功，不断地排除杂念，从而达到放松身体以及大脑的入境状态。这种入境状态，能使机体进一步放松，全身气血进一步流畅，这对激发调动人体内在的潜能，诱发聚集人体内部的真气、元气具有重大作用，起到更好地调整整个机体中存在的功能紊乱，修复机体的病理状态，恢复机体的动态平衡，使之向正常方面转化的作用。

第六节　传统保健体育对人体机能的良好影响

传统保健体育是一项以祖国医学的基本理论体系为理论基础，与传统养生健身方法相结合，具有民族文化特色的健身运动。它具有预防医学、临床医学和康复医学的综合效用，对人体机能具有良好的影响：

一、传统保健体育能增强人体免疫功能

免疫作为机体内一个完整的系统，在机体的生活过程中将受到体内外各种因素的影响。不利因素可使免疫功能受到抑制、破坏甚至丧失，不利于机体的健康与生存；而有利因素将增强免疫系统的功能，使机体健康长寿。传统保健体育对人体免疫功能的影响表现在两个方面：一是促进心理健康，增强免疫功能，无论是太极拳还是导引术，均能消除不良情绪对免疫抑制的影响。实验证明，运动后的良好心理效应可使免疫细胞的应答能力明显提高，使免疫细胞的活性增强，可使免疫细胞的数量增多，进而使人的免疫能力保持在一个较高的水平。二是能提高免疫细胞的吞噬功能和免疫球蛋白的活性。重庆医学院生理教研室的研究证实，导引锻炼后不仅白细胞吞噬能力和吞噬指数增强，而且白细胞总数也有所增加。

天津中医研究所将 68 例患者分成 3 组进行导引锻炼，观察练功前后白细胞吞噬能力的变化。练功 2 ~ 3 个月后，3 组的白细胞吞噬率和吞噬指数分别提高了 22.3%、13.72% 和 21.1%。兰州部队总医院临床实验科对 30 例慢性病患者进行导引训练，分别在练功前、练功 45 天、练功 90 天作了四项细胞免疫检查，结果训练前期就提高了免疫细胞的数量和功能。

二、传统保健体育对血液与心脏血管系统机能产生良好的影响

1. 可提高血红蛋白含量

我们知道，红细胞的机能有两个：一是运输氧与二氧化碳；二是缓冲体内所产生的酸碱物质。而这两项机能都是由血红蛋白（Hb）来完成的。由于运动时人体的代谢率增高，需氧量增大，酸性代谢产物增多，因而就需要更多的 Hb 以增加氧的供应，增加缓冲酸性代谢产物的能力。如果 Hb 和红细胞数量减少到贫血程度，就会导致运动能力下降。Hb 量较高会出现良好的机能状态，从而提高运动能力。有研究证明，长期练习气功可使血红蛋白含量提高。

2. 可使脉搏、血压平缓

北京体院生理教研室曾对参加青少年武术运动的 161 名运动员进行了脉搏、血压的测定。结果武术运动员安静时明显地出现脉搏徐缓和低血压现象。实验还证明，随着武术训练年限的增加，脉搏徐缓的现象也愈明显，血压也都较同年龄的正常值偏低。可见，武术训练的年限越长，其对心脏血管系统的机能影响也越深刻。此外，有人将武术专业学生与普通大学生进行比较，在完成定量活动（30 秒 20 次下蹲）后，武术专业学生的脉搏频率和收缩压增加较少，恢复时间也较快，出现了“节省化”现象。

3. 可提高心血管机能

有文献资料显示，气功对高血压的有效率在 85% 以上。练功后血压下降，临床症状消失或减轻。气功对冠心病的治疗效果表现为心绞痛与心律失常等症状减轻，心电图改善，心功能指数增加；对心血管系统疾病的治疗作用首先在于降低大脑皮层的紧张度和交感神经的兴奋性，从而使周围血管扩张，血压降低，心

律减缓，进而提高心血管机能。

三、传统保健体育有利于提高呼吸系统机能

1. 武术对呼吸系统的作用

在武术练习的过程中，某些动作常常是在缺氧情况下完成的，据李炒琴对初级长拳测定的结果，练习后呼吸频率达31~34次/分钟，肺通气量达20~29/L。由于武术有一定的静力性，所以氧债的百分率较高。氧债完全消除约需6~9分钟才能恢复到相对安静时的水平。因此，练习武术对提高人体的无氧代谢能力也有影响。

北京体院生理教研室曾对武术运动员的肺活量进行过测定，其肺活量平均为4200/ml，一般人为3500/ml。武术专业生的肺活量比一般大学生大（男子平均多489.17/ml，女子平均多496.16/ml）。武术专业生呼吸差也比一般大学生大，男子平均增大2.21cm，女子平均增大1.38cm，可见，武术运动能提高呼吸系统的机能。

2. 气功对呼吸系统疾病有治疗作用

有人以气功为主治疗阻塞性肺气肿11例，观察到练功2~3个月后气息症状均有改善，膈肌运动度平均增加3.3厘米，肺功能各种指标亦有不同程度的改善。

某医院以气功为主的综合疗法治疗支气管哮喘，对99例随访四年总有效率达93%，某结核病院的气功为主综合治疗肺结核357例，治疗2个月后，经X射线检查，病灶缩小的占70.2%，180例空洞形成的病人练功后闭合的占27.1%，缩小的占36.7%。另外，还观察到多数病人的血沉恢复正常，痰菌为阴性。

长期进行意气结合锻炼，可提高神经系统对呼吸肌的调节能力，由于呼吸肌的增强，扩大了呼吸差，使呼吸深度增大，呼吸

频率减慢，因而使血液含氧量增多，从而促进了新陈代谢。久而久之则可预防呼吸道疾病。

四、传统保健体育对中枢神经系统机能的影响

1. 武术对神经系统机能的影响

武术动作非常复杂，对动作的要求非常严格。在练习过程中对8个部（即手、眼、身法、步法外四法和精神、气息、劲力和功夫内四法）的要求非常高。六合拳还要做到内三合（心与意合，意与气合，气与力合）与外三合（手与足合，肘与膝合，肩与胯合）。武术不仅要求各运动中枢之间高度协调，还要求运动中枢和植物性中枢之间高度协调，故而系统地进行武术练习可改善大脑皮质各中枢间的协调关系。此外，经常从事武术练习，还可改善大脑皮质神经过程的强度、均衡性和灵活性。

（1）太极拳可改善神经过程的均衡性

太极拳之所以对某些慢性病有疗效，其生理机理是在练太极拳的过程中除有关的运动中枢及第二信号系统的活动处于高度的兴奋集中状态之外，皮质的大部分区域也都处于广泛的抑制状态。这样，就对病灶加强了抑制过程，使其得到更好地恢复，进而使某些局部的症状减轻或消失。

（2）长拳可提高神经过程的灵活性

长拳与器械比赛时，在规定的时间内完成规定的动作，要求动作之间转换迅速而轻松。这样经常进行训练，就可提高神经过程的灵活性。特别是一些“对打”的练习，能更好地改善大脑皮质神经过程的灵活性。反应时是评定神经过程灵活性的指标之一。研究发现，武术运动员的反应时要比一般人短。

2. 气功对中枢神经系统的影响

临床上很多疾病与神经系统、特别与大脑皮层的功能紊乱有关，如神经衰弱病人往往伴有其他系统疾病的存在。据文献资

料，气功治疗神经衰弱的疗效达 90% 以上，随着神经衰弱的治愈，其他病症亦随之消失。气功对神经衰弱的治疗作用在于调整大脑皮层的活动功能，平衡兴奋与抑制过程，加速两者之间的转化过程。除此以外，气功还对神经系统的器质性疾患，如偏瘫、不全截瘫和周围神经损伤等亦有效果。有临床观察，气功意行法能加速瘫疾肢体主动运动的出现，增加肌力和改善肢体的血液循环。其治疗作用在于通过练功中的意行法，大脑皮层不断发出神经冲动至麻痹的神经，使其兴奋刺激不断向远端扩散，逐渐恢复其支配功能，从而使肌肉的运动功能亦逐渐得到恢复。

五、传统保健体育对消化系统机能的影响

据文献资料与临床观察，气功对胃及十二指肠溃汤、胃下垂和慢性肝炎有良好的治疗效果。中国医学科学院实验科学研究所用气功治疗 107 例溃疡病人，治愈率达 84.53%，且练功 3 周后大多数病人的溃疡基本愈合。还有人用真气运行法治疗胃下垂 55 例，治疗后经 X 射线钡餐造影检查，总有效率 78.2%。对肝炎的疗效有作者观察 30 例，练功 3 个月后根据临床症状与肝功能检查判断疗效，有效率达 90%。

气功对消化系统的治疗作用有两个方面：一是通过练功改善大脑皮层的功能紊乱和植物神经系统对内脏的调节功能，从而缓解胃肠的痉挛症状，特别是解除胃与十二指肠粘膜下血管痉挛，使粘膜营养得到改善，促进溃疡愈合。二是通过练功中的腹式呼吸运动，加强膈肌活动，增加腹内压，改善胃肠及肝脏的血液循环，并可使脏器本身的营养得到改善，有利于炎症的消失。腹式呼吸运动能加强胃肠周围韧带的张力，从而使下垂的脏器复位。

第二章 传统保健体育教学

第一节 传统保健体育的教学特点

传统保健体育具有内外合一、形神兼备的民族风格，既讲究形体规范，又要求精神传意。内与外、形与伸是相互联系统一的整体。传统保健体育教育不受年龄、性别、时间、气候、场地、器材等条件限制，易学易练，侧重对生命的整体调节和对大脑潜能的开发，采用外动内静、动中求静、先动后静、静中求动、静极生动等动静结合的锻炼方法，体现了科学体育本质的规律和法则。传统保健体育十分重视生命整体的调节、调养和身心平衡。传统保健体育锻炼通过调身、调息、调心的活动，以克服身心紧张，增强心脉功能，从思想、意念入境着手，由生理方面去影响心理，又从心理方面去作用于生理方面，使身心内外协调平衡，不断提高。

第二节 传统保健体育的教学原则

传统保健体育教学的原则是人们在长期的健身气功教学经验的基础上，经过理论提高而制定的教学要求，既是健身气功教学过程本质规律的客观反映，又是指导健身气功教学实践的基本原理。

传统保健体育教学原则来源于气功教学实践，又对气功教学实践起指导作用，同时也受气功教学实践的检验；因而它具有实践性。由于人们对健身气功教学规律的认识是一个不断加深、逐步提高的过程，因而它是不断完善的，具有发展性；一般情况下，健身气功教学原则能正确反映气功教学的客观规律，因而又具科学性。所以说，健身气功教学原则体现了人们对气功教学过程客观规律的认识与运用，是师生进行气功教学所应共同遵守的准则。这里所提出的健身气功教学原则是就一般气功教学而言，是共性的东西，也是一些主要原则。

（一）教师的主导作用和学生的主动性相结合原则

传统保健体育的教学过程，实质上就是教师教和学生学的过程，教和学是两个相互统一的整体，只有充分发挥学生和教师双方的积极性，才能圆满完成教学任务。而教师与学生积极性的发挥，既是相互独立的，又是相互依存、相互影响和相互促进的，但起主导作用的是教师。教师在教学的过程中，应充分发挥其自身的积极性和创造性，根据自己对健身气功的理解和亲身体验，结合运用科学的教学方法，使学生尽快地掌握健身气功的基本知识和技能。同时，作为学生在学习中，要在教师“言传身教”和启发教育下，明确学习健身气功的目的，提高练习健身气功的兴趣，从而认真主动地进行学习和练习。只有在充分发挥教师和学生双方积极性的情况下，才能完成好健身气功的教学任务。

（二）循序渐进原则

在教授学生学习时，要根据学生的具体情况和目的需要，由简单易学和基础性基本技术开始，逐渐向综合和高难度过渡，使学生能够在由浅入深、从简到繁、由易到难的循序渐进的学习过程中，逐步学习掌握和理解运用所学的健身气功的技术。

（三）统一要求与区别对待相结合原则

在教学中，要面向全体学生，根据全体学生的一般情况确定教学任务和教学目标，选择教学方法和手段；同时对个别学生实行区别对待和特殊照顾。既照顾到全体，又考虑到个别，使人人都有所进步，有所发展，总体上有改变，有提高，这样才能更好地完成教学任务。

任何教学中学生的个体差异都是客观存在，尤其在健身气功教学中，诸如年龄差异、健康状况差异、心理壮态差异、学功目的差异等更为显著。因此，教师应按照学生的不同特点和实际情况，采取不同方式方法及标准去组织教学，只有将一般情况下的统一要求、统一标准与特殊情况、个体差异二者结合起来，才能真正做到面向全体学生，使所有学生都得到积极发展。

在传统保健体育教学过程中，针对不同的学生，就要利用不同的方法进行教学，在处理好集中教学和区别对待的关系上，利用因材施教的原则，完成好教学任务。对身体条件好、接受能力强、自觉主动性高的学生，应增加教学内容和提高练习要求，而对于身体条件较差、接受能力较差的学生，就要安排较简单、较容易掌握的技术，给他们逐步增加学习内容和加强个别辅导，最终同样达到学习目的。对于不同特点的学生，如体力好、反应快、灵活性好的学生，就要根据他们的特长专门进行教学，使他们能够在全面发展的前提下，重点发展其各自的优势特长，形成学生自己的特长和优势技能，为提高运动成绩进行有目的教学和练习。

（四）系统性原则

系统性原则主要体现在学习内容和学习过程中。一名优秀的运动员，从他开始接受专业训练，到他成为优秀的运动员，他学习的每一部分技术、战术，以及学习中积累的经验，都是一步一步地、系统地学习形成的。这就要求教师在教学时，根据学生的具体情况，结合所学内容，系统而有计划地安排好不同学生、不同时期、不同目的的学习。教法上可采用多种形式的教学手段，利用多种辅助学习和练习方法，系统、有序地进行健身气功教学。在教技术的同时，也要相应地根据所学技术，进行理论教学，使理论和技术同样体现出系统性。这样，学生就会系统地掌握技术和理论，为学好、练好健身气功技术，提高健身气功运动成绩打好坚实可靠的基础。

（五）巩固和提高相结合原则

学习的过程，既是学习掌握新技术的过程，同时也应是复习提高所学的过程。即使是最简单的技术，如果你不进行反复练习，就不能在实践中很好的运用出来。巩固和提高相结合原则，是根据认识规律和运动技能形成的规律总结出来的，是学生学习知识、掌握技能的重要环节。掌握和巩固所学技术也是学生学习新的技术，顺利进行学习的基础，是学生熟练地运用所学技术的基本条件。所以说，巩固和提高相结合，是学生丰富学习内容必不可少的原则。只有在充分理解和掌握所学技术的基础上，进行新的技术学习，才能达到巩固提高的目的。

（六）科学性与思想性相结合原则

在传统保健体育教学过程中，教师既要对学生传授气功知识，又要对其进行思想道德教育，反映这两个教学基本任务的关系，就是科学性与思想性相结合的原则。

任何知识体系都是建立在一定的世界观和方法论的基础上的；任何科学知识，就其总体来说，都内在地包含着一定的思想性。因此，任何教学，直接或间接地都在不同程度上具有思想教育的作用。健身气功教学也不例外。这条原则要求在健身气功教学中注意正确地阐述有关的科学事实和概念，积极介绍最新气功知识，恰当分析气功机理和健身原理，对于那些已被科学和事实证明是错误的理论和封建迷信思想与观点，在讲授时也要加以适当说明和批判。同时，教师应掌握辨证唯物主义观点，注意对学生进行社会主义精神文明和道德观方面的教育。

（七）传授知识与增进健康相结合原则

在传统保健体育教学中，教师既要对学生传授气功知识，又要通过气功教学去增进其健康水平，反映这两个教学基本任务的关系，就是传授知识与增进健康相结合的原则。

掌握气功知识与增进身体健康，既有区别，又有联系，二者互为因果。学习气功知识，了解气功原理，掌握练功方法，明确气功作用，树立气功健身的信心，并加以正确锻炼，必然能平衡心理，调整情绪，陶冶精神，愉悦心情，改变内外环境，从而达到强身健体，促进健康，防病治病，益寿延年之目的。

这个原则要求教师在向学生传授气功知识的同时，指导学生正确练功，提高练功水平，也就是通过气功教学改变学生的心理状态和身体状况，从而达到身心健康。实践证明，这两个目的通过气功教学是可以实现的。而这个目的的实现本身就标志着传统保健体育教学质量的提高。

（八）直观、思维与实践相结合的原则

在传统保健体育教学中，要充分利用各种直观方式，发挥学生的各种感官作用，启发其积极思维，调动和激发其悟性，积极、正确理解功理和练功效应，体验练功中的良好感觉，并放松、入静、自然地去练功，使学生更好地掌握气功知识和练功方法，完成学习任务。

传统保健体育教学，尤其是动功教学中，教师要通过外形动作示范方式，帮助学生了解动作形象、结构以及方向、路线，形成动作表象和感性认识。同时，要深入浅出地讲解入静、放松、自然状态下的意识活动特征，通过学生大脑的分析、思考、理解，去把握练功的真谛和要旨。气功教学中必须坚持身体力行的锻炼，做到练身、练心、练气三位一体同时进行，全面发展。

第三节　传统保健体育的教学方法

教学方法是完成教学任务的途径、手段和方式，直接影响着教学任务的完成。要根据教学任务、教材特点、学生实际、作业条件等具体情况来确定教法的运用。力求做到有的放矢，行之有效。

教学实践说明，在解决了“教什么”问题之后，“怎样教”就显得十分重要。教学的全部职能的有效实现，在某种程度上都将取决于“方法”问题的解决。

传统保健体育教学方法，是教学中为完成教学任务所采用的途径和手段。教学方法选用正确与否，直接影响教学任务的完成和教学质量的提高。

教学方法作为一种方法体系既包括教师的方法，也包括学生的方法，并使二者达到和谐统一。教，为学而教；学，在教之下学。教与学构成了教学方法体系中两个矛盾的侧面。教师的教影响学生的学，而学生的学制约着教师的教。双边性是教学方法的特点之一。

传统保健体育教学方法有一个基本点，那就是任何教学方法都应力求并有助于激发学生的学习兴趣和练功热情，调动其自觉钻研的主动性和不懈练功的积极性，有助于气功知识的掌握和练功效能的提高及健康水平的增进。也就是说，把教师的教和学生的学统一起来，既发挥教师的主导作用，又发挥学生的主体作用。

根据当前传统保健体育教学特点，这里重点介绍几种常用的方法，有些方法则要进一步根据时间、对象、功法的不同而灵活运用。

（一）语言法

语言法是气功教学中的主要教法之一，是教师通过口头语言向学生描绘情境、叙述事实、解释概念、论证原理、阐明规律、传递知识及指导学生练习，达到教学要求的教学方法。从学生角度讲，听讲是获得间接气功知识的主要途径。

正确地运用语言，使学生明确学习任务，端正学习态度，启发学习积极思维，加深对教材的理解程度，对加速掌握基本技术、技能，有效地发展身体、增强体质，培养分析问题和解决问题的能力，完成教学任务具有重要的意义。语言法在气功教学中运用的主要形式有讲授与讲解、暗示与诱导。

1. 讲授与讲解

讲授与讲解在气功教学中的重要地位，是由学生认识活动的特殊性和规律性所决定的。气功科学知识是总结前人练功实践经验的成果而形成的理论，具有高度的概括性和深刻性。教学中，教师较系统地向学生讲授气功理论，才能使学生深入理解和掌握其内在联系及实质，才能使学生在较短时间内获得大量的气功知识。同时，讲授中，教师以自己理解问题、论证原理的思维方法去指导学生理解教学内容，也是发展其思维能力，形成科学世界观的重要途径。就一般情况而言，学生不经教师指导，仅靠读书和自练获得气功知识，所付的时间、精力较多，所得的知识又易失之肤浅。学生获得气功科学知识，深刻理解气功理论，了解其功本质，掌握具体功法，首先或主要靠教师的讲授来实现。因此，讲授的水平是影响教学质量的主要因素之一。

在传统保健体育教学中，包括气功理论、功法特点、健身机理、注意事项等内容，都要通过教师的系统讲授去传授，而诸如功法动作、基本要领、某些概念则要去讲解。讲授讲解中，要紧扣教学目的任务，内容要有高度的科学性和思想性，突出重点，具有一定的概括性、系统性。

2. 暗示与诱导

暗示指在学习气功的练习过程中，通过提示性的默念字句，暗示自己放松入静的一种无声的语言形式。默念字句如“放松”、“入静”、“气沉丹田”或用数数的方式亦可。而诱导则是教师在指导学生练功过程中通过简单而良性的语言或词句对学生进行引导，以使其按练功要求，避免浮躁、不安、杂念丛生、难以入静等现象，达到松、静、自然的状态。或者用简单词句引导学生练功的意识活动，进入愉悦境界。

实践证明，在气功练习中，许多人很难入静，一练功就想起陈年旧事，这时良性的语言诱导非常重要，能使学生排除杂念，排除干扰，进入放松练功状态，并提高练功效果。

（二）练习法

练习法是健身气功教学中根据完成教学任务的需要，通过身体参与，即姿势、意念、呼吸活动进行反复练习的方法。在教学中，通过语言、直观所感知的动作概貌，必须经过学生亲身实践，进行反复练习，才能消除各种错误与缺点，掌握、提高、巩固所学的知识、技术和技能，发展身体、增强体质。在教学实践过程中，常运用以重复练习法、变换练习法等组成的综合练习法来实施。练习法一般包括个人练习、分组（或分排）练习以及集体练习等。

传统保健体育教学一个重要的方面就是传授气功实践技能，即具体的练功方法。这是由于气功活动和锻炼的自身特点所决定的。这一特点决定教学中必须专门的练习。学生学习某一具体功法，掌握练功要领，提高练功水平，增进功力，锻炼身体，增强体质，以及培养良好的道德品质，都需要通过反复、认真的练习去实现。还没有听说过哪一种功法或哪一个人，不通过一定的练习就可掌握功法和提高功力的。因此，实际的练习是气功锻炼基本的、唯一的形式和方法。

（三）直观法

直观法是气功教学中通过一定的直观方式，作用于人体感觉器官，引起感知的一种教学方法。由于人对事物的认识是首先通过感觉器官对事物的感知开始的，因此，教学中的直观法对掌握教学内容，达到教学要求有重要意义。

气功教学中的直观法主要用于动功教学，也包括静功的调身。

常用的直观法主要是动作示范。示范要求有明确的示范目的，示范动作要正确、熟练，示范要有利于学生观察，同时示范要与讲解、启发学生思维相结合，目的是使学生了解所学动作的形象、结构、技术要领和完成方法，便于学生建立动作的表象。

直观法教学一般包括以下几个方面：

1. 示范教学

示范教学是教师（或指定的学生）以准确的动作为范例，使学生了解所要学习的动作形象、结构、要领和方法。正确的示范，不仅可使学生通过直观的感性认识来获得正确的动作概貌，还可提高学生的学习兴趣，激发学生学习的自觉积极性，所以示教对教学效果有重要的作用。为了使学生能比较清楚地观察示范的动作，突出示范的目的，取得更好的效果，应注意加强以下几个教学环节：

（1）示范位置的选择　教师示范位置的选择要以能让全体学生都看得到为原则，可以是横排的等边三角形的顶点、两排的中间以及队形的圆心，另外，在示范领做时，教师可以根据套路的运动方向站在练习队形的左前方或右前方。

（2）示范面的运用　示范面能以镜面示范为最好，但有的动作却不能如此。在健身气功教学过程中，示范面的选择要注意以下几种情况：

①凡是身体侧向行进的动作，可作镜面示范；

②凡是身体正向行进的动作，可作侧面示范；

③不能采用镜面和侧面示范的动作，可作斜向示范；

④为了让学生看清动作的几个不同部位的要点，同一个动作也可采用几个示范面。

（3）领做示范　在新的动作初学时，教师在示范讲解之初，最主要的便是领做示范。领做示范应特别注意位置的选择和示范的速度。

领做示范通常位于学生的左前方，背对学生，以便与学生保持相同的运动方向。当运动方向向相反方向进行时，教师须更换位置，仍立于学生的左前方。总之，要使学生尽可能地看到教师领做，以便跟随模仿，掌握技术动作的运动路线、方法和姿势。领做的速度，通常开始较慢，姿势偏高，用力不大，以利于学生观察和模仿。随着动作的逐渐熟练，逐步加速加力至正常的动作要求。

（4）示范与讲解应结合运用　示范与讲解是不可分割的，往往两者结合起来运用。有时可先讲解后示范，有时也可先示范后讲解，有时还可以边讲解边示范。

2. 电话教学

为了有助于学生建立正确的动作概念，尤其是当示范不能充分显示动作的结构、过程、关键与细节的时候，可采用挂图、照片、电影和录像等形象的直观方式。它对加深教材的理解，分析动作的要领和体会套路的演练风格，提高教学效果，都有重要意义。

（四）讨论法

传统保健体育教学中静功部分主要表现为意念活动，学生学习和掌握得怎样，达到什么程度，存在什么问题，教师无法直接观察，听不到，看不见，很难了解和掌握。为此，可以通过讨论的方法来进行。

讨论是学生在教师的指导下，就气功教学内容中的有关理论问题和疑难问题，或有争议的问题，或自己学练功中出现的一些新奇感觉和体会，在独立钻研的基础上，进行讨论、交流的一种教学方法。以学生的独立活动为主，将教师指导、学生个人独立钻研、集体讨论交流三者结合起来，是讨论法的基本特点。

通过讨论，首先有利于发挥学生在气功学习中的主体作用，调动其独立学习的积极性，使他们在气功活动中处于主动、积极的状态。其次，能在一些新奇疑难等重要问题上促进学生对气功知识的理解、应用与扩展，以及培养学生对所学气功理论知识进行深入探究的精神的一种有效方法。第三，能使学生的自学能力、思维能力、表达能力得到实际锻炼。第四，讨论中相互交流感受和体会，能相互促进，共同提高，有助于提高整体教学质量。第五，学生在讨论中的发言和表现，能表明其对功法的理解和掌握情况，教师可及时发现学习和练功中存在的问题，并据此采取措施，正确引导，以提高学习和练功效果，进而提高教学效果与质量。

（五）完整与分解教学法

完整教学法是对一个动作从开始到结束，不分阶段，完整进行教学的方法。分解教学法是把一个较复杂的动作，按照其结构合理地分成若干步，然后逐次进行教学，最后使学生完整掌握动作的方法。

运用这两种教法，应该是在吃透教材的基础上，针对学员的具体情况灵活运用。一般来讲，简单动作应进行完整教学，复杂动作应分解教学。在分解教学中，应先进行完整示范，使学员建立完整的动作概念，然后再采用分解教学的方法，使学员能仔细地体会动作的细节，突出重点，更好地掌握动作要领，最终达到完整掌握动作的目的。

完整法与分解法并不是截然分开的，教学中要结合运用，在完整中有分解，分解中又有完整，两法互补运用，才能使学员全面地掌握教材内容。

（六）相互观察与帮助法

相互观察与帮助法是指教学中，在教师的统一指导下，学员之间相互进行观察、帮助、交流的方法。此法在现代的群众性大班化的健身气功教学活动中，尤显重要。

由于在大班化的健身气功教学中，常常是一个教师教几十、甚至几百名学员。在这种情况下，仅靠教师一个人的组织、指导和保护，是远远不够的。这就必须发挥学生的群体作用，利用学生之间一对一、一对二或二对一的方式进行相互观察、帮助及纠正错误。运用这种方法能增强学生的责任感，同时，也调动了学生学习的主观能动性，从而可以提高教学效果。还可避免气功练习中出现因练功不适出现的晕厥、摔跤等事故。

（七）预防和纠正错误法

在气功教学中，主要是指预防和纠正出偏问题。预防和纠正错误法是指教师针对学生学习气功中产生偏差的原因，选择最有效的手段，及时预防和纠正偏差的一种方法。

在健身气功教学中，运用预防和纠正偏差法，首先要把重点放在预防出偏上。为此教师应做到如下几点：

1. 认真备课

教师在课前应认真备课，吃透教材，抓住重点、难点，在教学中给学员以正确的功法概念。

2. 功法与教学的选择

选择的功法和教法应切合学员的实际情况，功法和教法不能超出学员接受能力的范围。例如，在健身气功教学中，当学员还没有达到一定的练功水平就进行“胎息”教学就易出现问题。

3. 预防负迁移效应

各种功法都有自己的特点，如果有的学生学过另外的功法，教师应及时讲解两种功法的不同之处，防止由于不同功法之间的负迁移效应而出现偏差。

在预防的基础上，教师必须高度重视并及时纠正已发生的错误。在纠正错误中教师应该做到如下四点：

（1）发现学生练习中有错误时，教师应该首先找出其产生错误的原因。然后才能据此采取纠正措施。

（2）抓住主要问题，逐一纠正。学生在练习中可能会同时产生几个错误，教师在纠正错误时，切不能几个问题同时抓，否则会使学生无所适从。如果发生这种情况，教师应该首先抓住主要错误，然后逐个加以纠正。

（3）在纠正错误时，应注意掌握共性错误进行集体纠正，对一些个性错误，则应采取个别辅导的方式纠正。

（4）在纠错进程中，教师对学员要耐心启发，细致热情，积极鼓励，以增强学生纠正错误的信。

第三章　传统保健体育导引养生基础

第一节　调身

一、调身的意义

调身是指练功者在练功过程中对体位和形态的调整。要求做到：通过调整身体姿势，使得身体各部位放松、舒适，符合生理体位和形态，进而使呼吸轻松，思想集中，为练功奠定良好的基础。古人说："形不正则气不顺，气不顺则意不宁，意不宁则气散乱"，说明了调身在练功中的重要性。

姿势选择的恰当与否和治病强身作用密切相关。如高血压、青光眼、头痛头胀、肝阳上亢型的病人，易采取站式；消化性溃疡、慢性结肠炎、胃肠功能紊乱的病人，易采取坐式；老年体弱、极度衰弱的虚征病人，宜采取卧式。

二、调身的姿势

（一）坐式

1. 平坐式

取一高度适宜的凳子或椅子，臀部二分之一坐在凳面上，头身正直，下颌微收，口眼轻闭，舌抵上腭，松肩含胸，直腰收腹，两脚分开，与肩同宽，平行踏地，使上身与大腿、大腿与小腿夹角均成90°，两手自然抬起，放在两大腿中部（图3－1－1）。

平坐式是最普通、最常见的一种坐式，适应性广，除高度体质衰弱的病人不能持久外，一般人均可采用。

2. 靠坐式

取一椅子或沙发，除臀部满坐，背部轻抵椅背外，其他要求均同平坐式（图3－1－2）。

图3－1－1

图3－1－2

靠坐式比平坐式更省力，机体能更放松，且时间持久，故对年老体弱者尤为适宜。

3. 盘坐式

取凳面比坐凳大的木制矮方凳、普通的床、炕或地毯，在上面均可盘坐。

（1）自然交叉盘　上半身要求基本与平坐式相同，只是两手虎口交叉重叠，掌心向内，放在腹部丹田处；臀部略垫高3～5厘米，两腿自然交叉盘起，两脚交叉放在两大腿下面（图3－1－3）。

（2）单盘　将右脚放于左大腿上（亦可左脚放在右大腿上），两小腿上下重叠。其余均同自然交叉盘（图3－1－4）。

（3）双盘　将左脚置于右大腿上，然后再搬起右脚置于左大腿上，两脚心朝天。其余同自然交叉盘（图3－1－5）。

盘式的特点是：姿势稳定，易于宁神定志。但是，由于下肢屈曲紧张，影响血液循环，故采用得较少。

图 3－1－3

图 3－1－4

图 3－1－5

（二）卧式

1. 仰卧式

面朝天，平卧于床上，枕头高低适宜，口眼轻闭，舌抵上腭；两臂自然伸直，两手掌心朝下，分别放在身体两侧或虎口交叉重叠放在腹上；两腿自然伸直，两脚分开与肩同宽或将一脚后跟扣在另一脚踝上（图 3－1－6）。

此式适用于年老体弱者和神经衰弱症患者的睡前练功。缺点是容易昏沉入睡，影响练功效果，所以要逐步过渡到坐式。高血压病人不宜采用此式。

图 3－1－6

图 3－1－7

2. 侧卧式

侧身卧于床上（左右均可，一般采用右侧卧）。以右侧卧为例：腰部稍弯成弓形，头略向胸前收，枕高适宜，口眼轻闭，舌抵上腭；左手臂自然放在身体侧面，手掌放在左髋侧上；右臂弯曲，手心朝上，置于枕上；右腿自然伸直，左腿弯曲搁在右腿上（图3－1－7）。

此式作用与仰卧式同，优点是比仰卧式更容易放松，由于腹肌的松弛，更易于形成腹式呼吸。

3. 半卧式

在仰卧式的基础上，将上半身及头部垫高，斜靠在床上，也可在膝下垫物。其余均同仰卧式（图3－1－8）。

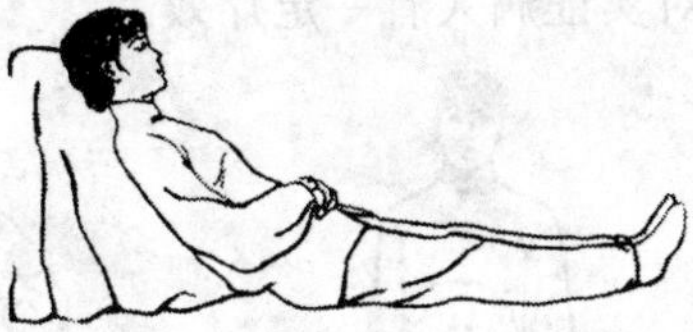

图3－1－8

此式适宜于心脏病、哮喘患者以及体力衰弱的病人。

（三）站式

1. 自然式

两腿分开，与肩同宽或略窄于肩，平行站立，两膝微屈；头正身直，下颌微收，百会承天，双目平视，面带微笑，舌抵上腭；沉肩含胸，松腰收胯，命门打开，收腹提肛；两手自然下垂放于体侧（图3－1－9）。

站式练功有清心降压、宁神定志的作用，一般病人均可采用，体弱者可与坐、卧式交替来用。

2. 三圆式

两脚分开，与肩同宽，脚尖内扣，成半圆形，屈膝下蹲，高低量力而行，膝盖垂线不超过脚尖；两臂抬起弯曲成环抱状，高与胸平，两手手指均张开弯曲，掌心相对，如抱球状；其余要求均同自然式（图3－1－10）。所谓“三圆”，即足圆、臂圆、手圆。

此式对调理、疏通督脉，补气升阳，有独特作用，在练功姿辨上，属于补的一种。对虚证病人有一定疗效。

3. 下按式

两脚分开，与肩同宽，平行站立；两臂下垂微屈，两手下按，掌心朝下，手指向前，置于两髋旁。其他要求同自然式（图3－1－11）。

此式意念朝下，加上两掌心、两足心，称为五心朝地。此式对实证病人有一定疗效。

图3－1－9

图3－1－10

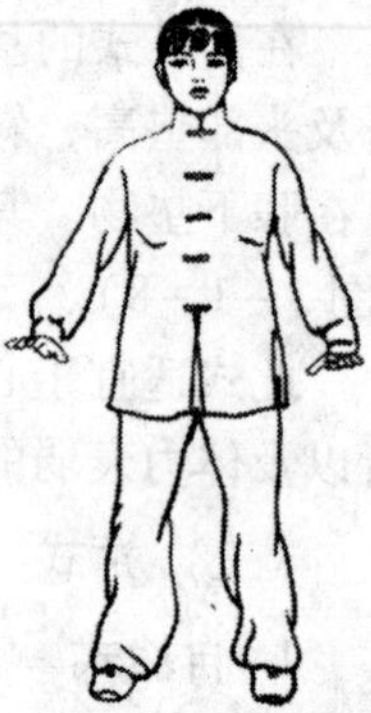
图3－1－11

第二节　调　　息

一、调息的意义

所谓调息就是调整呼吸的方式、速度、节奏、强弱等等，呼吸在古人称为吐纳，它是练功中的重要环节之一。古人说："一呼一吸为一息，不呼不吸亦为息。"意思就是说，我们平时没有意识地去注意自己的呼吸，但呼吸客观存在。而在导引锻炼时，我们即要有意识地注意自己呼吸的调整，选择和掌握适合自己身体情况的呼吸方法，尽可能多地摄取和利用空气中的氧气，排出机体代谢的废气，这对培育人的真气、提高脏腑各器官组织的功能、增进人体的健康有很大的作用。所以历代养生家都非常重视呼吸的锻炼。

练功时，注意呼吸的出入，使腹肌、膈肌不断地收缩和扩张，这首先加强了胃肠的蠕动，进而带动了肝、肾、脾等内脏的活动，可以起到加强肺的通气量和吸氧排碳的生命活动过程，改变和加速全身的血液循环，促进消化和营养的吸收，调整各内分泌系统的功能，增强机体的抗病能力。所以练功时注意呼吸的调整，不仅能使肺功能得到加强，还改善了其他脏器的功能。《内经》中指出："肺者气之本，主人体一身之真气。""脉气流人诸经，诸经经气归于肺。"肺是一个独立的代谢器官，具有维持机体内环境稳定的作用，它与人体的新陈代谢和多种激素的分泌有密切的关系，它影响到人体的生长、发育、生殖和免疫系统功能的增强和变化。

二、调息的方法

（一）自然呼吸法

自然呼吸法是指人们按照原来的呼吸频率和呼吸方法进行呼吸，只是更为柔和，每分钟 16 次左右。要求顺乎自然，柔和均匀，丝毫不用力，不加意念支配，采用鼻吸鼻呼、鼻吸口呼法均可。此法适用于初学者和慢性病患者。

（二）腹式呼吸法

（1）顺腹式呼吸法　吸气时腹部隆起，呼气时腹部缓慢回收。

（2）逆腹式呼吸法　吸气时腹部轻轻凹陷，呼气时腹部放松还原。

腹式呼吸增强了膈肌运动，使胸腔容积增大，气体进出量增加。它可以使呼吸完全，功能残气减少，尤其是使双肺下部的通气功能得到改善，所以对呼吸系统的疾病有较好的疗效。由于增强了腹肌的收缩和放松，对腹腔内脏直接起了一定的按摩作用，有助于消化吸收功能，故对消化系统疾病亦有良好的治疗作用。

（三）停闭呼吸法

在呼气和吸气之间，或者吸气和呼气之间，停闭片刻，称为停闭呼吸法。这种呼吸法能充分扩展肺泡，有利于气体在肺泡中的交换，从而改善肺功能，增强对机体的供氧能力。停闭呼吸时大大增加了腹腔内压，所以对消化系统的疾病也有直接的治疗作用。

（四）鼻腔喷气法

这是一种鼻吸鼻呼法。先吸气，鼻孔微微张开，眉毛轻轻上抬，要求缓、长、匀、深，得法时，可有气在鼻腔中的回荡声，

有吸气直入丹田之感，腹部隆起，胸部不动；呼气时，鼻腔收缩，速度略快，气体喷出有声，同时腹部收缩，协同逼气外出，自然提肛。此法呼吸量大，气感足，有益气升阳、填补下焦元气的强壮作用；但对于一些体质过于虚弱及高血压、心脏病的患者并不适宜，故要慎用。

（五）三吸一呼和三呼一吸法

此两种均为鼻吸鼻呼法。三吸一呼是连续三次短的吸气，一次长的呼气；三呼一吸是连续三次短的呼气，一次长的吸气。这是根据吐纳的补泻作用而设计的呼吸方法。三吸一呼，由于吸多呼少，作用偏补；三呼一吸，呼多吸少，作用偏泻。两种呼吸法均可加强腹式呼吸作用，加强丹田的聚气和储能作用，加强脾、胃、心脏等内脏的功能。此法适用于各种内脏疾病和癌症病人，但要辨别虚实而选用之。

（六）大呼大吸法

此为古代吐纳、导引采用的一种呼吸方法。即用鼻使劲吸气，用鼻口呼气，每一吸一呼都要求尽量延长时间，尽可能加大气体出入量，并且呼和吸都要发出较大声音，这是一种扩大肺活

量为主的呼吸法。此法能增强体质，调动内气，适用于体质较强的练功者；对一些患慢性疑难杂症和痼疾，但体质尚未衰弱者，也有一定的治疗作用。

三、调息的注意事项

(1) 导引锻炼开始时主要是放松机体，使姿势正确，情绪安宁，然后才注意呼吸的调整和锻炼。

(2) 关于呼吸的形态，古代养生家把它概括为“四相”，即：风、喘、气、息。风相是指呼吸出入有声可闻；喘相是指虽然听不到声音，但呼吸出入尚感结滞不通畅；气相是指呼吸虽然无声，也不结滞，但出入还不够细匀；息相是指在高度安静时出现的深、长、匀的呼吸，气的出入绵绵如丝。惟有息相才是导引锻炼所追求的呼吸状态，风、喘、气三相是练功中所需要注意调整的。

(3) 练吐纳首先要强调从自然呼吸入手，逐步过渡到腹式呼吸。乃至更高级的其他呼吸方法。要循序渐进，不要急于求成，要做到“莫忘莫助”，就是说：既不要忘记主动调整呼吸，同时也不要勉强对呼吸状态提出某种要求，而施加压力，否则反会达不到预期效果。

(4) 呼吸锻炼也要又练又养。当练了一段时间吐纳后，可暂时放掉有意识的呼吸锻炼，顺其自然，进入“静养”状态，以达到高度入静的状态。

第三节　调　心

一、调心的意义

调心是练功的重要环节，也是导引有别于其他运动的特有练功内容，它包括意念、感觉、情绪等方面的调整。调心就是使练功者把注意力集中到身体某一部位、某一练功姿势、某一事物或某一词义上来，以致能安静地练功，不断地排除杂念，从而达到放松身体以及大脑的入静状态。

大脑的入静，就是杂念不生，意识思维活动相对集中，进入到非常轻松、舒适、宁静的愉快境界。这种入静状态，能使机体进一步放松，全身气血进一步流畅，这对激发调动人体内在的潜能，诱发聚集人体内部的真气、元气具有重大作用，起到更好地调整整个机体中存在的功能紊乱，修复机体的病理状态，恢复机体的动态平衡，使之向正常方面转化的作用。这就是导引锻炼能强身治病，延年益寿的根本所在。

人的思维活动和情绪变化皆能影响五脏六腑的功能，如：怒伤肝，喜伤心，思伤脾，悲伤肺，恐伤肾等等。调心就是要把这些不利于身体健康的情绪变化和思想杂念排除掉，做到清心寡欲，创造一个美好的内环境，以抵御各种外界因素对我们机体的不良刺激。

二、调心的方法

（一）默念字句法

默念字句法是指在练功中用意念去默诵选定好的句子，而不需要念出声来的一种练功方法。通过默念字句，使机体逐渐放松；若机体已基本放松，默念字句又可以使意念逐渐集中，大脑思维逐渐安静下来。具体的操作方法是：吸气时默念“静”，呼气时默念“松”；或者吸气时不默念，呼气时默念“静坐使我健康”等字句；或者是在吸与呼或呼与吸之间停顿呼吸来默念字句。总之，默念的字句要简单，词义要轻松、愉快。

（二）意守部位法

把注意力集中起来，放在身体的某一部位上，称为意守。常用的部位，大都是经络上的主要穴位。这种意守，一方面是为了更好地排除杂念，另一方面可以打开穴位，疏通经气，加强体内气血的运行和脏腑功能。现介绍一些主要部位及作用。

1. 丹田

丹田是古代练功家对练功时进行意守部位的一个名称。对丹田的部位有几种说法，常见的把它分为上、中、下丹田。

（1）上丹田　位于两眉心以及额部正中部位。此处内部是大脑的额叶，与人的思维形象有关，是许多益智健脑、开发潜能的功法常用的意守部位。

（2）中丹田　位于两乳之间胸窝中央凹陷处，也就是膻中穴部位。从解剖结构上看，胸腺恰好位于此处，胸腺属人体内分泌腺体；与人体免疫机能有关，在人出生后逐渐萎缩。意守中丹田有调整内分泌功能的作用。因此，一些内分泌疾病患者练功时常意守此部位，亦常为妇女练功意守之处。

（3）下丹田　位于脐下气海、关元为中心的下腹部。古书介绍此处是五脏六腑之本，十二经脉之根，意守此处，具有充实元气、强壮身体的作用。从现代解剖来看，此处是小肠的处所，小肠是人体消化食物和吸收营养的主要部位，是全身能量的供给站，这与古人把下丹田作为汇聚、储存真气的部位的认识是一致的。

2. 命门

为督脉经穴位，在第二腰椎棘突下，两肾俞穴中间，为“生命之源，相火之主，精气之府”。两肾间动气会合于此，与垂体、肾上腺、性腺有密切关系，是气功中练气、练精的重要部位，为中医辨证属肾的阴、阳、气、精方面疾病患者常意守的部位。

3. 会阴

在前后两阴之间，亦有称为海底的。它与性腺、性功能、生殖功能有密切关系，是“练精化气”的重要部位，可作为性功能低下患者的意守部位，对性欲淡漠、滑精早泄、男女不育等症有一定作用。

4. 百会

为头顶正中最高处。此处为诸阳之会，与人体一身的阳气有密切联系。意守该处有升阳益气、提神醒脑作用。临床上常为低血压、气虚下陷、精神萎靡、倦怠乏力等患者所意守，但高血压、肝阳上亢的病人禁用。

5. 涌泉

在脚底中线前三分之一处，此处为人站立时的最低点，为足少阴肾经的井穴。意守此处有镇静降压等作用。临床上适用于高血压、肝肾不足的阴虚火旺、肝阳上亢、心火上炎等上部疾病患者意守，即谓“上病下取”之意。

6. 劳宫

握拳时，中指所对的地方，为心包经的穴位。适用于心神不宁的患者。在导引锻炼中，是练气、聚气、运气、布气的重要部位。

（三）注意呼吸法

（1）数息法　数呼吸的次数，可从一到十或百，周而复始。可以数吸不数呼，也可数呼不数吸。

（2）听息法　静心细听自己的呼吸是否细长而均匀，不计次数。

（3）随息法　意念随呼吸气的出入，不计次数。

（四）内视法

眼帘下垂或轻闭，目不外视，向内返观，可内视丹田、心肺等五脏六腑，注意内脏的活动，可以起到加强内脏功能的作用。

（五）观想法

观想自然界的外景和身体里的秀丽内景。外景可以是生态景观如青松、花草、山川、河流、大海、蓝天等，也可针对疾病选择外景。如阳虚内寒的病人宜观想明媚温暖的阳光；阴虚内热的病人宜观想宁静凉爽的夜空；阳盛火旺的病人宜观想冰天雪地的冬天；阴盛水寒的病人宜观想骄阳烈日的夏天等等，这和中医“热者寒之，寒者热之，温者凉之，凉者温之”的治疗原则是一致的。

三、调心的注意事项

（一）用意得当

练功中用意要得当，俗称掌握“火候”。如果不及或太过，常会出现下列几方面的问题：

（1）浮　指杂念纷纷，心身飘动不安。此时应意念脐中，安心向下，制止乱念。

（2）沉　指头脑不明，昏沉欲唾。此时应把意念悬于鼻端，即可提神振奋起来。

（3）宽　指心绪散漫，形态萎靡，这是意散之故。应重新调整姿势，集中意念。

（4）急　指摄意用念，发生头胀胸紧等症，这是心急太过之故。此时应宽放其意，放松身体，意念向下到涌泉即可。

（二）意念集中

意念的集中，也叫“入静”，是逐步深入的，不要执着追求，以防出现偏差。一般要经过三个阶段：

（1）初步“入静”　这一阶段，思想开始集中，能够排除一部分杂念，但时间不长，一会儿杂念又起，机体四肢感到轻松舒适。

（2）中度“入静”　这一阶段，各种思想杂念活动显著减少，意守部位有发热的感觉，可体会气机在体内的流动感觉，如皮肤的热、凉、麻、痒，肌肉的酸、重、跳动等。

（3）高度“入静”　这一阶段，一切思维活动均停止，六门紧闭（六门为听、视、嗅、味、触、意）。能做到眼无所视、耳无所闻、脑无所思，整个机体进入到一个似有似无、若存若亡的非常松弛、舒适、美妙、宁静的境界。

（三）避免三种倾向

要避免练功中出现“着意”、“着想”、“执着”三种倾向，着意、着想、执着是用意太过的表现。

着意：是指在注意部位时，被意守的部位很明确，硬要想住部位，硬要求守住部位的时间长。

着想：是指存想或观相用意过浓。存想是闭目内视，内视对象都是想象的；观相是把外界环境与内在机体结合起来的幻想方法。

执着：是指在练功中片面强调和有意追求某种现象。

（四）不同疾病不同用意

对各种不同的疾病，用意也应有所不同，以增加练功治疗的效果。如病症在上者，用意应向下，如高血压、头昏脑胀、目赤肿痛等症，可意守涌泉等穴；病势向下者，用意应向上，如内脏下垂、久泻脱肛、低血压等症，可意守百会等穴或引气上行；病为实证，意在泻，如肝阳上亢、心火上炎、阳明腑热等症，可引气下行或向外散发，如进行数息法时，应数呼不数吸等；病为虚证，意在补，如肺肾气虚、脾胃虚弱等症，可用意吸气入下丹田，培补元气，如进行数息法时，应数吸不数呼等。

第四章　传统保健体育导引养生功法

第一节　自我保健按摩

一、头部按摩

1. 动作要领

（1）两掌相叠，掌心超里，按压在头部前额处，先顺时针方向旋转 9～18 次，再逆时针方向旋转 9～18 次。

（2）两手向上后移至头顶（百会穴）和后脑（脑户穴），按同样方法和次数分别进行操作。

（3）两手分开，掌根分别按压在颞部（太阳穴）处，按上述方法和次数进行操作。

2. 保健作用

提神醒脑，益智宁神，平衡阴阳，平肝潜阳，适用于头晕头痛、外感风寒、神经衰弱、脑力疲劳、中气下陷等症。

二、齿部按摩

1. 动作要领

（1）上下牙齿扣击，先叩门牙 9～18 次，再叩磨牙 9～18 次。

（2）用一手食指挠侧按在嘴唇外侧，如涮牙状，左右来回按摩在齿根部，先上后下，共 9～18 次。

2. 保健作用

叩齿能宁神定志，帮助集中思想，诱导大脑入静；平时叩齿可固齿防脱，预防牙疾。

三、舌部按摩

1. 动作要领

（1）搅海　舌前部在牙齿内外上下各运转 9 ~ 18 次，再前后鼓漱 9 ~ 18 次。

（2）咽津　将所产生的津液（唾液），分三次徐徐咽下。

2. 保健作用

促进唾液分泌，增进消化功能，预防口腔疾病，适用于脾胃虚弱、消化不良、口苦口臭等症。

四、眼部按摩

1. 动作要领

（1）用大拇指或食指、中指指腹分别按揉眼眶周围的主要穴位：睛明、四白、攒竹、瞳子髎、太阳、风池穴，各 9 ~ 18 次。

（2）轻闭双眼，两眼球先顺时针运转 9 ~ 18 次，再逆时针运转 9 ~ 18 次。

（3）两眼向前凝视望远半分钟左右。

（4）两掌心相搓至热，掩在两眼上，熨眼 1 ~ 3 分钟。

2. 保健作用

恢复眼睛疲劳，增进视力，明目开窍，预防眼疾，适用于近视眼、晶状体混浊、青光眼等症。

五、鼻部按摩

1. 动作要领

用两中指指腹，沿鼻梁两侧，上推至鼻根部，下按至迎香穴，来回9~18次，然后按揉迎香穴9~18次。

2. 保健作用

增强上呼吸道抵抗力，防治感冒和鼻炎。

六、耳部按摩

1. 动作要领

(1) 用中指指腹上下摩擦耳门穴9~18次。

(2) 以拇指指腹和食指桡侧面捏住耳轮上部，从上到下摩运，当手摩运到耳垂时，稍用力朝下拉，共9~18次。

(3) 两手掌心分别按着两耳孔，指尖朝后，中指放于后脑部，食指从中指上滑下弹击后脑枕部9~18次，作“鸣天鼓”状，使耳中听到“咚咚咚”的击鼓声。

2. 保健作用

聪耳守神，益智开窍，可防治耳鸣、耳聋、头昏、头痛等症。

七、面部按摩

1. 动作要领

两掌心搓热，贴在颜面部，向上平推至头顶，由后脑绕耳根下再回到颜面部，做9~18次。

2. 保健作用

消除疲劳，宁神醒脑，荣颜美容。

八、四肢躯干部按摩

1. 动作名称：摩项

(1) 动作要领　两手十指交插互握，用掌心从后脑部向下擦按至大椎穴处，上下摩项9~18次，然后再左右摩项9~18次(图4-1-1)。

（2）保健作用　防治颈椎骨质增生，改善脑部血液循环，有平肝潜阳、下降血压的功效。

图4－1－1

图4－1－2

图4－1－3

图4－1－4

2. 动作名称：浴臂

（1）动作要领　将手心搓热，然后一手放在另一手臂上，沿手臂内侧由肩部向下摩擦至腕部（图4－1－2），再沿手臂外侧由腕部向上摩擦至肩部（图4－1－3），即沿手三阴经出，顺手三阳经进。两臂交换进行，各9～18次。

（2）保健作用　加强手三阴、手三阳之经气，有疏经活络之功效，可防治风湿痹痛，滑利关节。

3. 动作名称：摩胸

（1）动作要领　两掌相叠，掌心轻按胸部，先顺时针方向转圈按摩9～18次，再逆时针方向转圈9～18次，也可配合呼吸，两手由下绕向上时吸气，由上绕向下时呼气（图4－1－4）。

（2）保健作用　舒肺解郁，宽胸利气，强心益气。

4. 动作名称：摩腹

（1）动作要领　两掌相叠，掌心放于腹部，先顺时针方向绕脐转圈按摩9～18次，再逆时针方向绕脐转圈按摩9～18次，也可配合呼吸，由下向上绕时吸气，由上向下绕时呼气（图4－1－5）。

（2）保健作用　健脾助运，和胃宽肠，理气止泻，对脘腹胀满、食积不化、便秘腹痛等实证，按顺时针方向按摩；对脾虚泄泻、中气下陷等虚证，则按逆时针方向按摩。

5. 动作名称：擦腰眼

（1）动作要领　即擦肾俞穴。将手心搓热，然后两手置于身后，掌根部放在腰后肾俞穴的位置，上下来回擦摩 9～18 次（图 4－1－6）。

（2）保健作用　补肾强腰，疏通带脉，若治疗腰肌劳损等症，可增加擦摩次数。

图 4－1－5

图 4－1－6

图 4－1－7

图 4－1－8

6. 动作名称：浴腿

（1）动作要领　将手心搓热，然后一手放在大腿外侧，另一手放在大腿内侧，从大腿根部到脚踝部上下来回推按摩擦 9～18 次，两腿交换进行（图 4－1－7）。

（2）保健作用　疏通足三阴和足三阳经脉，加强经气的流通，改善下肢的血液循环，恢复肌肉疲劳，强壮筋骨，丰满肌肉。

7. 动作名称：擦脚底

（1）动作要领　即擦涌泉穴。将手心搓热，然后用掌心擦摩对侧脚底涌泉穴 36 次，两脚轮换进行（图 4－1－8）。

（2）保健作用　镇静息风，清心安神。劳宫和涌泉是心包经和肾经的重要穴位，掌擦涌泉可起到心肾相交、水火相济的作用，可防治失眠、耳鸣、头痛等症。

第二节　部位拍打导引

练习扣打，手腕要放松，用弹力拍打，手掌要舒展，拍打力度、时间、次数因人而异，宜从轻、从少开始，逐渐增加。拍打时，可取站势或坐势。站势：两脚开立，与肩等宽，人全身放松站直；坐势：上身放松坐直，下肢平放，膝关节伸直，两腿平行，两脚分开 10 ~20 厘米为宜。以下拍打介绍以站势为例。

图4－2－1

图4－2－2

图4－2－3

图4－2－4

图4－2－5

一、拍头部

（1）动作要领　两脚分开同肩宽　两手掌拍击头部，先拍前后，两手均从头顶百会穴开始，再一手向前拍至前额，另一手向后拍至大椎穴，拍3~5遍（图4－2－1）。然后再从头顶百会起向头部两侧拍至两颞部太阳穴处，拍3~5遍（图4－2－2）。

（2）保健作用　提神醒脑，祛风止痛，适用于头痛头昏、高血压等症。

二、拍上肢

（1）动作要领　站势同上　用一手拍打另一手臂，从肩井穴处起，沿手臂内侧向下拍至手心（图4－2－3）。被拍打之臂内旋，再从手背部起，沿手臂外侧向上拍至肩、背部（图4－2－4）。一下一上为一遍，共3～5遍。两臂交换进行。

（2）保健作用　宽胸理气，舒筋活血，通络除痹，解肌止痛，适用于肩周炎、肩臂肌肉疼痛、活动不利等症。

三、拍任督脉

（1）动作要领　站势同上　以腰为轴，左右拧转，以此来带动两臂前后抡摆，手掌拍打胸腹正中，手背拍打背部正中，由小腹部和尾骨部逐渐向上拍至胸背部，共拍～5个来回（图4－2－5）。

（2）保健作用　通过任督两脉，平衡阴阳，强筋健骨，增强内脏功能。

图4－2－6

图4－2－7

图4－2－8

图4－2－9

四、拍胸腹

（1）动作要领　站势同上。两手掌同时由上向下从锁骨中线，下拍至腹股沟部，共3～5遍（图4－2－6）。

（2）保健作用　疏肝理气，健脾助运，增强心脏功能。

五、拍臀部

（1）动作要领　两手掌向后从两肾俞穴处起向下拍至整个

臀部，共3~5遍（图4-2-7）。

（2）保健作用　强腰健肾，疏筋活络，调和气血，适用于腰腿痛等相关症候。

六、拍下肢

（1）动作要领　站势同上。上体前俯，两手掌同时沿大腿内外侧，从大腿根部，向下拍至脚踝部，共3~5遍（图4-2-8）。

（2）保健作用　疏通下肢经络，强筋健骨，适用于腰膝酸软、腰腿痛、坐骨神经痛。

第三节　练功十八法

练功十八法是开展医疗与体育相结合防治颈、肩、腰、腿痛疾病过程中，由庄元明在发掘整理古代“导引”、“五禽戏”、“八段锦”等祖国医学及武术遗产和继承近代著名武术家、伤科医生王子平“却病延年二十势”的经验基础上，通过多年临床实践，不断总结提高，逐步形成的一套自身锻炼防治颈、肩、腰、腿痛的医疗保健操。

练功十八法编创于1974年，1975年3月开始由临床应用走向社会全面推广。由于动作设计针对性强，具有科学性，易学易懂，在实际临床应用和防病治病中显示出独特的医疗保健功效。

一、功法特点和医疗保健作用

1. 动作设计针对性强

练功十八法为防止颈、肩、腰腿痛病的需要专门设计，根据颈、肩、腰腿部位和生理特点，针对不同发病部位和病情编创而成。每一节动作都有其特定的锻炼要求和适应症，练习者可以根据所需进行全套锻炼，也可以选择部分动作锻炼。如颈椎综合症、肩关节周围炎患者，可选用“颈项争力”、“左右开弓”、“双手伸展”、“展翅飞翔”等动作锻炼；腰腿痛患者可以选用“转腰推掌”、“叉腰旋转”、“弓步插掌”、“双手攀足”等动作锻炼。

2. 强调“内劲”，“得气”为要

颈、肩、腰腿痛病常因感受风、寒、湿或操劳、外伤引起，但其共同病理机制主要为“气滞血淤”所致，造成肌肉、筋膜、肌腱等软组织发生痉挛、粘连、挛缩等病理现象。练功十八法锻炼时，强调“内劲”，要求“以意领气，以气生劲，以劲达四肢”，就是发挥人体内在的真气运行功能，以推动病变部位“气行则血行”，改变已形成的“气滞血淤”病理状态。而练功时局部有否“得气”感（即酸、痛、重等感觉），又是衡量练功者是否发挥“内劲”作用的标志。如果每节动作锻炼时都能做到“得气”，就是锻炼成功的表现，也是取得疗效的关键。

3. 医练结合，相得益彰

练功十八法通过病人自身锻炼，改善颈、肩、腰腿痛病理状况，是一种“扶正袪邪”的治疗方法。如果采用推拿、针灸或药物等治疗颈、肩、腰腿痛病，同时作练功十八法锻炼，就可以充分调节病人体内的“正气”，加快肢体、关节和内脏的功能恢复，提高抵抗疾病的能力，达到增强体质、提高疗效、缩短疗程的作用。特别是当治疗结束后，患者还能坚持练功十八法锻炼，则又是一种巩固疗效、防止复发的有效方法。这个医疗和练功相结合的方法打破了病人单纯接受医生被动治疗的观点，既有利于病人早日恢复健康，又有利于减少医院门诊拥挤和医疗费用的负担。

4. 有病能治，无病能防

大量实践资料统计证明，很多患颈、肩、腰腿痛者通过练功十八法锻炼，一般都有很好的治疗效果；不少尚未患颈、肩、腰腿痛者，特别是长期持续固定姿态进行操作或长期坐着固定位置办公、书写的人，如能坚持每天1～2次进行练功十八法锻炼，就可以使过度疲劳的肌肉得到调节修整，使相对静止的肌肉得到活动，保持正常功能，达到动静结合，平衡协调，从而收到预防颈、肩、腰腿痛的效果；老年人体力渐衰，肢体内脏功能减弱，如能坚持练功十八法锻炼活动，也可以恢复生理活力，推迟衰老现象。

二、注意事项

1. 姿势正确，方法清楚

练功十八法的动作，是针对颈、肩、腰腿痛等病因病理而设计的，因此练功动作的正确与否，直接影响到防治疾病的效果。要使动作做得正确，首先应了解和掌握动作特点和注意事项以及基本的手型和步型，这是使动作正确的基础和依据；其次应弄清楚每节动作的结构形式和要求活动的肌肉和关节等部位，使受作用力的肌肉出现酸胀的“得气”感。

2. 意识贯注，呼吸自然

思想集中、排除杂念对练功的效果有很大的关系。专心想动作，想要领，体验“得气”感，把病痛撇在一边，把苦闷烦恼抛开，锻炼的效果就会倍增。呼吸要求均匀自然，逐步过渡到与动作的升降开合相配合，恰到好处，要注意自然顺畅，不可屏气。

3. 循序渐进，持之以恒

练功十八法锻炼，还需要掌握锻炼的进程和运动量。开始时动作逐渐增加，次数由少到多，时间由短到长，逐渐习惯，逐步适应。外伤练功时以不加剧疼痛为标准，内伤以胸腹舒畅、精神愉快为度。切忌操之过急，盲目加大运动量，这样非但达不到防治疾病目的，相反会因不能适应而引起新的损伤，影响病情和健康。颈、肩、腰腿痛疾病的发生，是长年累月积聚而成，因此机能的恢复也需要一定的时间。疾病的痊愈，疗效的巩固，健康的维持，有赖于各种因素，更需要持之以恒。锻炼时断时续，会降低疗效，若再长期中断，更会前功尽弃。实践证明，凡是能坚持练功十八法锻炼的，都能收到防病治病、增强体质的良好效果。

三、动作说明

1. 颈项争力

（1）动作要领　预备姿势：两脚开立，稍宽于肩，两手叉腰，眼视前方。

①头向左转，眼视左方（图4－3－1）。

图4－3－1

图4－3－2

图4－3－3

②还原成预备姿势。

③头向右转，眼视右方，同图4－3－1，惟左右不同。

④还原成预备姿势。

⑤抬头，眼视上方（图4－3－2）。

⑥还原成预备姿势。

⑦低头，眼视下方（图4－3－3）。

⑧还原成预备姿势。

（2）动作要点　头在旋左、旋右、抬头、低头时，尽力加大幅度，上体保持正直，使颈部肌肉有酸胀感。

（3）适应范围　颈部急性扭伤，如落枕；慢性颈部软组织疾病，如颈椎病等。

2. 左右开弓

（1）动作要领　预备姿势：两脚开立，稍宽于肩，两虎口相对成圆形，掌心向前，离面部约30厘米；眼视前方（图4－3－4）。

图4－3－4

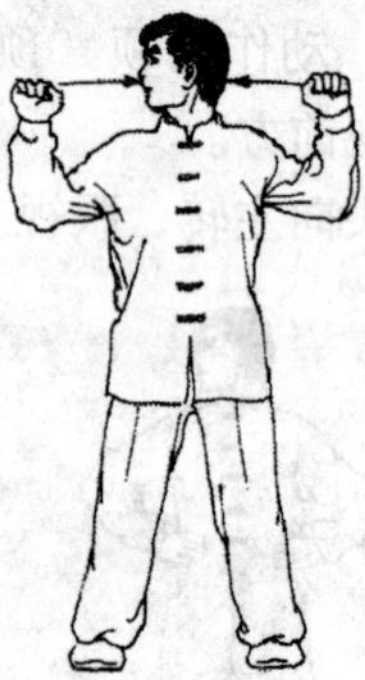

图4－3－5

①两手轻握拳左右分开至体侧，拳心向前，小臂与地面垂直；同时头向右转，眼随右手（图4－3－5）。

②还原成预备姿势　动作3～4与动作1～2相同，惟左右相反。

（2）动作要点　两手侧拉开至最大幅度，两肩胛用力后缩时，要防止挺胸，使颈项、肩背部肌肉有酸胀感，并可放射至两臂肌群，同时胸部有舒畅感。

（3）适应范围　颈项、肩背酸痛及僵硬，手臂麻木及胸闷等。

3. 双手伸展

（1）动作要领　预备姿势：两脚开立，稍宽于肩；两臂屈肘，轻握拳于体侧；眼视前方（图4－3－6）。

①两拳松开，两臂上举伸直，掌心向前；抬头挺胸，眼随左

手（图4－3－7）。

②还原成预备姿势。

动作3~4与动作1~2相同，惟左右相反。

图4－3－6

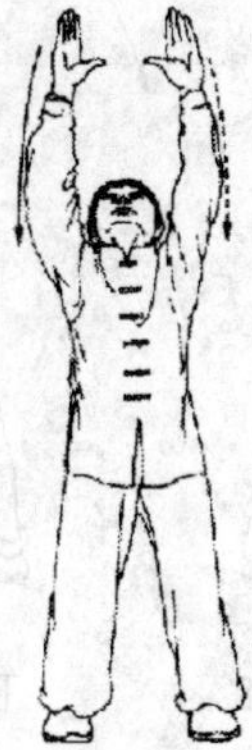

图4－3－7

（2）动作要点　两臂垂直上举靠近头侧，脚跟不能提起，抬头挺胸，颈、肩、腰、背部有酸胀感。

（3）适应范围　颈、肩、腰、背部酸痛，肩关节功能障碍，如肩周炎、手臂提起不便等。

4. 开阔胸怀

（1）动作要领　预备姿势：两脚开立，稍宽于肩；两手掌交叉于腹前，掌心向里（图4－3－8）。

①两臂交叉上举，眼视两手（图4－3－9）。

②两手翻掌经体侧划弧下落（图4－3－10），眼随左手下移，还原成预备姿势。

动作3~4与动作1~2相同，但眼随右手下移。

（2）动作要点　两臂向上伸展时，充分直臂伸展；分开后，眼睛交替随视左右手；上举抬头时，颈、肩、腰有酸胀感。

（3）适应范围　肩关节周围炎，肩关节功能障碍及颈、背、腰酸痛等。

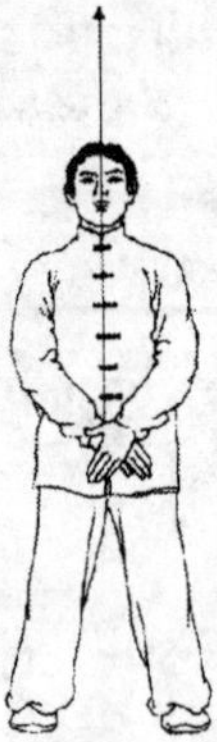

图 4-3-8

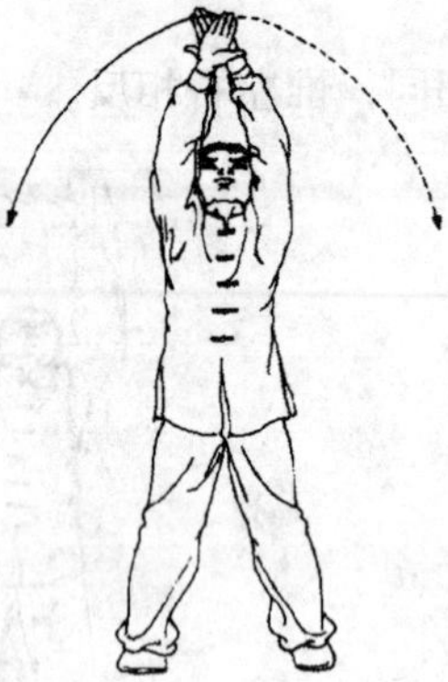

图 4-3-9

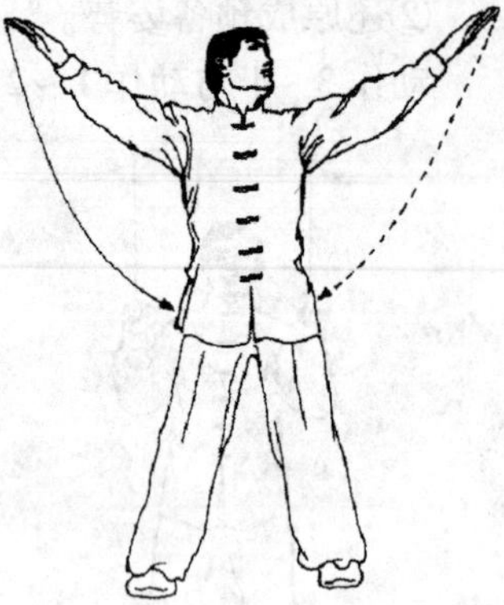

图 4-3-10

5. 展翅飞翔

（1）动作要领　预备姿势：两脚开立，稍宽于肩；两臂垂于体侧（图 4-3-11）。

图 4-3-11

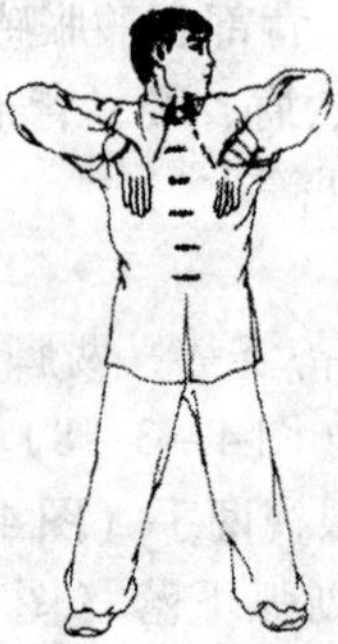

图 4-3-12

图 4-3-13

①两臂屈肘上提经体后侧成“展翅”状，肘高于眉；手背相对；眼随左肘上提（图 4-3-12）。

②两肘下落，两手在面前成立掌，掌心斜相对（图 4－3－13），再经体前徐徐下按，还原成预备姿势。

动作 3～4 与动作 1～2 相同，但眼随右肘上提。

（2）动作要点　提肘下落时注意肩关节环转活动；两肘上提时，不能耸肩，要体会肩部和两肋有酸胀感。

（3）适应范围　肩关节僵硬及上肢活动功能障碍，如冻结肩等。

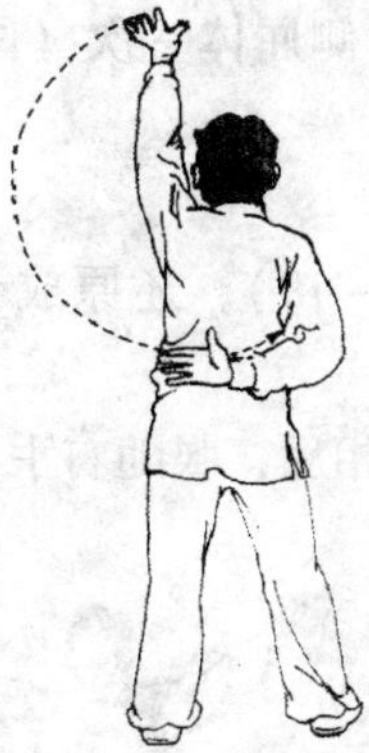

图 4－3－14

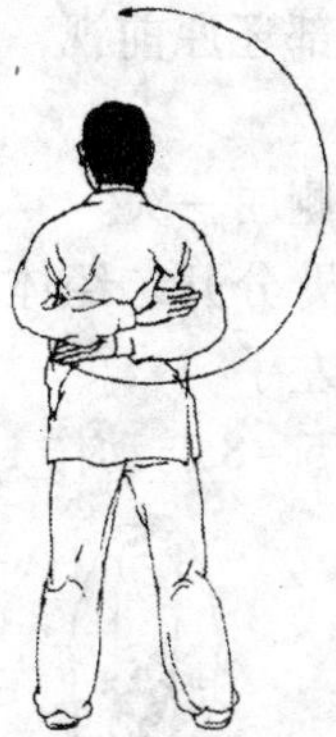

图 4－3－15 背

6. 铁臂单提

（1）动作要领　预备姿势：同第五式：展翅飞翔

①左手臂经体侧举至头上方成托掌，掌指朝后，抬头；同时右臂内旋屈肘上提，手背紧贴腰背部（图 4－3－14）。

②左手臂经体侧下落，再内旋屈肘上提，手背紧贴腰背部（图 4－3－15 背）；眼随左手。

动作 3～4 与动作 1～2 相同，惟左右相反，眼随右手。

（2）动作要点　手臂上举时要伸直，尽可能举到顶点，后屈臂逐渐上移至背部；眼要始终随上举手背移动。上举托掌抬头时，同侧颈部有酸胀感，并觉胸部舒畅。

（3）适应范围　肩关节僵硬、活动不便，颈、肩、腰痛及胃脘胀满。

7. 双手托天

（1）动作要领　预备姿势：两脚开立，稍宽于肩，十指交叉于下腹前，掌心向上（图4－3－16）。

①两臂上提至颈前部，反掌上托，挺胸抬头，掌心向上（图4－3－17）。

②头部还原前视，两臂带动上体向左侧屈体一次（图4－3－18）。

③再侧屈一次。

④两臂分开，经体侧下落（图4－3－19），还原成预备登努；眼随左手。

动作5～8与动作1～4相同，惟左右相反，眼随右手。

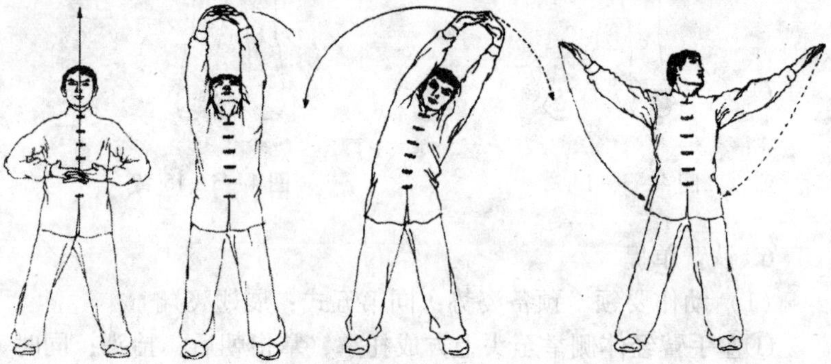

图4－3－16　图4－3－17　图4－3－18　图4－3－19

（2）动作要点　上体侧屈时，两臂必须伸直，上体不能前倾或转体，使颈和腰部两侧肌肉有明显酸胀感，并放射至肩、臂、手指。

（3）适应范围　颈、腰部僵硬，肩、肘关节及脊柱活动不便，脊柱侧弯等。

8. 转腰推掌

(1) 动作要领　预备姿势：两脚开立，稍宽于肩；两手握拳于腰侧（图 4 –3 –20）。

①左手由拳变立掌向前推出，掌心向前；同时上体右转，右肘向右侧后顶与左臂成直线；眼视右后方（图 4 –3 –21 侧）。

②还原成预备姿势。

动作 3 ~4 与动作 1 ~2 相同，惟左右相反，眼视左后方。

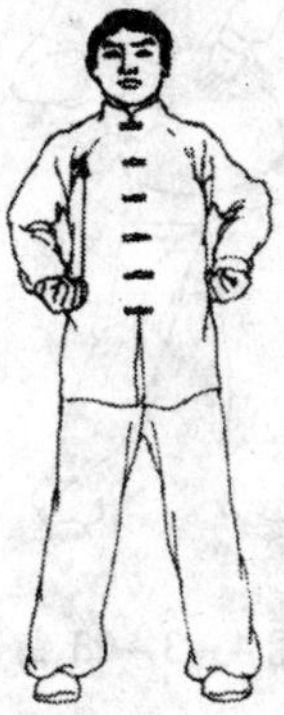

图 4 –3 –20

图 4 –3 –21 侧

(2) 动作要点　转腰推掌时上体正直，不能前倾后仰；转腰旋转达到最大幅度，使颈、肩、腰、背部有酸胀感。

(3) 适应范围　颈、肩、腰、背部软组织劳损，如颈椎病伴有手臂麻木，肌肉萎缩，腰痛等。

9. 叉腰旋转

(1) 动作要领　预备姿势：两脚开立，稍宽于肩，两手叉腰，大拇指向前（图 4 –3 –22 背）。

动作 1 ~4 两手用力推动骨盆作顺时针方向环转一周（图 4 –3 –23 背）。先做顺时针方向 1 ~2 个八拍，后做逆时针方向 1

~2 个八拍。

（2）动作要点　腰部转动的幅度尽可能大；盆骨与腰椎转动时，头部及上身活动幅度尽量要小；转动要缓慢、连贯、协调，使腰部有明显酸胀感。

（3）适应范围　腰部急性扭伤及慢性腰痛，对长期弯腰或某种固定姿势办公而形成的腰骶部酸痛劳损等有防治作用。

图 4－3－22 背

图 4－3－23 背

图 4－3－24

图 4－3－25

10. 展臂弯腰

（1）动作要领　预备姿势：同第四式：开阔胸怀。

①两臂交叉前上举，抬头、挺胸、收腹；眼视手背（图4－3－24）。

②两臂经体侧下落至侧平举，掌心向上（图4－3－25）。

③两手翻掌，同时上体挺胸前屈，掌心向下，抬头（图4－3－26）。

④两臂下落体前，两手交叉触地，抬头（图4－3－27）。

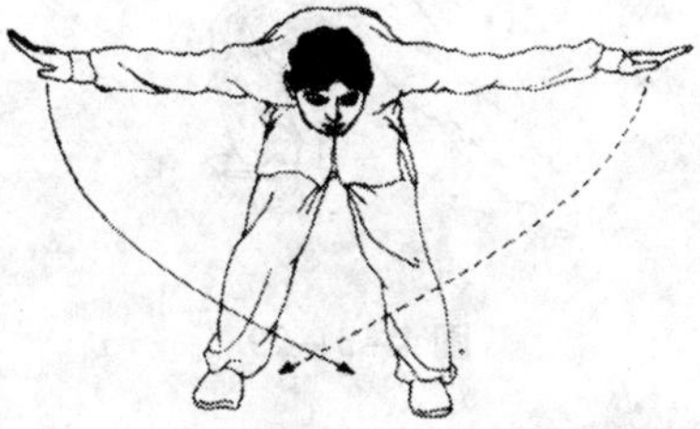

图4－3－26

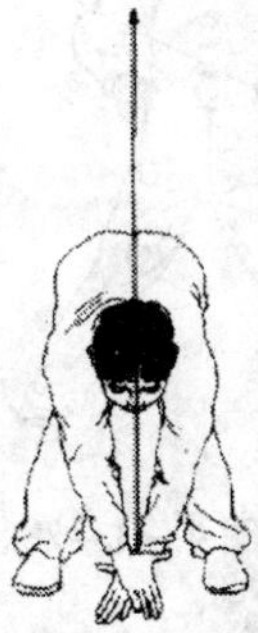

图4－3－27

动作5～8与动作1～4相同，最后一拍还原成预备姿势。

（2）动作要点　两臂上举眼视上方时，腰部有酸胀感；弯腰时，两臂要保持与肩部成一直线；两手交叉时，手指尽量触及地面，两腿后肌群有酸胀感。

（3）适应范围　颈、肩、腰、背、腿酸痛等。

11. 弓步插掌

（1）动作要领　预备姿势：分腿直立一大步，约两肩宽，两手握拳于腰侧（图4－3－28）。

①上体左转成左弓步，右拳变掌向前上方插掌，高与头平，左肘向后方顶（图4－3－29）。

②还原成预备姿势。

动作3～4与动作Ⅰ～2相同，惟左右相反。

（2）动作要点　弓步时，要做到上体正直，后腿蹬直，插掌臂伸直，屈肘臂后顶，产生反方向内劲，使腰腿有明显的酸胀感。

（3）适应范围　腰、背、腿痛及腰脊柱小关节紊乱。

图4－3－28

图4－3－29

12. 双手攀足

（1）动作要领　预备姿势：并步立正。

①两手指交叉于腹前上提，经颈前翻掌上托；眼视手背（图4－3－30、图4－3－31）。

②上体挺腰前屈；抬头。

③两手掌下按脚背；抬头（图4－3－32）。

④还原成预备姿势。

动作5～8与动作Ⅰ～4相同。

（2）动作要点　两臂上托时，颈、腰部有酸胀感；上体前屈时，注意抬头，两臂紧靠头侧；攀足时注意两腿伸直，掌要尽量触及足背，腰、腿部有明显酸胀感。

（3）适应范围　腰、腿部软组织劳损，弯腰不便，脊柱侧弯，腿部酸痛麻木及屈伸不利等。

图 4－3－30

图 4－3－31

图 4－3－32

13. 左右转膝

（1）动作要领　预备姿势：立正，上体前屈，两手扶膝；膝盖伸直；眼视前方（图 4－3－33）。

图 4－3－33

图 4－3－34

动作 1～2 两手扶膝，两膝弯曲作顺时针方向环绕一周（图 4－3－34）。还原成预备姿势。做 1～2 个八拍，再逆时针方向做

1～2个八拍。

（2）动作要点　转膝速度缓慢、连贯、均匀，幅度尽量要大，使膝、踝关节和股四头肌有酸胀感。

（3）适应范围　膝、踝关节酸痛、无力。膝关节髌下脂肪垫劳损及膝关节内外侧副韧带损伤等。

14. 仆步转体

图4－3－35

图4－3－36

（1）动作要领　预备姿势：分腿直立一大步，约两肩宽，两手叉腰（图4－3－35）。

①左腿成仆步，上体左转45度（图4－3－36）。

②还原成预备姿势。

动作3～4与动作1～2相同，惟左右相反。

（2）动作要点　仆步转体时，上体保持正直，两脚平行不能移动，使伸直腿内收肌群和屈膝腿的股四头肌有酸胀感。

（3）适应范围　腰、臀、腿痛，髋、膝、踝关节活动不利，内收肌劳损，下肢肌肉萎缩，行走不便等。

15. 俯蹲伸腿

（1）动作要领　预备姿势：立正。

①上体前屈，两手扶膝；两腿伸直；眼视前方（图 4－3－37）。

②两手扶膝指尖相对，屈膝全蹲；眼视前方（图 4－3－38）。

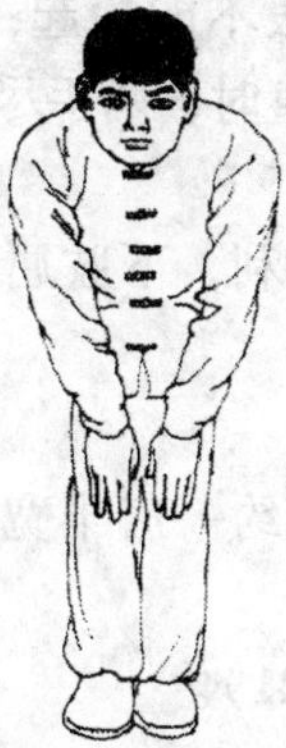

图 4－3－37

图 4－3－38

图 4－3－39

图 4－3－40 侧

③两手掌相叠下按脚背，再伸直两腿；抬头（图4-3-39、图4-3-40侧）。

④还原成预备姿势。

动作5~8与动作1~4相同。

（2）动作要点　两脚不能分开，脚跟不能抬起；全蹲时，大腿的前肌群及膝关节有酸胀感；两腿伸直时，两手尽量按住脚背，大小腿后肌群有明显的酸胀感。

（3）适应范围　因髋、膝关节活动不利，下肢屈伸困难而引起的下肢肌肉萎缩及坐骨神经痛等。

16. 扶膝托掌

（1）动作要领　预备姿势：两脚开立约一肩半宽，两臂垂于体侧。

①上体前屈，右手扶左膝（图4-3-41）。

图4-3-41

图4-3-42

图4-3-43

②上体挺直，两腿屈膝成马步；左臂经体前上举成托掌，手指朝后；眼视手背（图4-3-42）。

③上体前屈，两腿伸直；左手扶右膝，与右手交叉（图4-3-43）。

④同动作2，但换右手臂前上举成托掌。

动作5~8与动作1~4相同。

（2）动作要点　托掌时上体要正直，托掌臂要伸直；扶膝手要贴在膝关节内侧，使颈、肩、腰、腿部有酸胀感。

（3）适应范围　颈、肩、腰、腿部酸胀痛及下肢肌肉萎缩等。

17. 胸前抱膝

图4－3－44侧

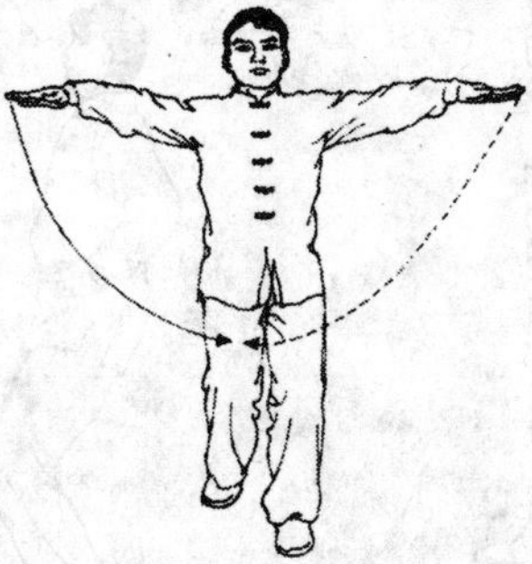

图4－3－45

图4－3－46

（1）动作要领　预备姿势：立正。

①左脚上一步，身体重心移至左腿，右脚跟提起；两臂前上举，手心相对；抬头挺胸（图4－3－44侧）。

②两臂经体侧下落，同时提右膝；两手紧抱右膝于胸前，左腿伸直（图4－3－45、图4－3－46）。

③两臂前上举，右腿后落，还原成动作1。

④左脚后退还原成预备姿势。

动作5~8与动作1~4相同，惟左右相反。

（2）动作要点　上举臂要伸直，抱膝尽量靠拢胸部；上体挺直，支撑腿不能弯曲；重心要稳定，使支撑腿的后肌群及抱膝腿的前肌群均有酸胀感。

（3）适应范围　臂、腿酸痛及屈伸功能障碍。

18. 雄关漫步

（1）动作要领　预备姿势：立正，两手叉腰。

①左脚向前一步，右脚跟提起，挺胸；重心前移至左腿（图4－3－47侧）。

②右脚跟着地，稍屈右膝，左脚跟着地，脚背向上背屈；重心后移至右腿（图4－3－48侧）。

图4－3－47侧

图4－3－48侧

③右脚前进一步，左脚跟提起，挺胸；重心前移至右脚（图4－3－49侧）。

④左脚跟着地，稍屈左膝，右脚跟着地，脚背向上背屈；重心后移至左腿（图4－3－50侧）。

⑤重心后移至右腿，左脚跟提起，挺胸（同图4－3－49侧）。

⑥重心前移至左腿，稍屈左膝，同时，右脚跟着地，脚背向上背屈（同图4－3－50侧）。

⑦左腿伸直，右脚后退一步，稍屈右膝，左脚跟向上背屈；重心后移至右腿（同图4－3－48侧）。

⑧还原成预备姿势。

图4-3-49 侧

图4-3-50 侧

第二个八拍换右腿前进一步开始。

（2）动作要点　上体在移动时要保持正直，根据重心前后移动，分清虚步和实步；重心在左腿时，左腿及右踝酸胀感，重心在右腿时，右腿及左踝酸胀感。

（3）适应范围　下肢酸痛、关节活动不便。

第四节　五禽戏

五禽戏是东汉名医华佗根据古代导引、吐纳、熊经、鸟伸之术，研究了虎、鹿、熊、猿、鸟五禽的活动特点，并结合人体脏腑、经络和气血的功能，编成的一套具有民族风格特色的导引术。

有资料考证，华佗所创编的五禽戏是直接取材于西汉刘晏《淮南子》的六禽戏而加以发展的。五禽戏寓医理于动作之中，寓保健康复效益于生动形象的“戏”之中，这是五禽戏区别于其他导引术的显著特征。

华佗的这一创举，使他成为最早推行保健与体育防治结合的先行者。华佗身体力行养生之道与五禽戏，而且传授给他的弟子吴普。“普施行之，年九十余，耳目聪明，牙完坚”。但是华佗五禽戏的操作方法在当时是没有文字记载的，只凭口授心传流行于世。在以后的朝代，有了关于五禽戏的记载，北宋张君房《云笈七签》所引的《养性延命录》的文字记载，清代曹无极所著《万寿仙书》导引篇中有五禽戏图谱，有了历代文字记载与图说，从而发展演变成当代众多的五禽戏流派。

五禽戏作为一种防治结合的传统保健导引术，其锻炼要求是比较严格的。每一禽戏的神态运用要形象，不仅要求形似，更重视神似，并且要做到心静体松、刚柔相济，以意领气、气贯周气，呼吸柔和缓慢，引伸肢体，动作紧凑而不慌乱。五禽戏的动作全面周到，从四肢百骸到五脏六腑，可以祢补日常活动中活动不到的部位，使之改善机体各部分功能，达到畅通经略、调和气血、活动筋骨、滑利关节的作用。

根据中医的脏腑学说，五禽配五脏。虎戏主肝，能舒肝理气，舒筋活络；鹿戏主肾，能益气补肾，壮腰健胃；熊戏主脾，能调理脾胃，充实两肢；猿戏主心，能养心补脑，开窍益智；鸟戏主肺，能补肺宽胸，调畅气机。但是，人体是一个有机整体，五脏相辅相成，所以五禽戏中任何一戏的演练，既主治一脏的疾患，又兼顾其他各脏，所以能达到祛病强身、延年益寿的目的。

一、手形介绍

虎爪：五指张开，虎口撑圆，第一、二指关节弯曲下扣（图 4 -4 -1）。

鹿指：拇指向外撑开、伸直，食指、小拇指伸直，中指、无名指弯曲内扣（图 4 -4 -2）。

熊掌：五指弯曲，大拇指扣压食指第一指节上，其他四指并拢弯曲，虎口撑圆（图4－4－3）。

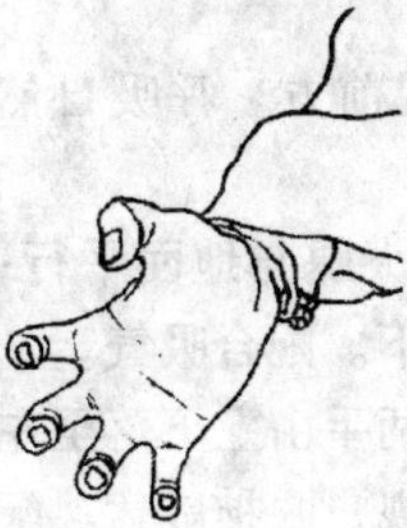

图4－4－1

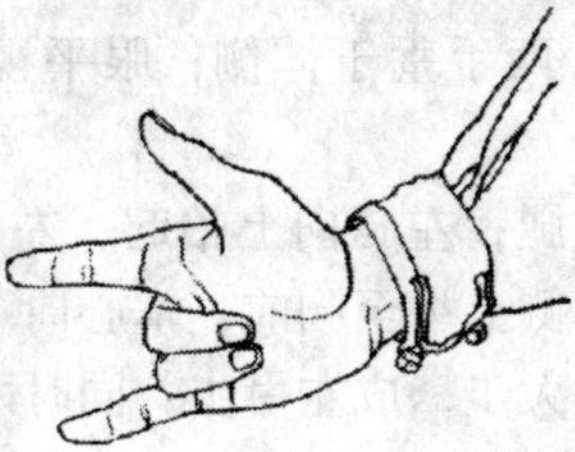

图4－4－2

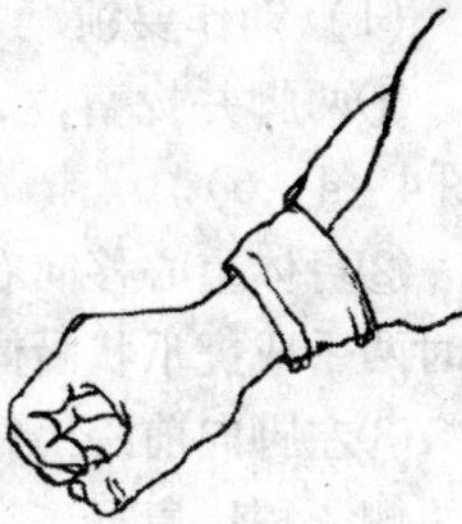

图4－4－3

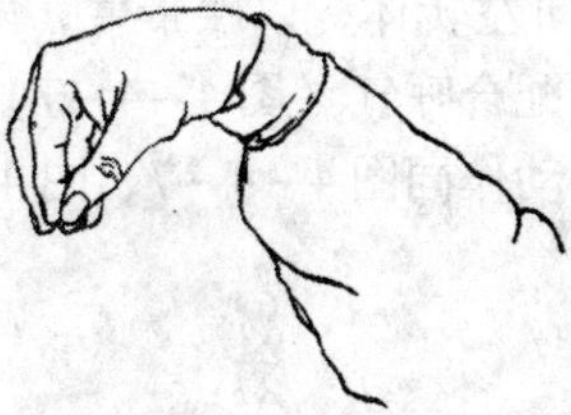

图4－4－4

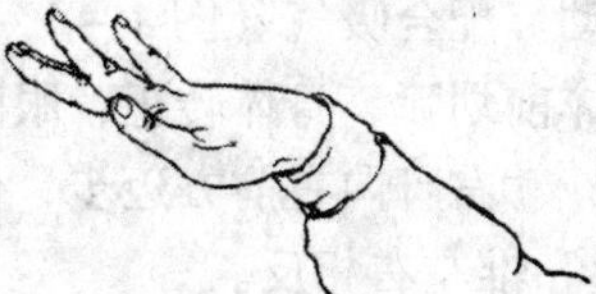

图4－4－5

猿勾：五指指腹捏拢，屈腕（图4－4－4）。

鸟翅：五指伸直，拇指、食指、小拇指向上翘起，无名指、中指并拢向下（图4－4－5）。

二、动作说明

（一）虎戏

练虎戏最重要的是要有虎威：神发于目，威生于爪，神威并重，啸声惊人。要有动如雷霆无阻挡、静如泰山不可摇的气势。既要做到刚劲有力，又要做到刚中有柔，从而达到动静相兼、刚柔并济。

1. 虎窥

（1）动作要领

①两脚并拢直立，两手垂于体侧；眼平视前方。呼吸自然（图4－4－6）。

②身体重心移向右腿，左腿向上抬起，左大腿与地面平行；同时两手成虎爪状沿体侧上举至胸前，掌心向下。配合吸气。

③左脚向前跨出一大步，成左弓步；同时两手由上下落至左膝两侧，稍比肩宽，掌心向下；两眼向前方平视，眼神威猛。配合呼气（图4－4－7）。

④身体向右后转动，以腰带臂。同时两手随转体向右后划弧摆动。配合吸气（图4－4－8）。再向左转体，以腰带臂，两手向体前划弧，身体转正；眼随手动。配合呼气（图4－4－7）。

⑤右脚向右前方迈步，做右式，动作同图4－4－7、图4－4－8，惟左右相反。

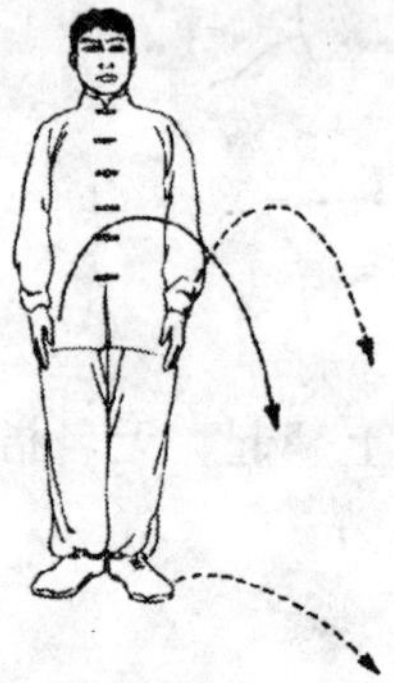

图4－4－6

图4－4－7

图4－4－8

（2）动作要领

要表现出虎的威猛。提膝要高，落步轻灵，两掌下按时意贯虎爪，力达指尖。上体竖直，颈随体转，目光炯炯，虎视眈眈，似出洞猛虎寻食。

2. 虎扑

（1）动作要领

①接上动。以右脚为轴，向左转体90°，左脚收至右脚内侧，成左丁步；两退屈曲，两手随转体摆至两脚前，稍比肩宽，掌心向下（图4-4-9）。

图4-4-9

图4-4-10

图4-4-11

②上体抬起后仰，两腿由屈变伸，两膝微屈；两手沿体侧向上收至胸前侧，掌心向下。配合吸气（图4-4-10）。

③左脚快速向左前方跨出一大步，成左弓步；同时两手向前下猛扑至左膝下两侧，掌心向下；眼视前下方，配合快速呼气，发出“嗨”声（图4-4-11）。

④以左脚为轴，向右转体90°，右脚收到左脚内侧，做右式，动作同图4-4-9、图4-4-10、图4-4-11，惟左右相反。

（2）动作要点　统虎扑时应轻灵敏捷，先柔后刚。前扑时发声吐气，以声催力，力达指尖。

（3）虎戏作用　练虎扑时，配以“嗨”字诀，“气自丹田吐”，能开张肺气，强腰固肾，并能使周身肌肉、筋腱、骨骼强壮。在虎戏的各种步法变换中，可增强关节的灵活性，对防治老年性慢性支气管炎、神经衰弱、腰背痛、骨关节酸痛、颈椎综合症等病有一定疗效。

（二）鹿戏

练习鹿戏时要舒松自然，动作轻捷奔放，不能有丝毫的勉强和拘束。精神要安闲雅静，意想在山坡、草原，群鹿行游，自己身为其中一员随群进行各种活动。

1. 鹿兴

（1）动作要领

①右腿提膝直立，左腿屈膝提起，小腿自然下垂，成右独立式；同时两掌变鹿指，由体侧上举过头，两臂伸直，掌心朝前。配合吸气（图4－4－12）。

图4－4－12

图4－4－13侧

②左脚向前迈出，挺膝踏实，右脚尖点地；两臂屈肘，大拇指架于头顶两侧，呈鹿角状；眼向后看。配合呼气（图4－4－13侧）。

③右脚屈膝上提，成左独立式，做右式，动作同图4－4－

12、图 4－4－13 侧，惟左右相反。

（2）动作要点　独立要稳，脚趾屈勾抓地。两臂上举，神态舒展昂扬。落步回头眺望，躯干和后面腿成一斜线，颈部尽量后拧。

2. 鹿盘

（1）动作要领

①接上动。上体直立，转体向左，同时左脚由后向前上步至右脚前，前脚掌着地，成左高虚步；两臂由头侧下落，左臂屈肘，上臂靠近身体左侧，前臂约与地面平行，掌心向上，右手举至头顶右上方，两掌心斜相对；眼视左手（图 4－4－14）。

②左脚稍回收，再向前迈一步，脚尖稍外展踏实，屈膝，右脚向前经左脚内侧，摩擦地面而过，脚尖略内扣，如此连续沿一圆圈共走八步（即人卦步）；眼始终注视圆心（图 4－4－15）。

图 4－4－14

图 4－4－15

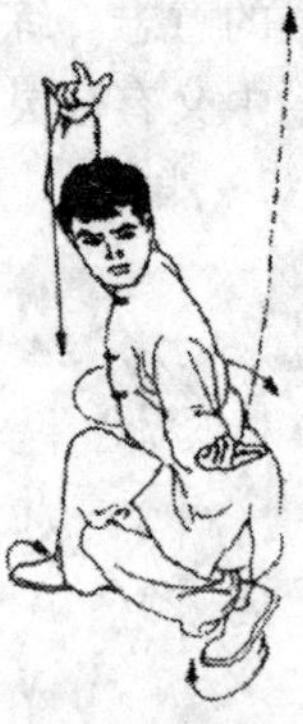

图 4－4－16

③走完八卦步，以两脚为轴，身体左转约 270°之后屈膝下蹲，成左歇步；两手中指和眼神始终对圆心（图 4－4－16）。

④身体直立，同时向右转体约 270°，成右高虚步，做右式，

动作同图4－4－14、图4－4－15、图4－4－16，推左右相反。

（2）动作要领　八卦步要匀速走在圆弧上，走转时两膝适度弯曲，身体下坐，使力量贯注两腿，脚尖扣摆转换，前进如趟泥状，全脚掌平落地面，五趾抓地。眼视圆心，心舒体松，神情怡然，自然呼吸。

（3）鹿戏作用　鹿戏善运尾闾，有助于打通任、督二脉，有强筋骨、固腰肾的作用，对腰背痛、腰肌劳损、阳萎、月经不调、痛经等病症有疗效。鹿兴、鹿盘使身体各关节活利，肌肉得到充分锻炼和牵拉，使肌肉力量增强。鹿盘使脊柱充分拧转，可增进脊柱的灵活性和稳定性，有延缓衰老和防治脊柱畸形的作用。

（三）熊戏

练习熊戏要表现出熊的浑厚、沉稳、性情刚直、勇敢和不怕困难的意志。练熊戏外观上笨重拖塌，实际内含无穷气力，且在沉稳中又有轻灵敏捷。同时练习熊戏时要松静自然、气沉舟田。

1. 熊行

图4－4－17

图4－4－18

图4－4－19

（1）动作要领

①左脚向前迈一步，成左弓步；上体稍向前倾，含胸拔背，

同时拧腰向右，左肩前靠内旋，松肩、松肘、松髋，由腰带动向前下摆动至左膝前，右臂稍向前摆动，之后再后摆至右髋后侧，两手成熊掌状。配合呼气（图4－4－17）。

②身体转正，重心后移，拧腰晃膀，带动两臂前后摆动。配合吸气（图4－4－18）。

③身体重心前移，成左弓步；左臂摆至体前，右臂摆至右后侧。配合呼气（图4－4－19）。

④右脚经左脚内侧向右前方迈一大步，成右弓步，做右式，动作同图4－4－17、图4－4－18、图4－4－19，惟左右相反。

（2）动作要点　上步轻灵，落步稳重。重心前后移动，连贯均匀；两臂顺势前后摆动，如风吹杨柳；前靠时须用内劲。

2. 熊攀

（1）动作要领

①接上动。左脚向前上步，相距同肩宽，成开立步；同时两掌收至体侧，再经体前上举至头上方，掌心向前，成握物状；抬头，眼向上看。配合缓缓吸气（图4－4－20）。

图4－4－20

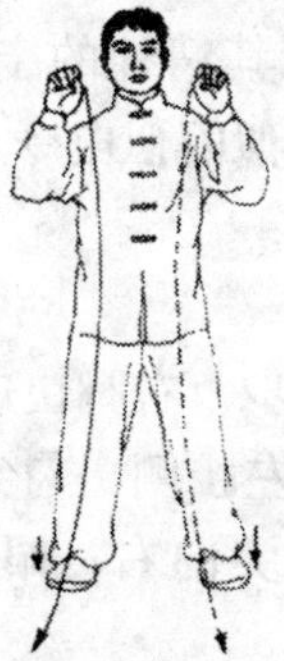

图4－4－21

图4－4－22

②两臂屈肘，两手慢慢下拉至肩前；同时，身体上引，脚跟

慢慢提起（图4－4－21）。

③脚跟慢慢落地，上体前屈同时俯身；两手变掌落至两脚前。配合缓缓呼气（图4－4－22）。

④上体徐徐抬起，同时两手成熊掌状经两腿前，再上提至腹前。配合吸气。之后两拳变掌，下落至体例，配合呼气。

（2）动作要点　两手上攀时，身体尽量伸展；两手下落时，身体尽量前屈，两腿不能弯曲。

（3）熊戏作用　练习熊戏有改善脾胃的运化功能、营养脏腑和增强肌力的作用。熊戏中用腰带动身体的晃动，使全身都得到运动，促进血液循环，活跃全身生理机能，有滑利脊柱和髋关节、增强腰腹肌力量、调理脾胃的功效。熊戏中，下肢动作在各种步法变换之中，可以对髋、膝、踝三个主要关节起着活利的作用，有利于疏通经络，改善腿部血液循环，强壮筋骨。

（四）猿戏

猿生性好动，机智灵敏，善于纵跳，攀枝蹬树，躲躲闪闪，永不疲倦。这是由于猿性极静而动的特点所致。练习猿戏，外练肢体运动的轻灵敏捷；内练其精神的宁静，方能收到“动静兼修”和“不是神仙体自轻，似闪似电令人惊”的境界。

1. 猿采

（1）动作要领

①左脚向左前方跳一小步，右脚快速跟至左脚内侧，成右丁步；同时左手呈猿勾状收至左腰侧，勾尖向后，右手经体前弧形上举至额前，掌心向下，指尖向右；眼注视右前方，眼神机敏（图4－4－23）。

②右脚向右前方跨一步，踏实，上体前倾，左腿向后平举过腰，脚掌心向上；同时，左勾手向右前方平伸屈腕，摆至头前，呈摘采式，右手由额前向下划弧摆至身体右后侧，掌变勾手，勾尖向上（图4－4－24）。

图 4－4－23

图 4－4－24

③右脚蹬地，左脚下落向左后方跳回，右脚收至左脚内侧，成右丁步；同时左臂屈肘，手收至左耳旁，掌心向上，成托桃状，左臂屈肘，手掌捧托在右时下（图 4－4－25）。

④左脚蹬地，右脚向右前方跨一步，左脚快速跟至右脚内侧，成左丁步，做右式，动作同图 4－4－23、图 4－4－24、图 4－4－25，惟左右相反。

图 4－4－25

（2）动作要点　摘来之前，眼睛先要注视前上方，好似发现树上有桃，摘采收回要快速敏捷。身体前倾摘采，要保持平衡。自然呼吸。

2. 猿摩

（1）动作要领

①接上动。左脚向左前方跳一步，右脚跟至左脚内侧呈右丁步，上体稍前倾；同时两手向两侧划弧，收至背后，掌心向外，之后沿腰背部做上下按摩数次（图 4－4－26）；同时做左右转颈、眨眼、叩齿动作。

②右脚向右前方跳一步，左脚跟至右脚内侧，成左丁步；同

时两手由背后向前划弧再收至背后，同时做左右转颈、眨眼、叩齿动作。动作同图4-4-26，惟左右相反。

③身体直立，两脚并拢，两臂自然下垂，呈站立姿势。

（2）动作要点　两手上下摩擦腰脊两侧，以肾俞穴为主，摩擦幅度要大，摩背、叩齿、眨眼、窥视要同时进行。自然呼吸。

图4-4-26

（3）猿戏作用　久练猿戏能健神，增强肢体的灵活性，进而达到体健身轻和延缓衰老的作用。猿戏的攀蹬跳跃可增强腿部的肌肉力量及各关节的灵活性和柔韧性。猿戏中的平衡动作能增强人的平衡能力。

（五）鸟戏

鹤是鸟类的代表。鸟戏要表现出鹤的昂然挺拔、亭亭玉立、轻盈安祥、悠然自得的神韵。“熊径鸟伸，为寿而已矣”。“鸟伸”这里指的是练鸟戏时要舒缓伸展，用鹤的形象练功，取其轻灵敏捷。

1. 鸟伸

（1）动作要领

①左脚向前一步，身体重心前移，右脚跟抬起，脚尖点地；同时右手由体前向上撑起，左手下按，两手呈鸟翅状；眼平视前方。配以吸气（图4-4-27）。

②两臂同时向前立抡一周，上体前俯，两腿屈膝，再右手下落摸左脚尖，左手后抬；眼视右手。配以呼气（图4-4-28）。

③左腿挺膝蹬直，右腿伸直向后抬起，脚掌向上，抬头、挺胸、塌腰；两臂伸直后摆，掌心向上，成燕式平衡；眼视正前方。自然呼吸（图4-4-29）。

图 4－4－27

图 4－4－28

图 4－4－29

④右脚落下，上步踏实，左脚跟抬起，左手上撑，右手下按，做右式，动作同图 4－4－27、图 4－4－28、图 4－4－29，惟左右相反。

（2）动作要点　两臂上撑后推，拔长两肩。向前立抡要大，两臂协调进行。平衡要稳，保持数秒。

2. 鸟翔

图 4－4－30

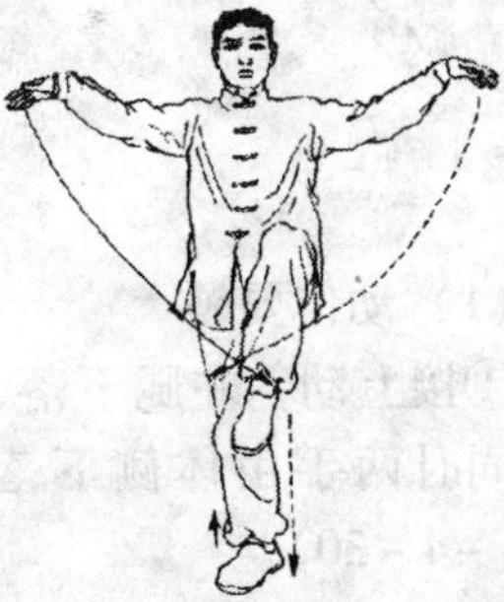

图 4－4－31

图 4－4－32

图 4－4－33

图 4－4－34

图 4－4－35

图 4－4－36

（1）动作要领

①接上动。左腿下落，收至右脚内侧，脚尖点地，两腿稍屈；同时两手由体侧下落，左手在外；眼视两手。配合呼气（图 4－4－30）。

②右腿伸直，左腿提起，大腿与地面平行，小腿自然下垂；同时，两臂在体侧向上平举；眼视前方。配合吸气（图 4－4－31）。

③左脚下落踏实，右脚跟抬起，脚尖点地；同时两手下落至

体前交叉，右手在外；眼视两手。配合呼气（图4-4-32）。

④左腿伸直，右腿向上提起；两臂在体侧向上平举；眼视前方。配合吸气（图4-4-33）。

⑤右脚下落踏实，左脚跟抬起，脚尖点地；同时两手下落回收至体前交叉，左手在外；眼视两手。配合呼气（图4-4-34）。

⑥右腿伸直，左腿向上提起；同时两手交叉，由体前举至头的前上方，右手在外。配合吸气（图4-4-35）。

⑦左脚下落踏实，右脚跟抬起，脚尖点地；同时两手由上向体侧弧形下落，至体前交叉，右手在外；眼视两手。配合呼气（图4-4-36）。

⑧左腿伸直，右腿向上提起；同时两手交叉由体前举至头的前上方，左手在外。配合深长吸气（图4-4-37）。

⑨右脚落于左脚内侧踏实，屈膝深蹲，上体前俯；同时两手弧形下落触摸脚外。配合深长呼气（图4-4-38）。

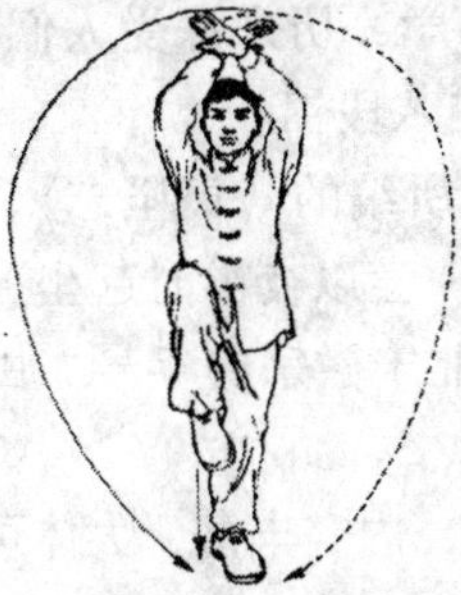

图4-4-37

图4-4-38

⑩身体直立，两臂自然下垂，成站立姿势；眼平视前方；自然呼吸（图4-4-6）。

（2）动作要点　两臂摆动，幅度要大，轻松自如，开合升降与呼吸紧密配合。手脚变化协调一致，同起同落。

（3）鸟戏作用　鸟戏要求伸展。伸展运动可以加强呼吸的深度，使肺的功能得到充分发挥，也可以使胃肠、心脏等内脏器官功能加强，从而改善人体全身的生理机能。鸟戏中的步法变换较多，能起到活跃关节、增强肌力的作用。

第五节　八段锦

八段锦是中国古代导引术中的一个重要组成部分；这是一套针对一定脏腑、病症而设计的练功功法。其中每一句歌诀都明确提出了动作的要领、作用和目的。功法中伸展、前俯、后仰、摇摆等动作，分别作用于人体的三焦、心肺、脾胃、肾腰等部位和器官，可以防治心火、五劳七伤和各种疾病，并有利滑关节、发达肌肉、增长气力、强壮筋骨、帮助消化和调整神经系统的功能。

八段锦由八节动作组成，因简便易学，历来深受人们喜爱，被比喻成“锦”（精美的丝织品），故名八段锦。

八段锦的名称，最早见于宋人洪迈所编的《夷坚志》，该书记载：“政和七年，李似矩为起居郎……尝以夜半时起坐，嘘吸按摩，行所谓八段锦者”。“政和”是北宋徽宗的年号。由此可见，北宋时八段锦就流传于世。

从宋时流传和发展到现在的八段锦，内容丰富，大体可分为坐式和站式两大类。坐式八段锦也称为文八段，保存着古人席地而坐的迹象，文八段多偏重于内功。站式八段锦也称为武八段，武八段在内容和形式上有所区别：有人把难度较大、骑马式较多、动作以刚为主的一种，称为北派；把难度不大、骑马式较少、动作以柔为主的称为南派。从文献和内容上分析，南派和北派同出一源，都是根据生活实践需要和祖国医学理论逐步发展和充实起来的。

八段锦的文字记载，也不是一开始就以歌诀形成的。南来无名氏记述的八段锦，并非七言八句，而是记述了字数多少不等的八条，各条之间也不押韵。直到金元时期，特别是元末明初，记述八段锦才出现了歌诀的形式。歌诀有助于练习者对八段锦动作的背诵和记忆。

八段锦对人体之所以有良好的作用，是因为它的各个动作对某一脏器的作用有一定的针对性，但是这种作用又是综合性。全身性的，并非头痛医头，脚痛医脚。只有把八段锦各节动作综合起来，才能起到调脾胃、理三焦、去心火、固肾腰的作用。

一、动作说明

（1）动作名称　预备动作

（2）动作要领　两脚并拢，自然站立；肩臂松垂于体侧；头项正直，用意轻轻上顶，下颚微内收，眼向前平视；用鼻自然呼吸，精神集中，意守丹田（图4－5－1）。

图4－5－1

（一）两手托天理三焦

（1）动作要领

①左脚向左平跨一步，与肩同宽；两手交叉于腹前，沿身体中线上举至头上方；眼随两手。配合吸气（图4－5－2）。

②两手向体侧分开下落，侧平时，上体前俯，两手在头下方十指交叉互握。配合呼气（图4－5－3）。

③上体抬起，两手沿身体中线上提，至胸前时，翻掌上托至头上方，两臂伸直，提踵、抬头；眼视手背。配合吸气（图4－5－4）。

④两手左右分开，下落至体侧；脚跟下落着地；眼平视前

方。配合呼气。

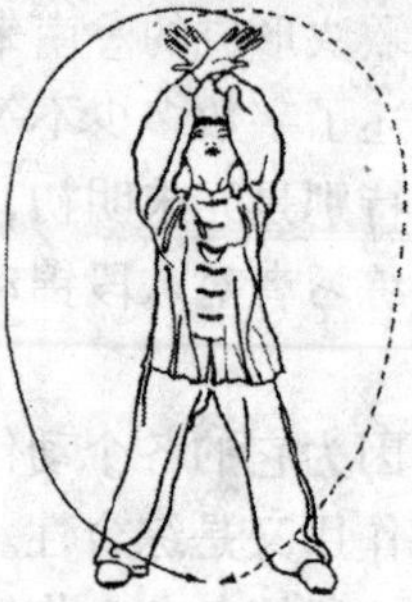

图 4－5－2

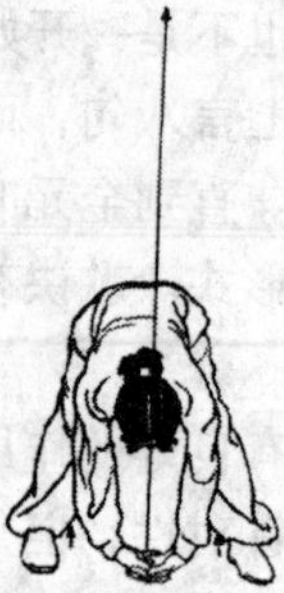

图 4－5－3

图 4－5－4

（2）动作要点　两手上托，掌根用力上顶，腰背充分伸展。脚跟上提时，两膝用力伸直内夹，可以加强身体平衡。

（3）健身作用　三焦有主持诸气，总司人体气化的功能。吸气时，两手上托，充分拔长机体，拉长胸腹部，使胸腔和腹腔容积增大，头部后仰，更加扩张了胸部，具有升举气机、梳理三焦的作用；呼气时，两手分开从体侧徐徐落下，有利于气机的下降。一升一降，气机运动平衡。对脊柱和腰背肌肉群也有良好的作用，有助于矫正两肩内收和圆背、驼背等不良姿势。

（二）左右开弓似射雕

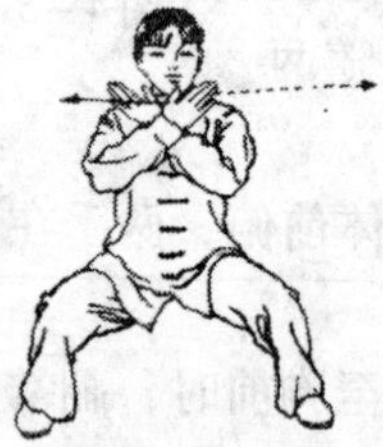

图 4－5－5

图 4－5－6

（1）动作要领

①左脚向左平跨一步，屈膝下蹲，成马步；两手体前交叉提起至胸前，右臂在外，两掌心均向里。配合呼气（图4－5－5）。

②右手握拳，拳眼向上，屈肘向右平拉；同时，左手食指上翘，拇指伸直外展，两指成八字撑开，左臂伸肘，向左缓缓用力推出，高与肩平，掌心向左；展臂扩胸，两臂成拉弓状；眼视左手。配合吸气（图4－5－6）。

③两手变掌，右手向右侧伸展，两手同时下落，再向上交叉于胸前，做右式，动作同图4－5－5、图4－5－6，惟左右相反。

（2）动作要点　两臂平拉，用力要均匀，尽量展臂扩胸，头项仍保持正直。马步时，挺胸塌腰，上体不能前俯，两脚跟外蹬。

（3）健身作用　本节动作主要是扩张胸部作用于上焦。吸气时，双手似开弓式，左右尽力拉开，加大胸廓横径，能吸进更多的清鲜空气；呼气时，双手下落，然后向胸前合拢，帮助挤压胸廓，吐尽残余的浊气；由于两肺的舒张与收缩，对心脏也起到了直接的挤压和按摩作用，加强了心肺功能。在马步过程中完成动作，腿部肌肉力量得到锻炼。

（三）调理脾胃须单举

图4－5－7

图4－5－8

（1）动作要领

①上动至图4－5－7时，上体左转由马步变左弓步；左手握

拳收至腰间，右手握拳随体转屈肘向下、向前举至头前；眼视右拳。配合吸气（图4－5－8）。

②上体前俯；右拳变掌下按至左脚尖前。配合呼气（图4－5－9）。

图4－5－9

③上体右转，使左弓步过渡到右仆步再变为右弓步；右手随重心移动贴地划弧至右脚尖前；眼随右手。继续呼气（图4－5－10）。

④右手翻掌上举，臂伸直，掌心向上，左手变掌下按，掌心向下；抬头，眼视右手背。配合吸气（图4－5－11）。

⑤右掌变拳，向前下落收到腰间，左手握拳，屈肘前举到头前，做右式，动作同图4－5－8、图4－5－9、图4－5－10、图4－5－11，惟左右相反。最后，左脚收回，并步，两拳抱于腰间。

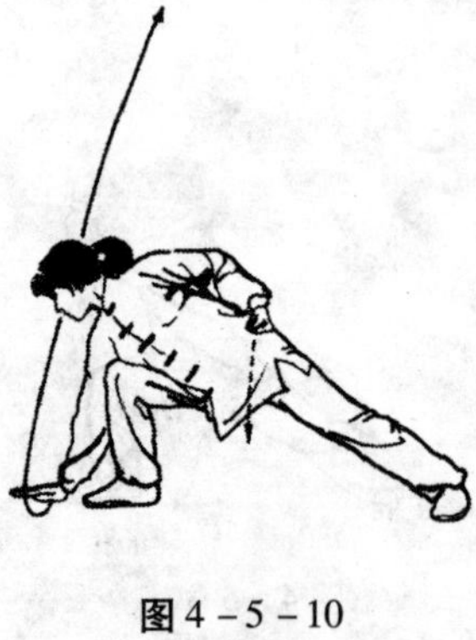

图4－5－10

图4－5－11

（2）动作要点　弓、仆步变换，动作连贯匀速。两掌上撑下按，手臂伸直，挺胸直腰，拔长脊柱。

（3）健身作用　仆步转换成弓步，两手上撑下按对拉拔长，均具有压缩腹腔和舒展腰腹，对腹腔脏器进行按摩的功能，特别是对脾胃消化系统，能增强胃肠蠕动，提高消化吸收功能。

（四）五劳七伤往后瞧

（1）动作要领

①左脚向前跨一步，成左弓步；同时，两拳变掌向后，经体例再向前平举，手心向下。配合吸气（图4－5－12侧）。

②重心后移，前脚尖外转；两臂屈肘翻掌交叉于胸前，右手在外，两掌心向里。配合呼气（图4－5－13侧）。

③重心前移，上体左转，左脚外展踏实，右脚跟提起；两手翻掌右前左后撑开，指尖朝前；眼视后方。配合吸气（图4－5－14侧）。

④上体向右转正，左脚向后收回，两臂向前平举下落，配合呼气。再做右式，动作同图4－5－12侧、图4－5－13侧、图4－5－14侧，惟左右相反。

图4－5－12侧

图4－5－13侧

图4－5－14侧

（2）动作要点　两臂起落开合要与呼吸配合一致。转头时，头平项直，眼尽量向后注视。

（3）健身作用　本节动作是整个脊柱尽量拧曲旋转，眼望后注视，主要调整中枢神经系统功能，能活络颈椎，松弛颈肌，改善脑部供血供氧，从而提高大脑功能，发挥大脑对全身五脏六腑的指挥功能；胸部拧转有益于心肺两脏；腰部拧转有强腰健肾、调理脾胃作用。因此，有防止“五劳七伤”之说。

（五）摇头摆尾去心火

（1）动作要领

①接上式。左脚向左手跨一大步，屈膝下蹲，成马步；两手经体侧上举，在头前交叉下落按于膝上，虎口向里；眼视正前方（图4-5-15）。

②上体向右前方深俯，重心落向右腿，头尽量向前顶伸。配合吸气（图4-5-16）。

③上体深俯，最大幅度向左摇转，右腿蹬伸，重心移至左腿，臀部向右摆动，拧腰切胯；眼视右下方。配合呼气（图4-5-17）。

④上体再向右摇转，做右式，同图4-5-16、图4-5-17，惟左右相反。最后，两手落于体侧，左脚收回，并步站立。

图4-5-15

图4-5-16

图4-5-17

（2）动作要点　上体左右摆动，手、眼、身、步、呼吸配合要一致，头部和臀部的相对运动，对拉拔长，要有韧劲。两手不离膝，两脚不离地。

（3）健身作用　心火被中医认为是情志之火内发或六气郁而化火出现的一些症状。摇头摆臀、拧转腰胯的中脉运动，牵动全身，降低中枢神经系统兴奋性，起到清心泻火、宁心安神的功效。同时，下肢弓马步变化，对腰酸膝软等下肢疾患有作用。

（六）双手攀足固肾腰

（1）动作要领

①接上式。两手体前上举至头顶，掌心向前；上体后仰，抬头。配合吸气（图 4－5－18 侧）。

②两手随上体前俯至脚尖，手指攀握脚尖，两膝伸直。配合呼气（图 4－5－19 侧）。

③上体抬起，两手沿脚外侧划弧至脚跟，沿腿后上行至腰部，按压肾俞穴；上体后仰，抬头。配合吸气（图 4－5－20 侧）。

④两手自然下落，成站立式，配合呼气。

图 4－5－18 侧

图 4－5－19 侧

图 4－5－20 侧

（2）动作要点　身体前屈和背伸，主要是腰部活动，因此两膝始终伸直，前俯后仰，速度缓慢均匀，运动幅度应由小到大。

（3）健身作用　腰部的前俯后仰，可以充分伸展腰腹肌群；双手攀足，可以牵拉腿部后群肌肉，本节动作能提高腰腿柔韧性，防止腰肌劳伤和坐骨神经痛等病状。腰部保护着重要的内脏器官、神经、血管，压缩、舒展脏器，具有内按摩功效，“腰为肾之府”，所以，腰强健则肾固秘。

（七）攒拳怒目增气力

（1）动作要领

①左脚向左平跨一大步，屈膝下蹲，成马步；两手握拳于腰间（图4－5－21）。

②左拳向前冲出，拳心向下；两眼瞪大，怒视左拳。用鼻快速呼气（图4－5－22）。

③左拳收回，配合吸气。右拳向前冲出，两眼瞪大，怒视右拳。用鼻快速呼气（图4－5－23）。

图4－5－21

图4－5－22

图4－5－23

图4－5－24

图4－5－25

图4－5－26

④右拳收回，配合吸气。上体左转，成左弓步；同时两拳体前交叉配合呼气，再向上举起，配合吸气，再两拳分开，右前左后向下劈拳，拳眼向上配合呼气；眼视右拳（图4－5－24）。

⑤上体右转180°，成右弓步，再做劈拳（图4－5－25），动作同图4－5－24，惟左右相反。

⑥上体左转，成马步；两拳于体前交叉，配合吸气（图4－5－26）。再向两侧崩弹拳，眼平视，配合呼气（图4－5－27）。

图4－5－27

⑦左脚收回，两手置于体侧，成站立式。

（2）动作要点　出拳由慢到快，做好拧腰，瞬间急旋前臂动作，体现“寸劲”。脚趾抓地，挺胸塌腰，并与呼气、瞪眼、怒目配合一致；收拳宜缓慢、轻柔，蓄气、蓄力待发。一张一弛，刚柔相济。

（3）健身作用　主要锻炼肝的功能，肝血丰盈，则经脉得以涵养，以至筋骨强健，久练攒拳，则气力倍增；怒目体现了肝的疏泻功能，因“肝开窍于目”，因此怒目可以疏泻肝气，从而调和气血，保证了肝的正常生理功能。

（八）背后七颠百病消

（1）动作要领

①脚跟上提，两臂屈肘，两手背后上行至脊柱两侧，按压于肾俞穴上；脚跟离地，身体上下抖动七次，再尽量提踵，头向上顶，配合吸气（图4－5－28侧）。

②脚跟轻轻着地，同时两手随之下落于体例，配合呼气。

图4－5－28侧

（2）动作要点　身体抖动应放松。最后，脚跟上提时，百会上顶；脚跟着地时振动宜轻，意念下引至涌泉，全身放松。

(3) 健身作用　这是全套动作的结束，连续上下抖动使肌肉、内脏、脊柱松动，再做脚跟轻微着地震动，使上述器官、系统整合复位，起到整理运动作用。随着动作的落下，气血疏通，意将病气、浊气从身上全部抖落，从而取得“百病皆消”的功效。

图 4－5－29

(九) 结束动作

动作要领　两手经体侧，上举于头顶上方，配合吸气（图 4－5－29）；再经体前徐徐下按至腹前，配合呼气。重复多次后，立正还原。

第六节　易筋经

易筋经相传为梁武帝时代印度高僧达摩所著。但据多数学者考证，易筋经是明朝天启四年紫凝道人搜集医、释、道流行的养生导引术及汉代东方朔的洗髓、伐毛健身法，并在宋代《八段锦》的健身理论等基础上编辑而成的。另外，清初手抄本尚有海岱游人于大元中统元年（1260 年）所作之序。综合诸序，初步判定《易筋经》在宋元以前已广为流传于少林寺众僧之内，罕有外传。自明清以来其法才广为人知，日益流行，而且还演变成了数个易筋经流派。

《易筋经》载：“易者，乃阴阳之道也，易即变化之易也。”魏伯阳《参同契》载：“脱换易筋是也。”易筋经是一种内外兼练的导引强身法，练内名洗髓，练外名易筋。“易筋者欲坚其外，如果能内清静、外坚固，圣域在反掌之间耳”。可见此功法并非全在“易筋”，而是整体性身心并练、内外兼修的一套医疗保健养生功法。动者外动以易筋强骨，静者内静以攻心纳意，集内外兼修之长，静中求动（气）、动中求静（意）为宗旨，精练勤思，可达防治疾病、延年益寿的效果。

学练易筋经，除了姿势要正确，还必须领会以下要求：

①伸展　练习每势时要尽量伸展，《论语》载："子之宴居，申申如也，夭夭如也。"俗语说："睡不厌屈，觉不厌伸。"这说明人在清醒状态下身心舒展，是古人的养生妙法。

②缓慢　动作慢是消除紧张和伸展的关键。

③柔和　《内经》中讲："骨正筋柔气血以流。"练习养生功多以修炼气脉为主，姿势正确、心平气和、肌肉放松是经络通顺、气血畅达的关键。

④安静　练功时神态安祥和安静。静止时固然安静，但内在有无限生机，使气血更好地运动。动时要神态安祥、意静心清。

⑤呼吸　初练功时要缓缓地自然呼吸，有一定功夫后，逐渐进入"吐惟细细，纳惟绵绵"的呼吸。

一、动作说明

（一）拱手环抱

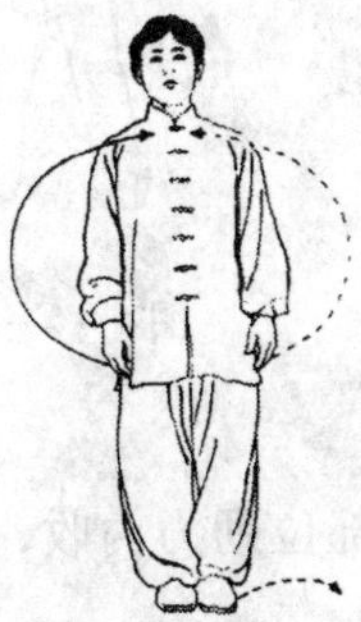

图4－6－1

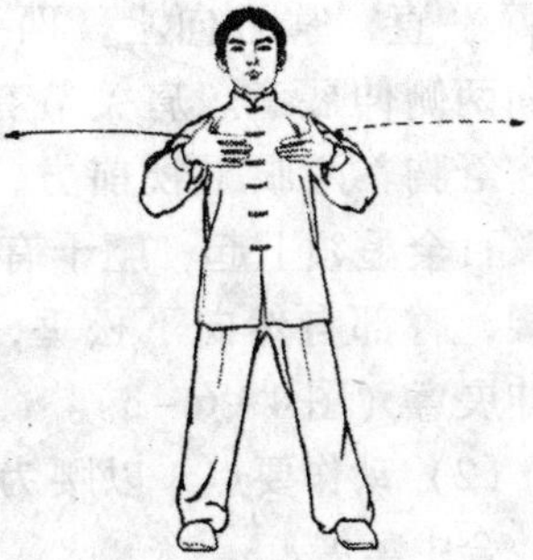

图4－6－2

（1）动作要领

①两脚并步直立，身体端正，两臂自然下垂，两膝保持直而滑利不僵的状态，两眼平视前方一固定目标（图4－6－1）。

②左脚向左分开，与肩同宽；两臂向前、向上划弧，屈肘内收，两手距胸约20厘米，掌心向里，指尖相对，手对膻中穴。平心静气，神态安详，呼吸自然（图4－6－2）。

（2）动作要点　宽胸实腹，气沉丹田，脊背舒展，沉肩垂肘，上虚下实。

（3）健身作用　定心涤虑，排除杂念。神态安静和祥，外静而内有无限生机，气血调和，这样可消除内心焦虑，稳定不安情绪，使心平气和，心肾相交，阴阳平衡，精神内收，遍体舒畅。

（二）两臂横担

（1）动作要领

①两手缓缓前伸至两臂伸直，与肩同宽，掌心向上。

②两臂向身体两侧分开成侧平举，两臂平直，掌心向上，两手稍高于肩，有向两侧伸展意。肩关节有意识向下松沉，舒胸。两眼平视前方，眼神延伸极远；百会虚领上起，躯干有向上伸展意；松腰，臀部自然向下松垂，两脚有向地心伸展意（图4－6－3）。

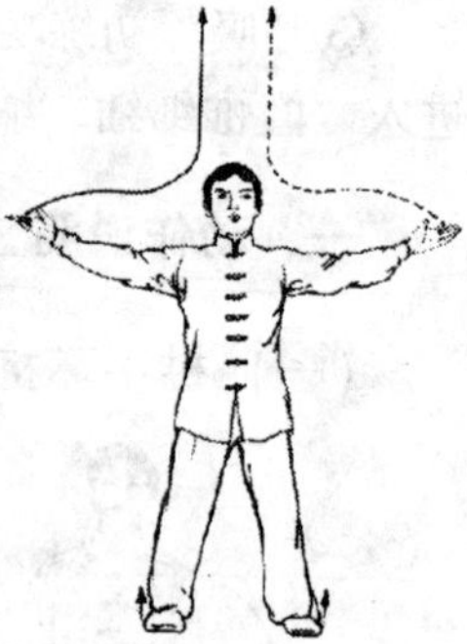

图4－6－3

（2）动作要点　以腰为轴，使其他部位劲力内收，展中寓合，合中寓展。

（3）健身作用　舒胸理气，健肺纳气。展臂舒体，矫正腰背畸形，伸肱理气，贯注百脉。《内经》有“五脏六腑之气，皆贯注于肺”及“肺朝百脉”之述，故此式有助改善心肺功能，对肺气肿、肺心病及心肌缺血有一定疗效。

（三）掌托天门

（1）动作要领

①两臂屈肘，两掌心向内、向耳旁合拢。

②提踵，同时两手反掌上托，举至头顶前上方，掌心斜向上，两手指尖相对，两臂展直，有向上伸展意。也可轻闭双眼，“仰面观光”，似遥望天之极处。配合吸气（图4－6－4）。

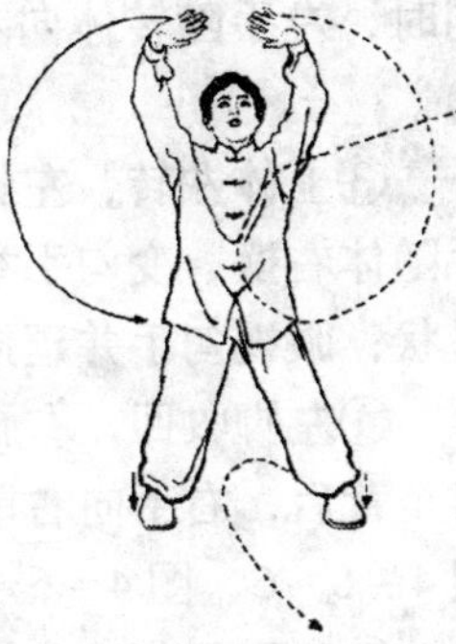

图4－6－4

③两手向身体两侧下落，掌心逐渐翻转向下，两足跟随之缓缓下落。配合呼气。

（2）动作要点　身体和上肢动作舒松，但松而不懈，要有内劲；提踵时，两膝伸直内夹，可以提高动作的稳定性。

（3）健身作用　治腰痛、肩臂痛。两臂上举伸长肢体和脊柱，有调理三焦的作用。三焦，大部分人认为“上焦主纳，中焦主化，下焦主泄”，《难经》中亦有“三焦者原气之别使也”的人体生命之气说，故通过调理三焦，激发五脏六腑之气，起到防治内脏诸病的作用，对心肺疾病、脾胃虚弱及妇科病等疾患有一定疗效。

（四）摘星换斗

（1）动作要领

①重心移向右腿，左脚提起，两手上提至腰侧，配合吸气。再上体左转，左脚向左前方跨出，屈膝半蹲，成左弓步；同时，右手向后，掌背附于腰后命门穴处，左手向左前方伸出，高与头平，掌心向上，意念延及天边；眼视左手。配合呼气（图4－6－5）。

②重心后移，上体右转，右脚屈膝，左腿伸直，脚尖上翘；同时，左手随转体向右平摆；眼随左手。配合吸气（图4－6－6）。

③上体左转，左脚稍收回，脚尖着地，成左虚步；同时，左手随体右摆，变勾手举于头前上方，屈肘拧臂，勾尖对眉中成摘星状；眼视勾手并延伸极远。配合呼气（图4－6－7）。

④左脚收回，右脚向右前方伸出，成右弓步；左勾手变掌下落至背后，右手向右前上方伸出，做右式，动作同图4－6－5、图4－6－6、图4－6－7，惟左右相反。

⑤两手下落于体例，右脚收回，并步直立。

图4－6－5

图4－6－6

图4－6－7

（2）动作要点　整个动作变化，均应用腰来带动，体现协调柔和；屈臂勾手内旋，应做到尽力。意念上，手的摆动好似空中摘星揽月，最后神归天目。

（3）健身作用　此式主要作用于中焦，肢体伸展宜柔宜缓，上体转动幅度要大，交替牵拉，使肝、胆、脾、胃等脏器受到了柔和的自我按摩，促进了胃肠蠕动，增强了消化功能，故有调理脾胃、治疗胃脘胀痛及排浊留清的作用，并通过肢体运动，治疗颈、肩、腰诸关节的疼痛，提高下肢肌肉力量。

（五）出爪亮翅

图4－6－8

图4－6－9正

图4－6－9侧

（1）动作要领

①两掌变拳，上提至胸两侧，拳心向上。同时配合吸气（图4－6－8）。

②提踵。同时两拳变掌缓缓向前推出，随前推掌心逐渐翻转向下，至终点时，坐腕、展指、掌心向前，两手高与肩平，同肩宽，两臂伸直；眼平视指端，眼神延伸极远。同时配合深长呼气（图4－6－9正、图4－6－9侧）。

③落踵，两臂外旋握拳收回至胸前，再下落于体侧，成直立式。

（2）动作要点　推掌亮翅时，脚趾拄地，力由下而上，并腿伸膝，两胁用力，力达指端，同时要鼻息调匀，咬牙怒目，内外相合。

（3）健身作用　此式主要运动四肢，可疏泄肝气，舒畅气机；能培养肾气，增强肺气，有利于气血运行，对老年性肺气肿、肺心病有效。另有增强全身筋骨和肌肉的作用，可灵活肩、肘、腕、指诸关节。

（六）倒拽九牛尾

图 4－6－10

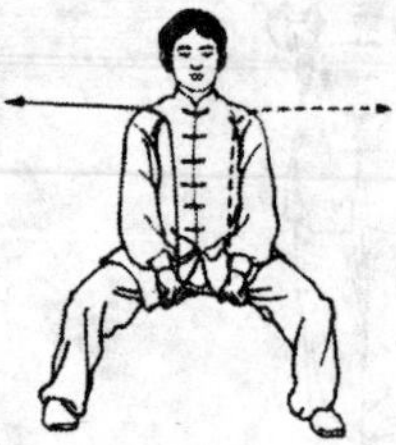
图 4－6－11

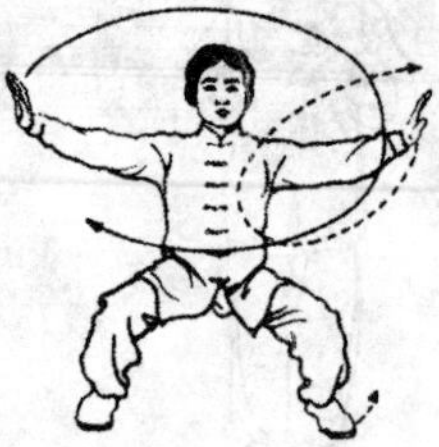
图 4－6－12

（1）动作要领

①左脚向左横跨一步，相距约三脚宽；两臂由体侧上举至头两侧，两臂伸直，两掌心相对，指尖向上。配合吸气（图 4－6－10）。

②两腿屈膝下蹲，成马步；两掌变拳，由头上向体前下落至两腿之间，两臂伸直，拳背相对。配合呼气（图 4－6－11）。

③两拳由下上提至胸前，拳心向下，配合吸气。再由胸前向两侧撑开，两拳逐渐变掌，坐腕、展指，掌心向两侧，指尖向上，两臂撑直，有向两侧推撑之意。配合呼气（图 4－6－12）。

④身体重心移向右腿，左脚尖外展 90°，之后身体重心再向左腿移动，成左弓步；同时两掌逐渐变拳，左手向下、向腹前、再向上划弧摆至脸前，拳心对脸，上臂与前臂成直角，右手经向头部右侧上，向前、再向身体右侧后摆动，拳心向后，右臂内旋充分后摆；眼看左拳。两拳有前拉后拽之意。配合自然呼吸（图 4－6－13）。

⑤上体前俯至胸部靠近大腿，弓步姿势不变，左拳与脸的距离不变，右拳与身体的距离不变。同时配以呼气（图 4－6－

14）。

⑥上体后仰，左拳与脸的距离不变，右拳与身体的距离不变，眼看左拳，配以吸气（图4－6－15）。

图4－6－13

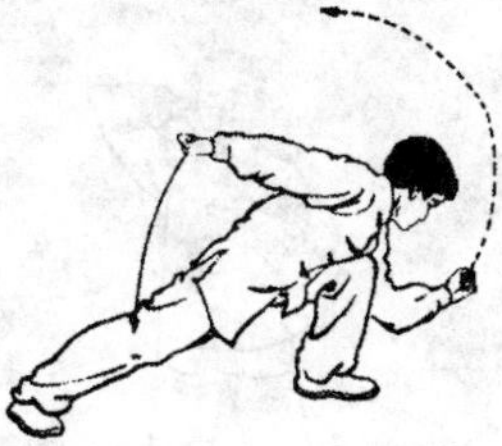

图4－6－14

图4－6－15

⑦上体伸直右转，再做右式，动作同图4－6－10、图4－6－11、图4－6－12、图4－6－13、图4－6－14、图4－6－15，惟左右相反。

⑧重心移向左腿，右脚内扣，左脚收回，并步直立；两臂由侧平举下落至体侧，成直立式。

（2）动作要点　成弓步做上体前俯后仰，力注前臂。前俯时，意念拳握九牛尾，由身后向前倒拽；后仰时，意念拳握马缰，拉动八匹马，以体现内劲用意。

（3）健身作用　此式通过用意引导牵拉动作的模仿，可增进两膀气力，防治肩、背、腰、腿酸痛。两眼观拳，注精凝神，对眼进行弛张锻炼，可以改善眼部的血液循环。

（七）九鬼拔马刀

（1）动作要领

①左脚向左横跨一步，两脚平行开立，与肩同宽；两手向腹前交叉，左手在前，由体前上举至头前上方，两臂伸直。配合吸

气（图 4 –6 –16）。

②两手由头上，向身体两侧下落至体侧。配合呼气。

③左手由体侧向前上举至头上，之后左臂屈肘，左手落至头后食指点按风地穴，右手背至腰后，掌背向内，附于命门穴。配合吸气（图 4 –6 –17 正、图 4 –6 –17 背）。

图 4 –6 –16

图 4 –6 –17 正

图 4 –6 –17 背

图 4 –6 –18

图 4 –6 –19

图 4 –6 –20

④身体充分向右拧转，眼向后看（图 4 –6 –18）。身体转正，之后再充分向左拧转，眼向后看（图 4 –6 –19）。同时配合缓缓的深长呼吸。

⑤身体转正（图 4 –6 –20），两臂呈侧平举再下落至体侧，

两手在腹前交叉，再做右式，动作同图 4－6－16、图 4－6－17 正、图 4－6－17 背、图 4－6－18、图 4－6－19、图 4－6－20，推左右相反。

⑥身体转正，之后两臂呈侧平举，再下落至体侧，左脚收回，成直立式。

（2）动作要点　上体左右拧转，保持中轴正直，两臂前举后收要充分。

（3）健身作用　此式主要锻炼腰、腹、胸、背等部肌肉，并通过对脊柱诸关节的拧转，增强脊柱及肋骨各关节的活动范围，促进胸壁的柔软性及弹性，对防治老年性肺气肿有效。头颈部的拧转运动，能加强颈部肌肉的伸缩能力，改善头部的血液循环，有助于解除中枢神经系统的疲劳，对防治颈椎病、高血压、眼病和增强眼肌有一定效果。全身极力拧转包括下肢，能改善静脉血的回流。

（八）三盘落地

（1）动作要领

①左脚向左横跨一步，两脚平行开立，相距三脚宽；两臂由身体两侧向体前上举，两臂伸直，与肩同高，同宽，掌心向上。配合吸气（图 4－6－21）。

②两掌心翻转向下，下落至两膝外侧，两手拇指朝里相对；同时屈膝下蹲，成马步。配合呼气（图 4－6－22）。

③两腿缓缓伸直；同时两掌心翻转向上托起至两肩前侧（两臂夹角约成 90°）。配合吸气（图 4－6－23）。

④两腿屈膝深蹲；同时两掌心翻转向下按至两大腿外侧，指尖指向左右两侧。配合呼气（图 4－6－24）。

⑤两腿缓缓伸直；同时两掌心翻转上托至两肩侧（两臂约成一字形）。配合吸气（图 4－6－25）。

⑥两腿屈膝下蹲，成马步；同时两掌心翻转向下落至两膝外

侧，两手拇指朝里相对。配合呼气（图 4－6－26）。

图 4－6－21

图 4－6－22

图 4－6－23

图 4－6－24

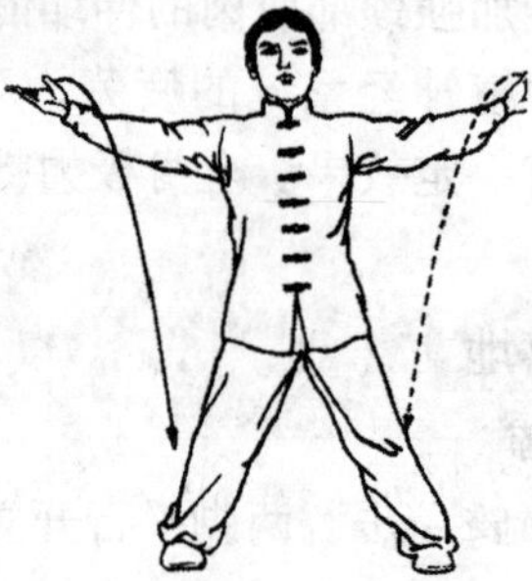

图 4－6－25

图 4－6－26

（2）动作要点　两手向上，如托千斤；两手下落，如按水中浮球，意贯内力。

（3）健身作用　此式活动肩、膝等关节，配合深蹲练习，能增强腿部力量，对蹲起机能的维持有良好效果，促进大腿和腹腔静脉血的回流，特别是对盆腔的瘀血消除有较好的作用。

（九）青龙探爪

（1）动作要领

①两腿缓缓伸直；同时两掌变拳收至腰前例，拳面抵住章门穴，拳心向上，右拳变掌举至头上，掌心向左，右臂靠近头部。配合吸气（图4－6－27）。

②向左侧弯腰，右腰充分伸展，面部向前，右臂靠近头部，充分伸直，右手掌心向下。配合呼气（图4－6－28）。

③向左转体至面部向下，上体充分向左前俯，右手充分向左探伸，眼看右手。配合吸气。

④屈膝下蹲，两大腿与地面平行，同时身体逐渐转正，右臂随转体由身体左侧经两小腿前划弧至右腿外侧，掌心向上。配合呼气（图4－6－29）。

⑤两腿缓缓伸直，再做右式，动作同图4－6－27、图4－6－28、图4－6－29，惟左右相反。

⑥两腿缓缓伸直，同时两手收至腰间握拳；左脚收回，并步直立（图4－6－30）。

图4－6－27

图4－6－28

图4－6－29

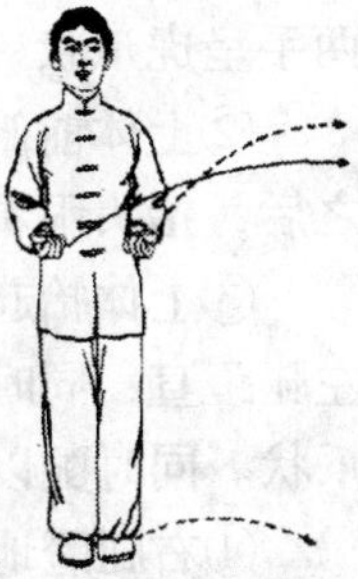
图4－6－30

（2）动作要点　手臂充分侧伸，上体由侧屈转为向前，由吸气转为呼气协调配合，以气带动，方能使动作连贯圆活。

（3）健身作用　此式对腰、腿软组织劳损，转腰不便，脊柱侧弯腿及肩臂酸痛、麻木及屈伸不利有效。通过侧弯腰及拧腰前探对肋间肌伸拉，胸廓相对增大，使肺的通气量加大，肺泡的张力增强，从而可治疗老年性的肺气肿及肺不张。通过对章门穴的按压，可达到协调五脏气机、调理脾胃的作用。

（十）卧虎扑食

图4-6-31

图4-6-32

（1）动作要领

①向左转体90°，左脚向左迈出一大步，成左弓步；两手由腰侧做向前扑伸动作，手高与肩平，同肩宽，掌心向前，坐腕，两手呈虎爪状。配合呼气（图4-6-31）。

②上体前俯至胸部贴大腿，两手掌心向下贴地，继续呼气。之后，抬头眼看前方，瞪眼。配合吸气（图4-6-32）。

③上体抬起，直立，身体重心充分向右腿移动，右腿屈膝，左腿蹬直；同时两手沿左腿两侧，经腰侧，提至胸前，两手呈虎爪状。同时配以深吸气（图4-6-33）。

④右腿蹬地，身体重心前移，成左弓步；同时两手向前做扑伸动作，两臂伸直，两手呈虎爪状。配合深呼气，也可发声，以声催力（图4-6-34）。

⑤两臂外旋，掌心向上，握拳收至腰侧；身体重心移至左腿，右脚收至左脚内侧，再向右转体180°，右脚向右迈出一大步，成右弓步，再做右式，动作同图4-6-31、图4-6-32、图4-6-33、图4-6-34，惟左右相反。

⑥两臂外旋，两掌心翻转向上，两掌变拳，之后收至腰两

侧。身体转正，左脚收至右脚内侧，两脚并拢，同时两手下落，两臂自然下垂于体侧，成直立式。

图4－6－33

图4－6－34

（2）动作要点　向前扑伸，注意发力顺序，起于根，顺于中，达于梢，腿腰臂三节贯通，力达虎爪。

（3）健身作用　此式神威并重，势不可挡，有强腰壮肾、健骨生髓之效。

（十一）打躬势

（1）动作要领

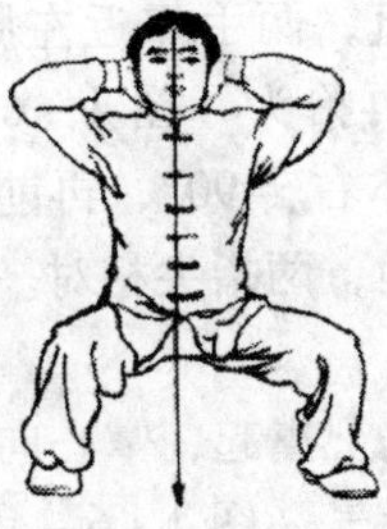

图4－6－35

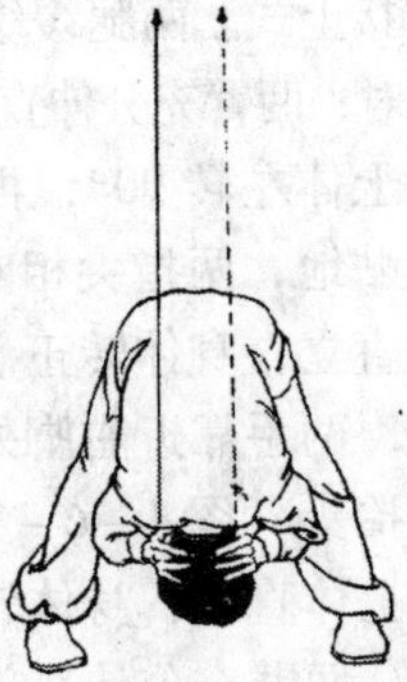

图4－6－36

①左脚向左横跨一步，两脚平行开立，屈膝下蹲，成马步；同时两臂由体侧上举至头上，两掌心相对，之后两掌下落，屈肘抱于脑后，掌心紧按两耳，两肘向两侧打开与身体在一平面上（图4－6－35）。

②上体前俯，胸贴近大腿，低头，两腿由屈变伸，充分伸直；两肘内合，两手以食指、中指、无名指交替在脑后轻弹数次，做“鸣天鼓”。配合自然呼吸（图4－6－36）。

③身体直立，两腿屈蹲，成马步；两手抱于脑后（图4－6－35）。

（2）动作要点　上体正直时，两肘打开；上体前俯时，两肘用力夹抱后脑，咬牙，舌抵上腭，鼻息调匀。

（3）健身作用　此式躬身轻击头的后脑部，可促使血液充分流注于脑，改善脑部血液循环，有醒脑、明目、美颜的效果，并能消除脊背紧张，使其柔韧有力。

（十二）掉尾势

（1）动作要领

①接上式。两腿缓缓伸直；同时两手向头上撑起，掌心向上，指尖相对，两臂充分伸直，靠近头部。配合吸气（图4－6－37）。

②上体左转90°，再前俯，两膝伸直，两手靠近左脚外侧，两掌心贴地，两指尖相对。配合呼气。再抬头（图4－6－38）。
③上体直立，身体转正。配合吸气。上体右转90°，再前俯，两膝伸直，两手靠近右脚外侧，两掌心贴地，两指尖相对。配合呼气。再抬头（图4－6－39）。

④上体直立，身体转正，两手仍在头上撑起，掌心向上，指尖相对，两臂充分伸直靠近头部。配合吸气（图4－6－40）。

⑤上体后仰，约与地面平行，同时两手由头上向肩两侧分开，掌心向上，指尖向两侧。继续吸气（图4－6－41）。

⑥上体前俯，两臂由体侧向前摆至两肩前，两掌心向上，两

臂充分伸直，抬头眼向前看。之后身体前俯，两手内旋，掌心向下，指尖相对，下按至两脚内侧，两手贴地，胸部靠近大腿。配合呼气（图4－6－42）。

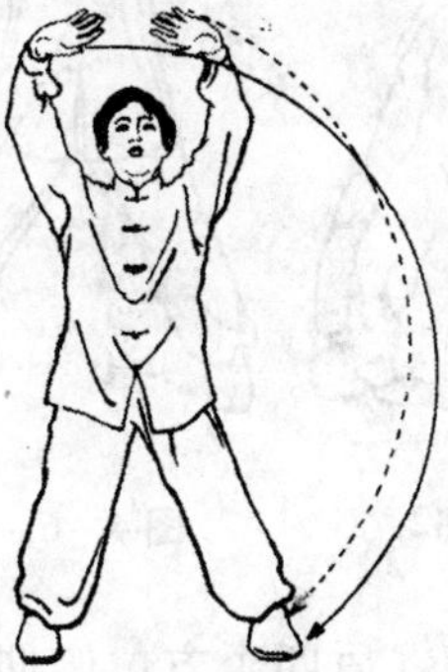

图4－6－37

图4－6－38

图4－6－39

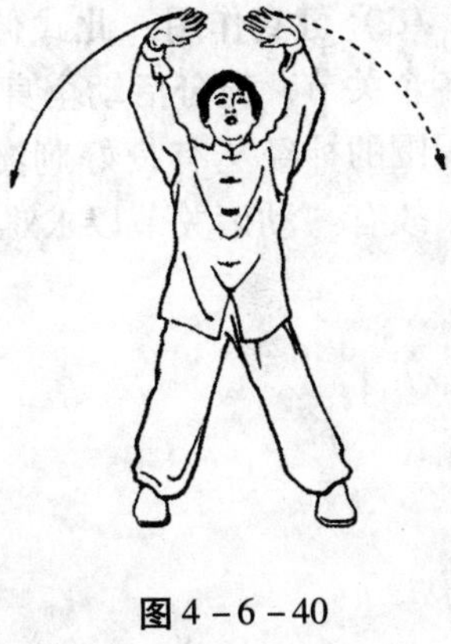

图4－6－40

⑦上体直立，同时两臂前平举，两掌心翻转向上，配合吸气（图4－6－43）。之后两掌心翻转向下，俯掌下按收至身体两侧；左脚收至右脚内侧，两脚并拢，呈直立式。配合呼气（同图4－6－1）。

图 4－6－41

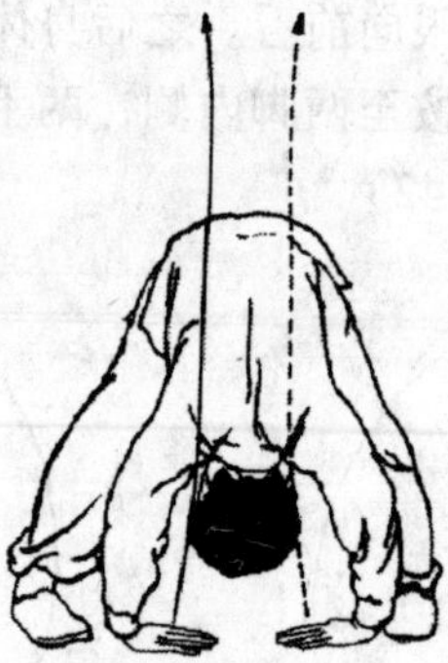

图 4－6－42

图 4－6－43

（2）动作要点　上体向左、右、前、后四个方位俯仰运动，两膝必须伸直，充分伸展拔长相关肌群和韧带，运动幅度因人而宜，由小至大，循序渐进。

（3）健身作用　此式伸筋拔骨、转骨拧筋、扭转脊柱及全身各个关节，充分活动全身及最大限度地活动脊柱，对脊柱及脊柱周围的神经丛有良好刺激作用，长期锻炼有一定的抗衰老作用，故有“动诸关节以求难老”之说。

第五章　传统保健体育武术套路

第一节　简化太极拳

一、第一组　动作详解

1. 起势

图5－1－1

图5－1－2

图5－1－3

图5－1－4

（1）动作要领　身体自然直立，两脚开立，与肩同宽，脚尖向前；两臂自然下垂，两手放在大腿外侧；眼向前平看（图5－1－1）。

（2）动作要点

①头颈正直，下颏微向后收，不要故意挺胸或收腹。精神要集中（起势由立正姿势开始，然后左脚向左分开，成开立步）。

②两臂慢慢向前平举，两手高与肩平，与肩同宽，手心向下（图5－1－2、图5－1－3）。

③上体保持正直，两腿屈膝下蹲；同时两掌轻轻下按，两肘下垂与两膝相对；眼平看前方（图5－1－4）。

两肩下沉，两肘松垂，手指自然微屈。屈膝松腰，臀部不可凸出，身体重心落于两腿中间。两臂下落和身体下蹲的动作要协调一致。

2. 左右野马分鬃

（1）动作要领

①上体微向右转，身体重心移至右腿上；同时右臂收在胸前平屈，手心向下，左手经体前向右下划弧放在右手下，手心向上，两手心相对成抱球状；左脚随即收到右脚内侧，脚尖点地；眼看右手（图5－1－5、图5－1－6）。

②上体微向左转，左脚向左前方迈出，右脚跟后蹬，右腿自然伸直，成左弓步；同时上体继续向左转，左右手随转体慢慢分别向左上右下分开，左手高与眼平（手心斜向上），肘微屈；右手落在右胯旁，肘也微屈，手心向下，指尖向前；眼看左手（图5－1－7、图5－1－8、图5－1－9）。

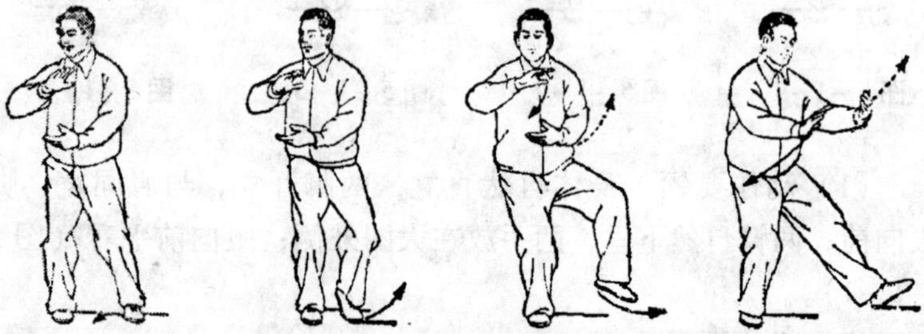

图5－1－5　图5－1－6　图5－1－7　图5－1－8

图 5－1－9

图 5－1－10

图 5－1－11

图 5－1－12

图 5－1－13

图 5－1－14

图 5－1－15

图 5－1－16

图 5－1－17

图 5－1－18

图 5－1－19

③上体慢慢后坐，身体重心移至右腿，左脚尖翘起，微向外撇（45°～60°），随后脚掌慢慢踏实，左腿慢慢前弓，身体左转，身体重心再移至左腿；同时左手翻转向下，左臂收到胸前平屈，右手向左上划弧放在左手下，两手心相对成抱球状；右脚随即收到左脚内侧，脚尖点地；眼看左手（图5－1－10、图5－1－11、图5－1－12）。

④右腿向右前方迈出，左腿自然伸直，成右弓步；同时上体右转，左右手随转体分别慢慢向左下右上分开，右手高与眼平（手心斜向上），肘微屈；左手落在左胯旁，肘也微屈，手心向下，指尖向前；眼看右手（图5－1－13、图5－1－14）。

⑤与③解同，只是左右相反（图5－1－15、图5－1－16、图5－1－17）。

⑥与④解同，只是左右相反（图5－1－18、图5－1－19）。

（2）动作要点　上体不可前俯后仰，胸部必须宽松舒展。两臂分开时要保持弧形。身体转动时要以腰为轴。弓步动作与分手的速度要均匀一致。做弓步时，迈出的脚先是脚跟着地，然后脚掌慢慢踏实，脚尖向前，膝盖不要超过脚尖；后腿自然伸直；前后脚夹角成45°～60°（需要时后脚脚跟可以后蹬调整）。野马分鬃式的弓步，前后脚的脚跟要分在中轴线两侧，它们之间的横向距离（即以动作行进的中线为纵轴，其两侧的垂直距离为横向）应该保持在10°～30°厘米。

3. 白鹤亮翅

（1）动作要领

①上体微向左转，左手翻掌向下，左臂平屈胸前，右手向左上划弧，手心转向上，与左手成抱球状；眼看左手（图5－1－20）。

②右脚跟进半步，上体后坐，身体重心移至右腿，上体先向右转，面向右前方，眼看右手；然后左脚稍向前移，脚尖点地，

成左虚步，同时上体再微向左转，面向前方，两手随转体慢慢向右上左下分开，右手上提停于右额前，手心向左后方，左手落于左胯前，手心向下，指尖向前；眼平看前方（图5－1－21、图5－1－22）。

（2）动作要点　完成姿势胸部下要挺出，两臂上下都要保持半圆形，左膝要微屈。身体重心后移和右手上提、左手下按要协调一致。

图5－1－20

图5－1－21

图5－1－22

二、第二组　动作详解

1. 左右搂膝拗步

图5－1－23

图5－1－24

图5－1－25

图 5-1-26

图 5-1-27

图 5-1-28

（1）动作要领

①右手从体前下落，由下向后上方划弧至右肩外侧，肘微屈，手与耳同高，手心斜向上；左手由左下向上、向右下方划弧至右胸前，手心斜向下；同时上体先微向左再向右转；左脚收至右脚内侧，脚尖点地，眼看右手（图 5-1-23、图 5-1-24、图 5-1-25）。

②上体左转，左脚向前（偏左）迈出成左弓步；同时右手屈回由耳侧向前推出，高与鼻尖平，左手向下由左膝前搂过落于左胯旁，指尖向前；眼看右手手指（图 5-1-26、图 5-1-27）。

图 5-1-29

图 5-1-30

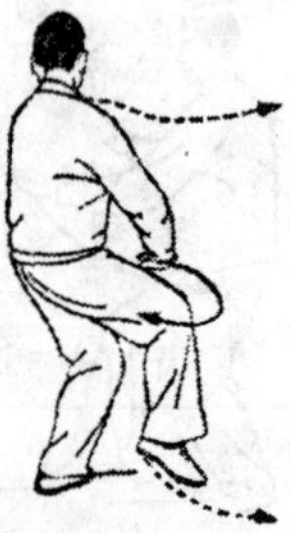

图 5-1-31

图 5－1－32

图 5－1－33

图 5－1－34

③右腿慢慢屈膝，上体后坐，身体重心移至右腿，左脚尖翘起微向外撇，随后脚掌慢慢踏实，左腿前弓，身体左转，身体重心移至左腿，右脚收到左脚内侧，脚尖点地；同时左手向外翻掌由左后向上划弧至左肩外侧，肘微屈，手与耳同高，手心斜向上；右手随转体向上、向左下划弧落于左胸前，手心斜向上；眼看左手（图 5－1－28、图 5－1－29、图 5－1－30）。

④与②解同，只是左右相反（图 5－1－31、图 5－1－32）。

⑤与③解同，只是左右相反（图 5－1－33、图 5－1－34、图 5－1－35）。

⑥与②解同（图 5－1－36、图 5－1－37）。

图 5－1－35

图 5－1－36

图 5－1－37

（2）动作要点　前手推出时，身体不可前俯后仰，要松腰松胯。推掌时要沉肩垂肘、坐腕舒掌，同时须与松腰、弓腿上下协调一致。搂膝拗步成弓步时，两脚跟的横向距离保持30厘米左右。

2. 手挥琵琶

图5－1－38

图5－1－39

图5－1－40

（1）动作要领　右脚跟进半步，上体后坐，身体重心转至右腿上，上体半面向右转，左脚略提起稍向前移，变成左虚步，脚跟着地，脚尖翘起，膝部微屈；同时左手由左下向上挑举，高与鼻尖平，掌心向右，臂微屈；右手收回放在左臂肘部里侧，掌心向左；眼看左手食指（图5－1－38、图5－1－39、图5－1－40）。

（2）动作要点　身体要平稳自然，沉肩垂肘，胸部放松。左手上起时不要直向上挑，要由左向上、向前，微带弧形。右脚跟进时，脚掌先着地，再全脚踏实。身体重心后移和左手上起、右手回收要协调一致。

3. 左右倒卷肱

（1）动作要领

①上体右转，右手翻掌（手心向上）经腹前由下向后上方划弧平举，臂微屈，左手随即翻掌向上；眼的视线随着向右转体

先向右看、再转向前方看左手（图5－1－41、图5－1－42）。

②右臂屈肘折向前，右手由耳侧向前推出，手心向前，左臂屈肘后撤，手心向上，撤至左肋外侧；同时左腿轻轻提起向后（偏左）退一步，脚掌先着地，然后全脚慢慢踏实，身体重心移到左腿上，成右虚步，右脚随转体以脚掌为轴扭正；眼看右手（图5－1－43、图5－1－44）。

③上体微向左转，同时左手随转体向后上方划弧平举，手心向上，右手随即翻掌，掌心向上；眼随转体先向左看，再转向前方看右手（图5－1－45）。

④与②解同，只是左右相反（图5－1－46、图5－1－47）。

图5－1－41

图5－1－42

图5－1－43

图5－1－44

图5－1－45

图5－1－46

图5－1－47

图5－1－48

图5－1－49

图5－1－50

图5－1－51

图5－1－52

⑤与③解同，只是左右相反（图5－1－48）。

⑥与②解同（图5－1－49、图5－1－50）。

⑦与③解同（图5－1－51）。

⑧与②解同，只是左右相反（图5－1－52、图5－1－53）。

图5－1－53

（2）动作要点　前推的手不要伸直，后撤手也不可直向回抽，随转体仍走弧线。前推时，要转腰松胯，两手的速度要一致，避免僵硬。退步时，脚掌先着地，再慢慢全脚踏实，同时，前脚随转体以脚掌为轴扭正。退左脚略向左后斜，退右脚略向右后斜，避免使两脚落在一条直线上。后退时，眼神随转体动作先后左右看，然后再转看前手。最后退右脚时，脚尖外撇的角度略大些，便于接做“左揽雀尾”的动作。

三、第三组　动作详解

1. 左揽雀尾

（1）动作要领

①上体微向右转，同时右手随转体向后上方划弧平举，手心向上，左手放松，手心向下；眼看左手（图5－1－54）。

②身体继续向右转，左手自然下落逐渐翻掌经腹前划弧至右肋前，手心向上；右臂屈肘，手心转向下，收至右胸前，两手相对成抱球状；同时身体重心落在右腿上，左脚收到右脚内侧，脚尖点地；眼看右手（图5－1－55、图5－1－56）。

图5－1－54　　图5－1－55　　图5－1－56

③上体微向左转，左脚向左前方迈出，上体继续向左转，右腿自然蹬直，左腿屈膝，成左弓步；同时左臂向左前方扌朋出（即左臂平屈成弓形，用前臂外侧和手背向前方推出），高与肩平，手心向后；右手向右下落放于右胯旁，手心向下，指尖向前；眼看左前臂（图5－1－57、图5－1－58）。

图 5－1－57

图 5－1－58

图 5－1－59

图 5－1－60

图 5－1－61

图 5－1－62

图 5－1－63

图 5－1－64

图 5－1－65

（2）动作要点　掤出时，两臂前后均保持弧形。分手、松腰、弓腿三者必须协调一致。揽雀尾弓步时，两脚跟横向距离不超过10厘米。

④身体微向左转，左手随即前伸翻掌向下，右手翻掌向上，经腹前向上、向前伸至左前臂下方；然后两手下捋（lǚ音吕），即上体向右转，两手经腹前向右后上方划弧，直至右手手心向上，高与肩齐，左臂平屈于胸前，手心向后；同时身体重心移至右腿；眼看右手（图5－1－59、图5－1－60）。

（3）动作要点　下捋时，上体不可前倾，臀部不要凸出。两臂下捋须随腰旋转，仍走弧线。左脚全掌着地。

⑤上体微向左转，右臂屈肘折回，右手附于左手腕里侧（相距约5厘米），上体继续向左转，双手同时向前慢慢挤出，左手心向后，右手心向前，左前臂要保持半圆；同时身体重心逐渐前移变成左弓步；眼看左手腕部（图5－1－61、图5－1－62）。

（4）动作要点　向前挤时，上体要正直。挤的动作要与松腰、弓腿相一致。

⑥左手翻掌，手心向下，右手经左腕上方向前、向右伸出，高与左手齐，手心向下，两手左右分开，宽与肩同；然后右腿屈膝，上体慢慢后坐，身体重心移至右腿上，左脚尖翘起；同时两手屈肘回收至腹前，手心均向前下方；眼向前平看（图5－1－63、图5－1－64、图5－1－65）。

图5－1－66

⑦上式不停，身体重心慢慢前移，同时两手向前、向上按出，掌心向前；左腿前弓成左弓步；眼看前方（图5－1－66）。

（5）动作要点　向前按时，两手须走曲线，手腕部高与肩平，两肘微屈。

2. 右揽雀尾

图 5－1－67

图 5－1－68

图 5－1－69

(1) 动作要领

①上体后坐并向右转，身体重心移至右腿，左脚尖里扣；右手向右平行划弧至右侧，然后由右下经腹前向左上划弧至左肋前，手心向上；左臂平屈胸前，左手掌向下与右手成抱球状；同时身体重心再移至左腿上，右脚收至左脚内侧，脚尖点地；眼看左手（图 5－1－67、图 5－1－68、图 5－1－69、图 5－1－70）。

图 5－1－70

图 5－1－71

图 5－1－72

②同“左揽雀尾”③解，只是左右相反（图 5－1－71、图 5－1－72）。

③同“左揽雀尾”④解，只是左右相反（图5－1－73、图4－7－74）。

④同“左揽雀尾”⑤解，只是左右相反（图4－7－75、图5－1－76）。

⑤同“左揽雀尾”⑥解，只是左右相反（图5－1－77、图5－1－78、图5－1－79）。

⑥同“左揽雀尾”⑦解，只是左右相反（图5－1－80）。

图5－1－73

图5－1－74

图5－1－75

图5－1－76

图5－1－77

图5－1－78

（2）动作要点　均与“左揽雀尾”相同，只是左右相反。

图5－1－79

图5－1－80

四、第四组　动作详解

1. 单鞭

(1) 动作要领

①上体后坐，身体重心逐渐移至左脚上，右脚尖里扣；同时上体左转，两手（左高右低）向左弧形运转直至左臂平举，伸于身体左侧，手心向左，右手经腹前运至左肋前，手心向后上方；眼看左手（图5－1－81、图5－1－82）。

图5－1－81

图5－1－82

图5－1－83

②身体重心再渐渐移至右腿上，上体右转，左脚向右脚靠拢，脚尖点地；同时右手向右上方划弧（手心由里转向外），至右侧方时变勾手，臂与肩平；左手向下经腹前向右上划弧停于右

肩前，手心向里；眼看左手（图5－1－83、图5－1－84）。

图5－1－84

图5－1－85

图5－1－86

③上体微向左转，左脚向左前侧方迈出，右脚跟后蹬，成左弓步；在身体重心移向左腿的同时，左掌随上体的继续左转慢慢翻转向前推出，手心向前，手指与眼齐平，臂微屈；眼看左手（图5－1－85、图5－1－86）。

（2）动作要点　上体保持正直，松腰。完成式时，右臂肘部稍下垂，左肘与左膝上下相对，两肩下沉。左手向外翻掌前推时，要随转体边翻边推出，不要翻掌太快或最后突然翻掌。全部过渡动作，上下要协调一致。如面向南起势，单鞭的方向（左脚尖）应向东偏北（大约为15°）。

2. 云手

（1）动作要领

①身体重心移至右腿上，身体渐向右转，左脚尖里扣；左手经腹前向右上划弧至右肩前，手心斜向后，同时右手变掌，手心向右前；眼看左手（图5－1－87、图5－1－88、图5－1－89）。

②上体慢慢左转，身体重心随之逐渐左移；左手由脸前向左侧运转，手心渐渐转向左方；右手由右下经腹前向左上划弧，至左肩前，手心斜向后；同时右脚靠近左脚，成小开步（两脚距离10～20厘米）；眼看右手（图5－1－90、图5－1－91）。

图 5－1－87

图 5－1－88

图 5－1－89

图 5－1－90

图 5－1－91

图 5－1－92

图 5－1－93

图 5－1－94

图 5－1－95

图5－1－96

图5－1－97

图5－1－98

图5－1－99

图5－1－100

图5－1－101

③上体再向右转，同时左手经腹前向右上划弧至右肩前，手心斜向后；右手向右侧运转，手心翻转向右；随之左腿向左横跨一步；眼看左手（图5－1－92、图5－1－93、图5－1－94）。

④同②解（图5－1－95、图5－1－96）。

⑤同③解（图5－1－97、图5－1－98、图5－1－99）。

⑥同②解（图5－1－100、图5－1－101）。

（2）动作要点　身体转动要以腰脊为轴，松腰、松胯，不可忽高忽低。两臂随腰的转动而运转，要自然圆活，速度要缓慢均匀。下肢移动时，身体重心要稳定，两脚掌先着地再踏实，脚尖向前。眼的视线随左右手而移动。第三个“云手”，右脚最后跟步时，脚尖微向里扣，便于接“单鞭”动作。

3. 单鞭

图 5－1－102

图 5－1－103

图 5－1－104

图 5－1－105

图 5－1－106

（1）动作要领

①上体向右转，右手随之向右运转，至右侧方时变成勾手；左手经腹前向右上划弧至右肩前，手心向内；身体重心落在右腿上，左腿尖点地；眼看左手（图 5－1－102、图 5－1－103、图 5－1－104）。

②上体微向左转，左脚向左前侧方迈出，右脚跟后蹬，成左弓步；在身体重心移向左腿的同时，上体继续左转，左掌慢慢翻转向前推出，成“单鞭”式（图 5－1－105、图 5－1－106）。

（2）动作要点　与前“单鞭”式相同。

五、第五组　动作详解

1. 高探马

图 5－1－107

图 5－1－108

（1）动作要领

①至右腿上；右勾手变成掌，两手心翻转向上，两肘微屈；同时身体微向右转，左脚跟渐渐离地；眼看左前方（图 5－1－107）。

②上体微向左转，面向前方；右掌经右耳旁向前推出，手心向前，手指与眼同高；左手收至左侧腰前，手心向上；同时左脚微向前移，脚尖点地，成左虚步；眼看右手（图 5－1－108）。

（2）动作要点　上体自然正直，双肩要下沉，右肘微下垂。跟步移换重心时，身体不要有起伏。

2. 右蹬脚

（1）动作要领

①左手手心向上，前伸至右手腕背面，两手相互交叉，随即向两侧分开并向下划弧，手心斜向下；同时左脚提起向左前侧方进步（脚尖略外撇）；身体重心前移，右腿自然蹬直，成左弓步；眼看前方（图 5－1－109、图 5－1－110、图 5－1－111）。

图 5－1－109

图 5－1－110

图 5－1－111

图 5－1－112

图 5－1－113

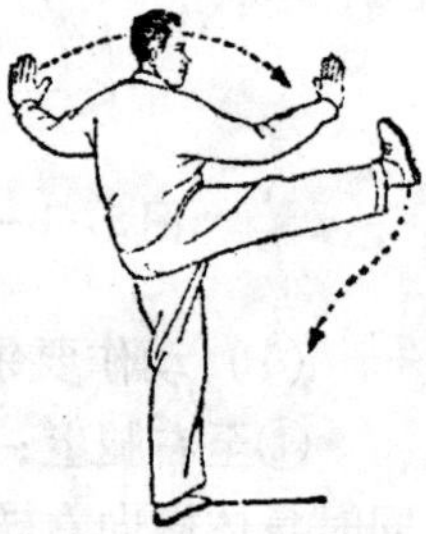

图 5－1－114

②两手由外圈向里圈划弧，两手交叉合抱于胸前，右手在外，手心均向后；同时右脚向左脚靠拢，脚尖点地；眼平看右前方（图 5－1－112）。

③两臂左右划弧分开平举，肘部微屈，手心均向外；同时右腿屈膝提起，右脚向右前方慢慢蹬出；眼看右手（图 5－1－113、图 5－1－114）。

（2）动作要点　身体要稳定，不可前俯后仰。两手分开时，腕部与肩齐平；蹬脚时，左腿微屈，右脚尖回勾，劲使在脚跟。分手和蹬脚须协调一致，右臂和右腿上下相对。如面向南起势，蹬脚方向应为正东偏南（约 30°）。

3. 双峰贯耳

图 5－1－115

图 5－1－116

图 5－1－117

图 5－1－118

（1）动作要领

①右腿收回，屈膝平举，左手由后向上、向前下落至体前，两手心均翻转向上，两手同时向下划弧分落于右膝盖两侧；眼看前方（图 5－1－115、图 5－1－116）。

②右脚向右前方落下，身体重心渐渐前移，成右弓步，面向右前方；同时两手下落，慢慢变拳，分别从两侧向上、向前划弧至面部前方，成钳形状，两拳相对，高与耳齐，拳眼都斜向内下（两拳中间距离为 10～20 厘米）；眼看右拳（图 5－1－117、图 5－1－118）。

（2）动作要点　完成式时，头颈正直，松腰、松胯，两拳松握，沉肩垂肘，两臂均保持弧形。双峰贯耳式的弓步和身体方向与右蹬脚方向相同。弓步的两脚跟横向距离同“揽雀尾”式。

4. 转身左蹬脚

（1）动作要领

①左腿屈膝后坐，身体重心移至右腿，上体左围，右脚尖里扣；同时两拳变掌，由上向左右划弧分开平举，手心向前，眼看左手（图 5－1－119、图 5－1－120）。

②身体重心再移至右腿，左脚收到右脚内侧，脚尖点地；同

时两手由外圈向里圈划弧合抱于胸前，左手在外，手心均向后；眼平看左方（图 5－1－121、图 5－1－122）。

图 5－1－119

图 5－1－120

图 5－1－121

图 5－1－122

图 5－1－123

图 5－1－124

③两臂左右划弧分开平举，肘部微屈，手心均向外；同时左腿屈膝提起，左脚向左前方慢慢蹬出；眼看左手（图 5－1－123、图 5－1－124）。

（2）动作要点　与右蹬脚式相同，只是左右相反。左蹬脚方向与右蹬脚成 180°（即正西偏北，约 30°）。

六、第六组　动作详解

1. 左下势独立

图 5 – 1 – 125

图 5 – 1 – 126

图 5 – 1 – 127

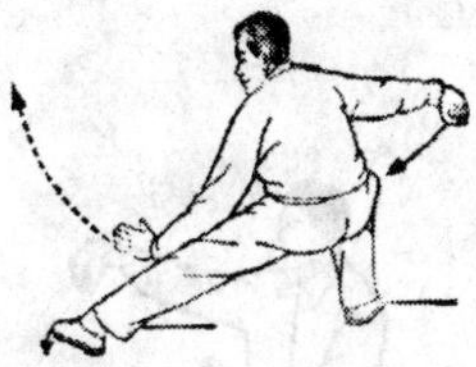
图 5 – 1 – 128

图 5 – 1 – 129

图 5 – 1 – 130

（1）动作要领

①左腿收回平屈，上体右转；右掌变成勾手，左掌向上、向右划弧下落，立于右肩前，掌心斜向后；眼看右手（图 5 – 1 – 125、图 5 – 1 – 126）。

②右腿慢慢屈膝下蹲，左腿由内向左侧（偏后）伸出，成左仆步；左手下落（掌心向外）向左下顺左腿内侧向前穿出；眼看左手（图 5 – 1 – 127、图 5 – 1 – 128）。

（2）动作要点　右腿全蹲时，上体不可过于前倾。左腿伸直，左脚尖须向里扣，两脚脚掌全部着地。左脚尖与右脚跟踏在中轴线上。

图 5－1－125 图 5－1－126 图 5－1－127 图 5－1－128③身体重心前移，左脚跟为轴，脚尖尽量向外撇，左腿前弓，右腿后蹬，右脚尖里扣，上体微向左转并向前起身；同时左臂继续向前伸出（立掌），掌心向右，右勾手下落，勾尖向后；眼看左手（图 5－1－129）。

图 5－1－131

④右腿慢慢提起平屈，成左独立式；同时右勾手变掌，并由后下方右腿外侧向前弧行摆出，屈臂立于右腿上方，肘与膝相对，手心向左；左手落于左胯旁，手心向下，指尖向前，眼看右手（图 5－1－130、图 5－1－131）。

（3）动作要点　上体要正直，独立的腿要微屈，右腿提起时脚尖自然下垂。

2. 右下势独立

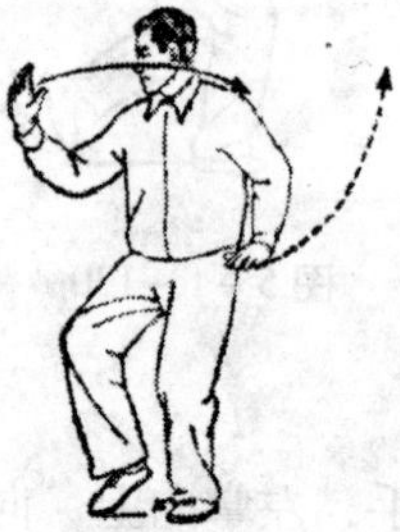

图 5－1－132

图 5－1－133

图 5－1－134

（1）动作要领

①右脚下落于左脚前，脚掌着地，然后左脚前掌为轴脚跟转动，身体随之左转，同时左手向后平举变成勾手，右掌随着转体

向左侧划弧，立于左肩前，掌心斜向后；眼看左手（图5－1－132、图5－1－133）。

图5－1－135

图5－1－136

图5－1－137

②同“左下势独立”②解，只是左右相反（图5－1－134、图5－1－135）。

③同“左下势独立”③解，只是左右相反（图5－1－136）。

④同“左下势独立”④解，只是左右相反（图5－1－137、图5－1－138）。

(2) 动作要点　右脚尖触地后必须稍微提起，然后再向下仆腿。其他均与“左下势独立”相同，只是左右相反。

图5－1－138

七、第七组　动作详解

1. 左右穿梭

(1) 动作要领

①身体微向左转，左脚向前落地，脚尖外撇，右脚跟离地，两腿屈膝成半坐盘式；同时两手在左胸前成抱球状（左上右下）；然后右脚收到左脚的内侧，脚尖点地；眼看左前臂（图5－1－139、图5－1－140、图5－1－141）。

图 5－1－139

图 5－1－140

图 5－1－141

图 5－1－142

图 5－1－143

图 5－1－144

图 5－1－145

图 5－1－146

图 5－1－147

图 5 - 1 - 148

图 5 - 1 - 149

②身体右转，右脚向右前方迈出，屈膝弓腿，成右弓步；同时右手由脸前向上举并翻掌停在右额前，手心斜向上；左手先向左下再经体前向前推出，高与鼻尖平，手心向前；眼看左手（图 5 - 1 - 142、图 5 - 1 - 143、图 5 - 1 - 144）。

③身体重心略向后移，右脚尖稍向外撇，随即身体重心再移至右腿，左脚跟进，停于右脚内侧，脚尖点地；同时两手在右胸前成抱球状（右上左下）；眼看右前臂（图 5 - 1 - 145、图 5 - 1 - 146）。

④同②解，只是左右相反（图 5 - 1 - 147、图 5 - 1 - 148、图 5 - 1 - 149）。

（2）动作要点　完成姿势面向斜前方（如面向南起势，左右穿梭方向分别为正西偏北和正西偏南，均约 30°）。手推出后，上体不可前俯。手向上举时，防止引肩上耸。一手上举一手前推要与弓腿松腰上下协调一致。做弓步时，两脚跟的横向距离同搂膝拗步式，保持在 30 厘米左右。

2. 海底针

（1）动作要领

右脚向前跟进半步，身体重心移至右腿，左脚稍向前移，脚尖点地，成左虚步，同时身体稍向右转，右手下落经体前向后、向上提抽至肩上耳旁，再随身体左转，由右耳旁斜向前下方插出，掌心向左，指尖斜向下；与此同时，左手向前、向下划弧落于左胯旁，手心向下，指尖向前；眼看前下方（图 5－1－150、图 5－1－151）。

图 5－1－150

图 5－1－151

（2）动作要点　身体要先向右转，再向左转。完成姿势，面向正西。上体不可太前倾，避免低头和臀部外凸。左腿要微屈。

3. 闪通臂

图 5－1－152

图 5－1－153

图 5－1－154

（1）动作要领　上体稍向右转，左脚向前迈出，屈膝弓腿成左弓步；同时右手由体前上提，屈臂上举，停于右额前上方，掌心翻转斜向上，拇指朝下；左手上起经胸前向前推出，高与鼻尖平，手心向前；眼看左手（图 5－1－152、图 5－1－153、图 5－1－154）。

（2）动作要点　完成姿势上体自然正直，松腰、松胯；左臂不要完全伸直，背部肌肉要伸展开。推掌、举掌和弓腿动作要协调一致。弓步时，两脚跟横向距离同“揽雀尾”式（不超过 10 厘米）。

八、第八组　动作详解

1. 转身搬拦捶

图 5－1－155

图 5－1－156

图 5－1－157

图 5－1－158

图 5－1－159

图 5－1－160

图 5－1－161

（1）动作要领

①上体后坐，身体重心移至右腿上，左脚尖里扣，身体向右后转，然后身体重心再移至左腿上；与此同时，右手随着转体向右、向下（变拳）经腹前划弧至左肋旁，掌心向下；左掌上举于头前，掌心斜向上；眼看前方（图 5－1－155、图 5－1－156）。

②向右转体，右拳经胸前向前翻转撇出，拳心向上；左手落于左胯旁，掌心向下，指尖向前；同时右脚收回后（不要停顿或脚尖点地）即向前迈出，脚尖外撇；眼看右拳（图 5－1－157、图 5－1－158）。

③身体重心移至右腿上，左脚向前迈一步；左手上起经左侧向前上划弧拦出，掌心向前下方；同时右拳向右划弧收到右腰旁，拳心向上；眼看左手（图 5－1－159、图 5－1－160）。

④左腿前弓成左弓步，同时右拳向前打出，拳眼向上，高与胸平，左手附于右前臂里侧；眼看右拳（图 5－1－161）。

（2）动作要点　右拳不要握得太紧。右拳回收时，前臂要慢慢内旋划弧，然后再外旋停于右腰旁，拳心向上。向前打拳时，右肩随拳略向前引伸，沉肩垂肘，右臂要微屈。弓步时，两脚横向距离同“揽雀尾”式。

2. 如封似闭

图 5 – 1 – 162

图 5 – 1 – 163

图 5 – 1 – 164

图 5 – 1 – 165

图 5 – 1 – 166

图 5 – 1 – 167

（1） 动作要领

①左手由右腕下向前伸出，右拳变掌，两手手心逐渐翻转向上并慢慢分开回收；同时身体后坐，左脚尖翘起，身体重心移至右腿；眼看前方（图 5 – 1 – 162、图 5 – 1 – 163、图 5 – 1 – 164）。

②两手在胸前翻掌，向下经腹前再向上、向前推出，腕部与肩平，手心向前；同时左腿前弓成左弓步；眼看前方（图 5 – 1 – 165、图 5 – 1 – 166、图 5 – 1 – 167）。

（2）动作要点　身体后坐时，避免后仰，臀部不可凸出。

两臂随身体回收时，肩、肘部略向外松开，不要直着抽回。两手推出宽度不要超过两肩。

3. 十字手

图 5－1－168

图 5－1－169

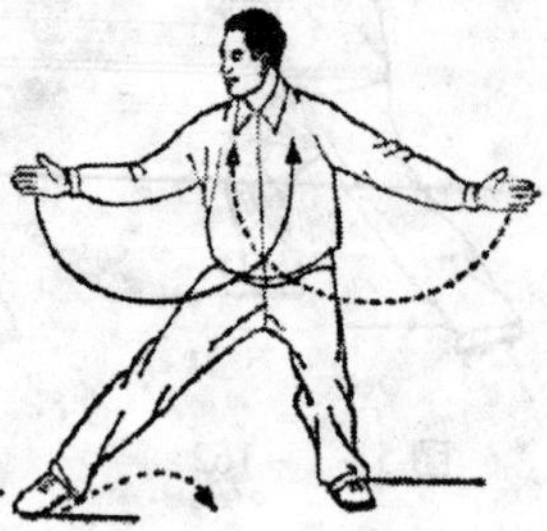

图 5－1－170

（1）动作要领

①屈膝后坐，身体重心移向右腿，左脚尖里扣，向右转体；右手随着转体动作向右平摆划弧，与左手成两臂侧半举，掌心向前，肘部微屈；同时右脚尖随着转体稍向外撇，成右侧弓步；眼看右手（图 5－1－168、图 5－1－169）。

图 5－1－171

②身体重心慢慢移至左腿，右脚尖里扣，随即向左收回，两脚距离与肩同宽，两腿逐渐蹬直，成开立步，同时两手向下经腹前向上划弧交叉合抱于胸前，两臂撑圆，腕高与肩平，右手在外，成十字手，手心均向后，眼看前方（图 5－1－170、图 5－1－171）。

（2）动作要点　两手分开和合抱时，上体不要前俯。站起后，身体自然正直，头要微向上顶，上额稍向后收。两臂环抱时须圆满舒适，沉肩垂肘。

4. 收势

（1）动作要领　两手向外翻掌，手心向下，两臂慢慢下落，停于身体两侧；眼看前方（图5－1－172、图5－1－173、图5－1－174、图5－1－175）

（2）动作要点　两手左右分开下落时，要注意全身放松，同时气也徐徐下沉（呼气略加长）。呼吸平稳后，把左脚收到右脚旁，再走动休息。

图5－1－172

图5－1－173

图5－1－174

图5－1－175

第二节　初级长拳第三路

一、预备　动作详解

1. 预备势

（1）动作要领　两脚并步站立，两臂垂于身体两侧，五指并拢贴靠腿外侧，眼向前平视（图5－2－1）

（2）动作要点　头要端正，颏微收，挺胸，塌腰，收腹。

图5－2－1

2. 虚步亮掌

（1）动作要领

①右脚向右后方撤步成左弓步。右掌向右、向上、向前划弧，掌心向上；左臂屈肘，左掌提至腰侧，掌心向上。目视右掌（图 5－2－2）

②右腿微屈，重心后移。左掌经胸前从右臂上向前穿出伸直；右臂屈肘，右掌收至腰侧，掌心向上。目视左掌（图 5－2－3）

③重心继续后移，左脚稍向右移，脚尖点地，成左虚步。左臂内旋向左、向后划弧成勾手，勾尖向上；右手继续向后、向右、向前上划弧，屈肘抖腕，在头前上方成亮掌（即横掌），掌心向前，掌指向左。目视左方（图 5－2－4）

图 5－2－2

图 5－2－3

图 5－2－4

（2）动作要点　三个动作必须连贯。成虚步时，重心落于右腿上，右大腿与地面平行。左腿微屈，脚尖点地。

3. 并步对拳

（1）动作要领

①右腿蹬直，左腿提膝，脚尖里扣，上肢姿势不变（图 5－2－5）

②右腿向前落步，重心前移。左臂屈肘，左勾手变掌经左肋

前伸；右臂外旋向前下落于左掌右侧，两掌同高，掌心均向上（图5－2－6）

③右腿向前上一步，两臂下垂后摆（图5－2－7）

④左脚向右脚并步，两臂向外向上经胸前屈肘下按，两掌变拳，拳心向下，停于小腹前。目视右侧（图5－2－8）

（2）动作要点　并步后挺胸、塌腰。对拳、并步、转头要同时完成。

图5－2－5

图5－2－6

图5－2－7

图5－2－8

二、第一节　动作详解

1. 弓步冲拳

图5－2－9

图5－2－10

①左脚向左上一步，脚尖向斜前方；右腿微屈，成半马步。左臂向上向左格打，拳眼向后，拳与肩同高；右拳收至腰侧，拳心向上。目视左拳（图5－2－9）。

②右腿蹬直成左弓步。右拳收至腰侧，拳心向上；右拳向前冲出，高与肩平，拳眼向上。目视右拳（图5－2－10）。

动作要点　成弓步时，右腿充分蹬直，脚跟不要离地。冲拳时，尽量转腰顺肩。

2. 弹腿冲拳

（1）动作要领　重心前移至左腿，右腿屈膝提起，脚面绷直，猛力向前弹出伸直，高与腰平。右拳收至腰侧；左拳向前冲出。目视前方（图5－2－11）。

（2）动作要点　支撑腿可微屈，弹出的腿要用爆发力，力点达于脚尖。

3. 马步冲拳

（1）动作要领　右脚向前落步，脚尖里扣，上体左转。左拳收至腰侧，两腿下蹲成马步；右拳向前冲出。目视右拳（图5－2－12）。

（2）动作要点　成马步时，大腿要平，两脚平行，脚跟外蹬，挺胸，塌腰。

图5－2－11

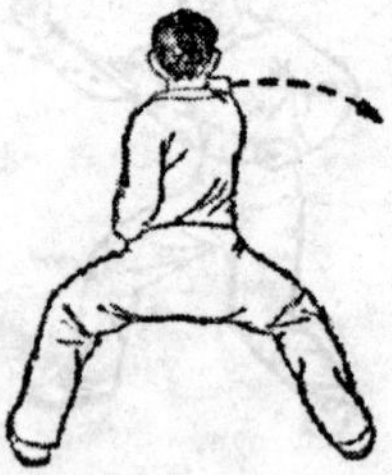

图5－2－12

4. 弓步冲拳

（1）动作要领

①上体右转90°，右脚尖外撇向斜前方，成半马步。右臂屈肘向右格打，拳眼向后。目视右拳（图5－2－13）。

图5－2－13

图5－2－14

②左腿蹬直成右弓步。右拳收至腰侧；左拳向前冲出。目视左拳（图5－2－14）。

（2）动作要点　与本节的弓步冲拳相同，惟左右相反。

5. 弹腿冲拳

（1）动作要领　重心前移至右腿，左腿屈膝提起，脚面绷直，猛力向前弹出伸直，高与腰平。左拳收至腰侧，右拳向前冲出。目视前方（图5－2－15）。

图5－2－15

（2）动作要点　与本节的弹腿冲拳相同。

6. 大跃步前穿

（1）动作要领

①左腿屈膝。右拳变掌内旋，以手背向下挂至左膝外侧，上体前倾。目视右手（图5－2－16）。

②左脚向前落步，两腿微屈。右掌继续向后挂，左拳变掌，向后向下伸直。目视右掌（图 5－2－17）。

③右腿屈膝向前提起，左腿立即猛力蹬地向前跃出。两掌向前向上划弧摆起。目视左掌（图 5－2－18）。

图 5－2－16

图 5－2－17

④右腿落地全蹲，左腿随即落地向前铲出成仆步。右掌变拳抱于腰侧，左掌由上向右向下划弧成立掌，停于右胸前。目视左脚（图 5－2－19）。

图 5－2－18

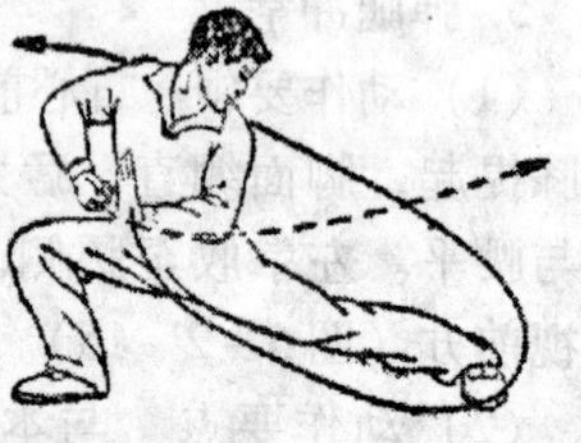

图 5－2－19

（2）动作要点　跃步要远，落地要轻，落地后立即接做下一个动作。

7. 弓步击掌

动作要领

①右腿猛力蹬直成左弓步。左掌经左脚面向后划弧至身后成勾手，左臂伸直，勾尖向上；右拳由腰侧变掌向前推出，掌指向上，掌外侧向前。目视右掌（图5-2-20）。

图5-2-20

8. 马步架掌

（1）动作要领

①重心移至两腿中间，左脚脚尖里扣成马步，上体右转。右臂向左侧平摆，稍屈肘；同时左勾手变掌由后经左腰侧从右臂内向前上穿出，掌心均朝上。目视左手（图5-2-21）。

③右掌立于左胸前；左臂向左上屈肘抖腕亮掌于头部左上方，掌心向前。目右转视（图5-2-22）。

（2）动作要点　马步同前。

图5-2-21

图5-2-22

三、第二节　动作详解

1. 虚步栽拳

动作要领

①右脚蹬地，屈膝提起；左腿伸直，以前脚掌为轴向右后转

体 180°。右掌由左胸前向下经右腿外侧向后划弧成勾手；左臂随体转动并外旋，使掌心朝右。目视右手（图 5－2－23）。

②右脚向右落地，重心移至右腿上，下蹲成左虚步。左掌变拳下落于左膝上，拳眼向里，拳心向后；右勾手变拳，屈肘向上架于头右上方，拳心向前。目视右方（图 5－2－24）。

图 5－2－23

图 5－2－24

2. 提膝穿掌

图 5－2－25

图 5－2－26

（1）动作要领

①右腿稍伸直。右拳变掌收至腰侧，掌心向上；左拳变掌由下向左向上划弧盖压于头上方，掌心向前（图 5－2－25）。

②右腿蹬直，左腿屈膝提起，脚尖内扣。右掌从腰侧经左臂

内向右前上方穿出，掌心向上；左掌收至右胸前成立掌。目视右掌（图5－2－26）。

（2）动作要点　支撑腿与右臂充分伸直。

3. 仆步穿掌

动作要领　右腿全蹲，左腿向左后方铲出成左仆步。右臂不动，左掌由右胸前向下经左腿内侧，向左脚面穿出。目随左掌转视（图5－2－27）。

图5－2－27

4. 虚步挑掌

（1）动作要领

①右腿蹬直，重心前移至左腿，成左弓步。右掌稍下降，左掌随重心前移向前挑起（图5－2－28）。

②右脚向左前方上步，左腿半蹲，成右虚步。身体随上步左转180°。在右脚上步的同时，左掌由前向上向后划弧成立掌，右掌由后向下向前上挑起成立掌，指尖与眼平。目视右掌（图5－2－29）。

（2）动作要点　上步要快，虚步要稳。

图5－2－28

图5－2－29

5. 马步击掌

图 5－2－30

图 5－2－31

（1）动作要领

①右脚落实，脚尖外撇，重心稍升高并右移，左掌变拳收至腰侧；右掌俯掌向外掳手（图 5－2－30）。

②左脚向前上一步，以右脚为轴向右后转体 180°，两腿下蹲成马步。左掌从右臂上成立掌向左侧击出，右掌变拳收至腰侧。目视左掌（图 5－2－31）。

（2）动作要点　右手做掳手时，先使臂稍内旋，腕伸直，手掌向下向外转，接着臂外旋，掌心经下向上翻转，同时抓握成拳。收拳和击掌动作要同时进行。

6. 叉步双摆掌

（1）动作要领

①重心稍右移，同时两掌向下向右摆，掌指均向上。目视右掌（图 5－2－32）。

②右脚向左腿后插步，前脚掌着地。两臂继续由右向上向左摆，停于身体左侧，均成立掌，右掌停于左肘窝处。目随双掌转视（图 5－2－33）。

（2）动作要点　两臂要划立圆，幅度要大，摆掌与后插步配合一致。

图 5－2－32

图 5－2－33

7. 弓步击掌

动作要领

①两腿不动。左掌收至腰侧，掌心向上；右掌向上向右划弧，掌心向下（图 5－2－34）。

②左腿后撤一步，成右弓步。右掌向下向后伸直摆动，成勾手，勾尖向上；左掌成立掌向前推出。目视左掌（图 5－2－35）。

图 5－2－34

图 5－2－35

8. 转身踢腿马步盘肘

（1）动作要领

①两脚以前脚掌力轴向左后转体 180°。在转体的同时，左

臂向上向前划半立圆，右臂向下向后划半圆（图5－2－36）。

②上动不停，两脚不动，右臂由后向上向前划半立圆，左臂由前向下向后划半立圆（图5－2－37）。

图5－2－36

图5－2－37

③上动不停，右臂向下成反臂勾手，勾尖向上；左臂向上成亮掌，掌心向前上方。右腿伸直，脚尖勾起，向额前踢（图5－2－38）。

④右脚向前落地，脚尖里扣。右手不动，左臂屈肘下落至胸前，左掌心向下。目视左掌（图5－2－39）。

图5－2－38

图5－2－39

图5－2－40

⑤上体左转90°，两腿下蹲成马步。同时左掌向前向左平掳变拳收至腰侧，右勾手变拳，右臂伸直，由体后向右向前平摆，

至体前时屈肘，肘尖向前，高与肩平，拳心向下。目视肘尖（图5-2-40）。

（2）动作要点　两臂抡动时要划立圆，动作连贯。盘肘时要快速有力。右肩前顺。

四、第三节　动作详解

1. 歇步抡砸拳

（1）动作要领

①重心稍升高，右脚尖外撇。右臂由胸前向上向右抡直；左拳向下向左，使臂抡直。目视右拳（图5-2-41）。

②上动不停，两脚以前脚掌为轴，向右后转化180°。右臂向下向后抡摆，左臂向上向前随身体转动（图5-2-42）。

③紧接上动，两腿全蹲成歇步。左臂随身体下蹲向下平砸，拳心向上，臂部微屈；右臂伸直向上举起。目视左拳（图5-2-43）。

图5-2-41

图5-2-42

图5-2-43

（2）动作要点　抡臂动作要连贯完成，划成立圆。歇步要两腿交叉全蹲，左腿大、小腿靠紧，臀部贴于左小腿外侧，膝关节在右小腿外侧，脚跟提起；右脚尖外撇，全脚着地。

2. 仆步亮拳

（1）动作要领

①左脚由右腿后抽出前上一步，左腿蹬直，右腿半蹲，成右弓步。上体微向右转。左拳收至腰侧，右拳变掌向下经胸前向右横击掌。目视右掌（图5－2－44）。

②右脚蹬地屈膝提起，上体右转。左拳变掌从右掌上向前穿出，掌心向上；右掌平收至左肘下（图5－2－45）。

③右脚向右落步，屈膝全蹲，左腿伸直，成仆步。左掌向下向后划弧成勾手，勾尖向上；右掌向右向上划弧微屈，抖腕成亮掌，掌心向前。头随右手转动，至亮掌时，目视左方（图5－2－46）。

图5－2－44

图5－2－45

图5－2－46

（2）动作要点　仆步时，左腿充分伸直，脚尖里扣，右腿全蹲，两脚脚掌全部着地。上体挺胸、塌腰，稍左转。

3. 弓步劈拳

（1）动作要领

①右腿蹬地立起；左腿收回并向左前方上步。右掌变拳收至腰侧，左勾手变掌由下向前上经胸前向左做掳手（图5－2－47）。

②右腿经左腿前方向左绕上一步，左腿蹬直成右弓步。左手向左平掳后再向前挥摆，虎口朝前（图5－2－48）。

③在左手平掳的同时，右拳向后平摆，然后再向前向上做抡

劈拳，拳高与耳平，拳心向上，左掌外旋接右前臂。目视右拳（图 5－2－49）。

图 5－2－47

图 5－2－48

图 5－2－49

（2）动作要点　左右脚上步稍带弧形。

4. 换跳步弓步冲拳

图 5－2－50

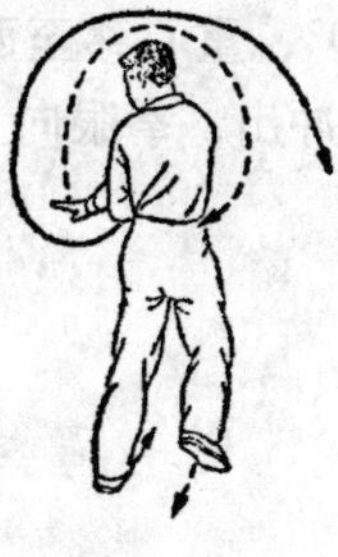
图 5－2－51

图 5－2－52

（1）动作要领

①重心后移，右脚稍向后移动。右拳变掌臂内旋以掌背向下划弧挂至右膝内侧；左掌背贴靠右肘外侧，掌指向前。目视右掌（图 5－2－50）。

②右腿自然上抬，上体稍向左扭转。右掌挂至体左侧，左掌伸向右腋下。目随右掌转视（图 5－2－51）。

③右脚以全脚掌用力向下震跺，与此同时，左脚急速离地抬起。右手由左向上向前掳盖而后变拳收至腰侧；左掌伸直向下、向上、向前屈肘下按，掌心向下。上体右转，目视左掌（图5－2－52）。

④左脚向前落步，右腿蹬直成左弓步。右拳向前冲出，拳高与肩平；左掌藏于右腋下，掌背贴靠腋窝。目视右拳（图5－2－53）。

图5－2－53

（2）动作要点　换跳步动作要连贯、协调。震脚时腿要弯屈，全脚掌着地，左脚离地不要高。

5. 马步冲拳

动作要领　上体右转90°，重心移至两腿中间，成马步。右拳收至腰侧，左掌变拳向左冲出，拳眼向上。目视左拳（图5－2－54）。

6. 弓步下冲拳

图5－2－54

图5－2－55

动作要领　右脚蹬直，左腿弯屈，上体稍向左转，成左弓步。左拳变掌向下经体前向上架于头左上方，掌心向上，右拳自腰侧向左前斜下方冲出。目视右拳（图5－2－55）。

7. 叉步亮掌侧踹腿

图5－2－56

图5－2－57

图5－2－58

（1）动作要领

①上体稍右转。左掌由头上下落于右手腕上，右拳变掌，两手交叉成十字。目视双手（图5－2－56）。

②右脚蹬地并向左腿后插步，以前脚掌着地。左掌由体前向下向后划弧成勾手，勾尖向上；右掌由前向右向上划弧抖腕亮掌，掌心向前。目视左侧（图5－2－57）。

③重心移至右腿，左腿屈膝提起，向左上方猛力蹬出。上肢姿势不变，目视左侧（图5－2－58）。

（2）动作要点　插步时上体稍向右倾斜，腿、臂的动作要一致。侧踹高度不能低于腰，大腿内旋，着力点在脚跟。

8. 虚步挑拳

动作要领

①左脚在左侧落地。右掌变拳稍后移，左勾手变拳由体后向左上挑，拳背向上（图5－2－59）。

②上体左转180°，微含胸前俯。左拳继续向前上划弧上挑，右拳向下向前划弧挂至右膝外侧，同时右膝提起。目视右拳（图5－2－60）。

③右脚向左前方上步，脚尖点地，重心落于左脚，左腿下蹲成右虚步。左拳向后划弧收至腰侧，拳心向上；右拳向前屈臂挑出，拳眼斜向上，拳与肩同高。目视右拳（图5－2－61）。

图5－2－59

图5－2－60

图5－2－61

五、第四节　动作详解

1. 弓步顶肘

图5－2－62

图5－2－63

图5－2－64

（1）动作要领

①重心升高，右脚踏实。右臂内旋向下直臂划弧以拳背下挂至右膝内侧，左拳不变。目视前下方（图5－2－62）。

②左腿蹬直，右腿屈膝上抬。左拳变掌，右拳不变，两臂向前向上划弧摆起。目随右拳转视（图5－2－63）

③左脚蹬地起跳，身体腾空，两臂继续划弧至头上方（图5－2－64）。

④右脚先落地，右腿屈膝，左脚向前落步，以前脚掌着地。同时两臂向右向下屈肘停于右胸前，右拳变掌，左掌变拳。右掌心贴靠左拳面（图5－2－65）。

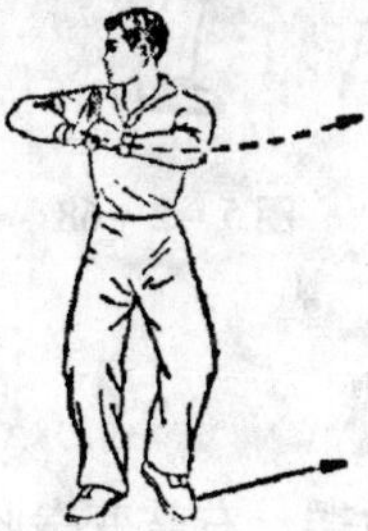

图5－2－65

图5－2－66

⑤左脚向左上一步，左腿屈膝，右腿蹬直成左弓步。右掌推左拳，以左肘尖向左顶出，高与肩平。目视前方（图5－2－66）。

（2）动作要点　交换步时不要过高，但要快。两臂抡摆时要成圆弧。

2. 转身左拍脚

（1）动作要领

①以两脚前脚掌为轴向右后转体180°。随着转体，右臂向上向右向下划弧抡摆，同时左拳变掌向下向后向前上抡摆（图5－2－67）。

②左腿伸直向前上踢起，脚面绷平。左掌变拳收至腰侧，右掌由体后向上向前拍击左脚面（图5－2－68）。

（2）动作要点　右掌拍脚时手掌稍横过来，拍脚要准而响亮。

图 5－2－67

图 5－2－68

3. 右拍脚

（1）动作要领

①左脚向前落地，左拳变掌向下向后摆，右掌变拳收至腰侧（图 5－2－69）。

②右腿伸直向前上踢起，脚面绷平。左拳变掌由后向上向前拍击右脚面（图 5－2－70）。

图 5－2－69

图 5－2－70

（2）动作要点　与本节的转身左拍脚相同。

4. 腾空飞脚

（1）动作要领

①右脚落地（图 5－2－71）。

②左脚向前摆起，右脚猛力蹬地跳起，左腿屈膝继续前上摆。同时右拳变掌向前向上摆起，左掌先上摆而后下降拍击右掌背（图5－2－72）。

③右腿继续上摆，脚面绷平。右手拍击右脚面，左掌由体前向后上举（图5－2－73）。

图5－2－71

图5－2－72

图5－2－73

（2）动作要点　蹬地要向上，不要太向前冲，左膝尽量上提。击响要在腾空时完成，右臂伸直成水平。

5. 歇步下冲拳

图5－2－74

图5－2－75

动作要领

①左、右脚先后相继落地。左掌变拳收至腰侧（图5－2－

74）。

②身体右转90°，两腿全蹲成歇步。右掌抓握、外旋变拳收至腰侧；左拳由腰侧向前下方冲出，拳心向下。目视左拳（图5－2－75）。

6. 仆步抡劈拳

（1）动作要领

①重心升高，右臂由腰侧向体后伸直，左臂随身体重心升高向上摆起（图5－2－76）。

②以右脚前脚掌为轴，左腿屈膝提起，上体左转270°。左拳由前向后下划立圆一周，右拳由后向下向前上划立圆一周（图5－2－77）。

③左腿向后落一步，屈膝全蹲，右腿伸直，脚尖里扣成右仆步。右拳由上向下抡劈，拳眼向上；左拳后上举，拳眼向上。目视右拳（图5－2－78）。

图5－2－76

图5－2－77

图5－2－78

（2）动作要点　抡臂时一定要划立圆。

7. 提膝挑掌

（1）动作要领

①重心前移成右弓步。同时右拳变掌由下向上抡摆，左拳变掌稍下落，右掌心向左，左掌心向右（图5－2－79）。

②左、右臂在垂直面上由前向后各划立圆一周。右臂伸直停于头上，掌心向左，掌指向上；左臂伸直停于身后成反勾手。同时右腿屈膝提起，左腿挺膝伸直独立。目视前方（图 5－2－80）。

图 5－2－79

图 5－2－80

（2）动作要点　抡臂时要划立圆。

8. 提膝劈掌弓步冲拳

图 5－2－81

图 5－2－82

图 5－2－83

动作要领

①下肢不动，右掌由上向下猛劈伸直，停于右小腿内侧，用力点在小指一侧；左勾手变掌，屈臂向前停于右上臂内侧，掌心向左。目视右掌（图 5－2－81）。

②右脚向右后落地；身体右转90°。同时左掌变拳收至腰侧，右臂内旋内右划弧做劈掌（图5－2－82）。

③上动不停，左腿蹬直成右弓步。右手抓握变拳收至腰侧，左拳由腰侧向左前方冲出。目视左拳（图5－3－83）。

六、结束 动作详解

1. 虚步亮掌

动作要领

①右脚扣于左膝后，两拳变掌，两臂右上左下屈肘交叉于体左前。目视右掌（图5－2－84）。

②右脚向右后落步，重心后移，右腿半蹲，上体稍右转。同时右掌向上、向右、向上划弧停于左腋下；左掌向左、向上划弧停于右臂上与左胸前，两掌心左下右上。目视左掌（图5－2－85）。

图5－2－84

图5－2－85

图5－2－86

③左脚尖稍向右移，右腿下蹲成左虚步。左臂伸直向左、向后划弧成反勾手；右臂伸直向下、向右、向上划弧抖腕亮掌，掌心向前。目视左方（图5－2－86）。

2. 并步对拳

动作要领

①左腿后撤一步，同时两掌从两腰侧向前穿出伸直，掌心向

上（图5－2－87）。

图5－2－87

图5－2－88

图5－2－89

②右腿后撤一步，同时两臂分别向体后下摆（图5－2－88）。

③左脚后退半步向右脚并拢。两臂由后向上经体前屈臂下按，两掌变拳，停于腹前，拳心向下，拳面相对。目视左方（图5－2－89）。

3. 还原

动作要领　两臂自然下垂，目视正前方（图5－2－90）。

图5－2－90

第三节　初级剑术

一、预备　动作详解

1. 预备势

（1）动作要领

身体正直，并步站立。左手持剑：以拇指为一侧，中指、无名指和小指为另一侧，分握护手盘与剑柄的分界处，掌心贴在护手盘下部，手背朝前，食指贴于剑柄，剑身贴于前臂（即小臂）后侧。右手握成剑指：食指和中指伸直并拢，无名指和小指屈向手心，拇指压在无名指的指甲上，手腕反屈，手背朝上，食、中指内扣指向左下侧。两臂在体侧下垂，两肘微上提。目向左平视（图5－3－1）。

（2）动作要点 持剑时，前臂与剑身要紧贴并垂直于地面。两肩松沉，上身微挺胸、收腹，两膝挺直。

①上身半面向右转，右脚向右上一步、屈膝；左脚前脚掌碾地，脚跟外展，膝盖挺直，成右弓步。在右脚上步的同时，右手剑指从身体右侧经胸前屈肘上举，至左肩后向右前方平伸指出，拇指一侧在上。目视剑指（图5－3－2）。

②上身右转。左手持剑由左侧直臂上举，经头部前上方向右侧划弧，至身前时，拇指一侧朝下作反臂平举；同时，右手剑指屈肘收于右腰侧，手心朝上（图5－3－3）。

③左脚向右脚并步。左手持剑随之下落，垂于身体左侧；同时，右手剑指向右侧平伸指出，拇指一侧在上。目视剑指（图5－3－4）。

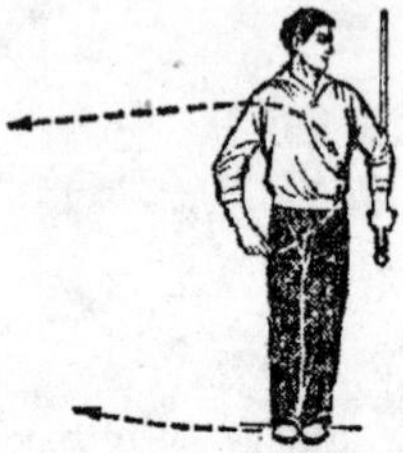

图5－3－1

图5－3－2

图5－3－3

（3）动作要点

①上述的上步剑指平伸、转体持剑向右侧划弧和并步剑指平

伸三个分解动作，必须连贯起来做。

②动作过程中，两肩必须放松。

③持剑转体向右侧划弧时，左臂直臂上举，腰向右拧转，两脚不可移动。

④左臂向右侧划弧至与肩同高时，肘略屈，使右手剑指从左手背上穿出成立指。左手持剑继而下落于身体左侧，剑身垂直于地面。

⑤左脚向左上一步、屈膝；右脚前脚掌碾地使脚跟外展，膝部挺直，成左弓步。上身随之向左转。在左脚上步的同时，左手持剑屈肘经胸前向上、向前弧形绕环，平举于身体左侧，拇指一侧在下（图5－3－5）。

⑥左腿伸直站立，右脚向前并步。左手持剑随之从身前下落，垂于身体左侧；同时，右手剑指屈肘沿右耳侧向前平伸指出，拇指一侧在上。目视剑指（图5－3－6）。

图5－3－4

图5－3－5

图5－3－6

（4）动作要点　右手剑指向前指出时，肘要伸直，剑指尖稍高过肩。

①左手持剑由右手剑指上面向前平伸穿出，拇指一侧在下；右手剑指顺左臂下面屈肘收于左肩前，并且屈腕使手指朝上。上身右转，右脚向右侧跨步、屈膝；左脚脚尖随之里扣，膝盖挺直，成右弓步。目向左平视（图5－3－7）。

②上身右转，右手剑指经身前向右侧平伸指出，拇指一侧在上。目视剑指（图5－3－8）。

（5）动作要点　成右弓步时，左腿要挺直，两脚的全脚掌均着地。上身略向前倾，挺胸、塌腰。左手持剑伸平，左肩放松。

右脚的前脚掌里扣，上身左转，重心落于右腿；左脚随之移回半步、屈膝，并以前脚掌虚着地面，成左虚步。在左脚移步的同时，左手持剑向胸前屈肘，手心朝外；右手剑指也向胸前屈肘，手心朝里，准备接握左手之剑。目视剑尖（图5－3－9）。

（6）动作要点　做左虚步时，右实左虚要分明，右脚跟不要掀起。上身要挺胸、塌腰，并稍前倾。两肘要平，剑尖稍高于左肘。

图5－3－7

图5－3－8

二、第一段　动作详解

1. 弓步直刺

（1）动作要领　右手接握左手之剑，左手握成剑指。左脚向前上半步、屈膝；右脚前脚掌碾地，脚跟外展，膝部挺直，成左弓步。同时，上身左

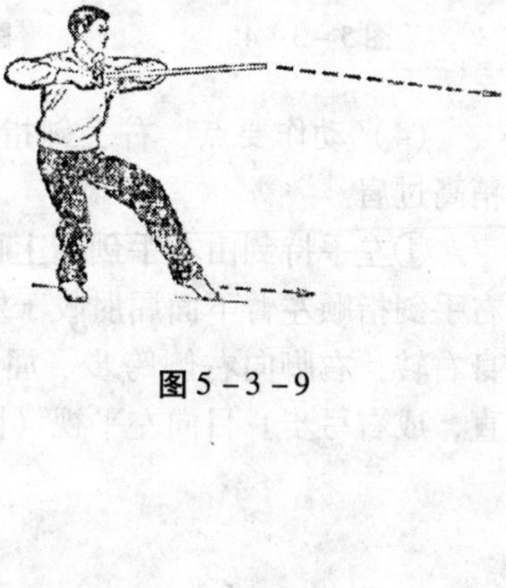

图5－3－9

转，右手持剑向身前平伸直刺，拇指一侧在上，左手剑指随之伸向身后平举，拇指一侧在上。目视剑尖（图5－3－10）。

图5－3－10

（2）动作要点　做弓步时，前腿屈膝蹲平，两脚的全脚掌全部着地。上身稍向前倾，腰要向左拧转、下塌，臀部不要凸起。两肩松沉，右肩前顺，左肩后引。剑尖稍高于肩。

2. 回身后劈

（1）动作要领　左脚不动，膝部伸直；右脚向前上一步，膝略屈，上身右转。同时，右手持剑经上向后劈，剑高与肩平，拇指一侧在上；左手剑指随之由下向前上弧形绕环，在头顶上方屈肘侧举，拇指一侧在下。目视剑尖（图5－3－11）。

图5－3－11

（2）动作要点　上步、转身、平劈和剑指向上侧举必须协调一致。转身后，腰要向右拧转，左脚不要移动。剑身和持剑臂必须成直线。

3. 弓步平抹

（1）动作要领　左脚向左前方上一步、屈膝；右腿在后，膝部挺直，脚尖里扣，成左弓步。同时，左手剑指由胸前下降，经左下向上弧形绕环，在头顶上方屈肘侧举，拇指一侧在下；右手持剑（手心转向上）随之向前平抹，剑尖稍向右斜。目视前方（图5－3－12）。

（2）动作要点　抹剑时，手腕用力须柔和。

4. 弓步左撩

(1) 动作要领

①上身左转，右腿屈膝在身前提起，脚尖下垂，脚背绷直。同时，右手持剑臂外旋使剑由前向上、向后划弧，至后方时屈肘使手腕、前臂贴靠腹部，手心朝里；左手剑指随之由头顶上方下落，附于右手腕部（手心朝下）。目视剑身（图5－3－13）。

图5－3－12

②右腿继续向右前方落步、屈膝；左腿在后蹬直，脚尖里扣，成右弓步。同时，右手持剑由后向下、向前反手撩起，小指一侧在上；左手剑指随右手运动，仍附于右手腕处。目视剑尖（图5－3－14）。

图5－3－13

图5－3－14

(2) 动作要点　剑由前向后和由后向前弧形撩起时，必须与提膝和向前落步的动作协调一致，握剑不可太紧。形成弓步后，上身略向前倾，直背、收臀，剑尖稍低于剑指。

5. 提膝平斩

(1) 动作要领　左脚向前上一步，右手手腕向左上翻转、屈肘，使剑向左平绕至头部前上方，右脚随之由后向前屈膝提起。右手继续翻转手腕，使剑向右平绕至右方后（手心朝上），再用力向前平斩；左手剑指由下向左、向上弧形绕环，屈肘横举于头部左上方。目视前方（图5－3－15）。

图5－3－15

（2）动作要点　剑从左向后平绕时，上身必须后仰，使剑从脸部上方平绕而过，不可从头顶绕行。提膝时，左腿必须挺膝伸直站稳，右腿屈膝尽量上提，右脚贴护裆前，上身稍向前倾，挺胸、收腹。

6. 回身下刺

（1）动作要领　右脚向前落步，脚尖外撇，膝略屈，上身右转。同时，右手持剑手腕反屈，使剑尖下垂，随之向后下方直刺，剑尖低于膝，拇指一侧在上；左手剑指先向身前的右手靠拢，然后在刺剑的同时，向前上方伸直，拇指一侧在上。目视剑尖（图5－3－16）。

图5－3－16

（2）动作要点　右手持剑要先屈肘收于身前，在右脚向前落步和上身右转的同时，使剑用力刺出。左腿伸直，右腿稍屈，腰向右拧转，剑指、两臂和剑身须成一直线。

7. 持剑直刺

（1）动作要领

①左脚向前一步，屈膝略蹲，右臂内旋先使拇指一侧朝下成反手，然后翘腕、摆臂，使剑尖向左、向上抄挂，当持剑手抄至左肩时，再屈肘使剑平落于胸前，手心朝里；此时左腿伸直站立，右腿随之在身前屈膝提起，左手剑指屈肘附于右手腕处

（图 5－3－17）。

图 5－3－17

图 5－3－18

图 5－3－19

②接着，以左脚前脚掌碾地，上身右转，右手持剑使剑向下插，左手剑指仍附于右手腕处。目视剑尖（图 5－3－18）。

③上动不停，仍以左脚前脚掌为轴碾地，右脚向身后跨一大步、屈膝，上身从右向后转；左腿在后蹬直，脚尖里扣，成右弓步。同时，右手持剑向前直刺，剑尖与肩同高，拇指一侧在上；左手剑指随之向后平伸，拇指一侧在上。目视剑尖（图 5－3－19）。

（2）动作要点　挂剑、下插、直刺三个分解动作必须连贯，它们与跨步、提膝、转身、弓步的动作要协调一致。弓步直刺后，两脚全脚掌均着地，上身稍向前倾，挺胸、塌腰。

8. 虚步架剑

图 5－3－20

图 5－3－21

(1) 动作要领

①右手持剑先将剑尖由左向右搅一小圈，臂内旋使持剑手的拇指一侧朝下。同时，以右脚跟和左脚前脚掌为轴碾地，右脚尖外撇，上身从右向后转，左脚向前收拢半步，两膝均略屈成交叉步。在转身的同时，右手持剑反手向后上方屈肘上架；左手剑指屈肘经左肩前附于右手腕处。目向左平视（图5－3－20）。

②右腿屈膝不动，左脚向前进一步，膝盖稍屈，前脚掌虚着地面，重心落于右腿，成左虚步。在右手持剑略向后牵引的同时，左手剑指向前平伸指出，手心朝下。目视剑指（图5－3－21）。

(2) 动作要点　虚步必须虚实分明，右肘略屈使剑身成立剑架于额前上方，左臂伸直，剑指稍高过肩。

三、第二段　动作详解

1. 虚步平劈

(1) 动作要领　左脚脚跟外展，上身右转，重心移于左腿，右脚跟随之离地，成为前脚掌虚着地面的右虚步。在转身的同时，右手持剑向下平劈，拇指一侧在上；左手剑指即向上屈肘，手心向左上方。目视剑尖（图5－3－22）。

图5－3－22

(2) 动作要点　虚步必须虚实分明，劈剑时手腕要挺直。

2. 弓步下劈

(1) 动作要领　右脚踏实，身体重心前移，左手剑指伸向右腋下，右手持剑臂内旋使手心朝下。左脚随即向左前方上步、屈膝；右腿在后蹬直，脚尖里扣，成左弓步。在左脚上步的同时，右手持剑屈腕向左平绕，划一小圈后向前下方劈剑，剑尖高与膝平；左手剑指随之由右腋下面向左、向上绕环，在头顶上方屈肘侧举，上身略前俯。目视剑尖（图 5－3－23）。

（2）动作要点　劈剑时，右肩前顺，左肩后引，剑尖与手、肩成一直线。

图 5－3－23

3. 带剑前点

（1）动作要领

①右脚向左脚靠拢，以前脚掌虚着地面，两腿均屈膝略蹲。右手持剑向上屈腕，使剑向右耳际带回，肘微屈；左手剑指随之由前下落，附于右手腕处。目向右前方平视（图 5－3－24）。

②上动不停，右脚向右前方跃一步，落地后即屈膝半蹲，全脚着地；左脚随之跟进，向右脚并步屈膝，以脚尖点地，成丁步。同时，右手持剑向前点击，拇指一侧在上；左手剑指即屈肘向头顶上方侧举，手心朝上。目视剑尖（图 5－3－25）。

图 5－3－24

图 5－3－25

（2）动作要点　向前点击时，右臂前伸、屈腕，力点在剑尖，手腕稍高于肩，剑尖略比手低。成丁步后，右腿大腿尽量蹲平，左脚脚背绷直，脚尖点在右脚脚弓处，两腿必须并拢。上身稍前倾，挺胸、直背、塌腰。

4. 提膝下截

（1）动作要领

①右腿伸直，左腿退步后屈膝，上身后仰。右臂外旋手心朝上，使剑向右、向后上方弧形绕环；左手剑指不动（图5－3－26）。

②上动不停，右臂内旋使手心朝下，继续使剑向左、向前下方划弧下截，同时上身向前探倾，左腿屈膝提起。目视剑尖（图5－3－27）。

图5－3－26

图5－3－27

（2）动作要点　剑从右向左的圆形划弧下截是一个完整动作，必须连贯起来做。左膝尽量高提，脚背绷直；右腿膝部挺直，站立要稳。右臂和剑身成一直线，剑身斜平。

5. 提膝直刺

（1）动作要领

①右腿略屈膝，左脚向前落步，脚尖外撇。右臂外旋使手心朝上，并在左脚落步的同时向上屈肘，将剑柄收抱于胸前，手心朝里，剑尖高与肩平；左手剑指随之下落，屈肘按于剑柄上。此时两腿成为交叉步，目视剑尖（图5－3－28）。

②右腿向身前屈膝提起，左腿伸直站立。右手持剑向前平直刺出，拇指一侧在上；同时左手剑指向后平伸指出，手心朝下。目视剑尖（图5－3－29）。

图 5－3－28

图 5－3－29

（2）动作要点　抱剑与落步，直刺与提膝，必须协调一致。

6. 回身平崩

（1）动作要领

①右脚向前落步，脚尖外撇；左脚前脚掌碾地使脚跟外转，屈膝略蹲，同时上身向右后转，成交叉步。右手持剑臂外旋使手心朝上，屈肘向胸前收回，剑身与右前臂成水平直线；左手剑指随之直臂上举，经左耳侧屈肘前落，附于右手心上面。目视剑尖（图 5－3－30）。

图 5－3－30

图 5－3－31

②上身稍向右转，左腿挺膝伸直，右腿略屈膝。同时，右手持剑使剑的前端用力向右平崩，手心仍朝上，左手剑指屈肘向额部左上方侧举。目视剑尖（图 5－3－31）。

（2）动作要点　收剑和平崩两个动作必须连贯起来做。平崩时，用力点在剑的前端；平崩后，上身向右拧转，但左脚不得移动。

7. 歇步下劈

(1) 动作要领　右脚蹬地起跳，左脚向左跃步横跨一步，落地后，右腿即向左腿后侧插步，继而两腿屈膝全蹲，成歇步。在跃步的同时，右手持剑向上举起，并在形成歇步时向左下劈，拇指一侧在上，剑尖与踝关节同高；左手剑指随着下劈动作，下按于右手腕上面。目视剑身（图5－3－32）。

图5－3－32

(2) 动作要点　成歇步时，左大腿盖压在右大腿上面，左脚全掌着地，右脚脚跟离地，臀部坐在右小腿上。劈剑时，右臂尽量向前下方伸直，剑身与地面平行。劈剑与跃步成歇步动作须同时完成。

8. 提膝下点

图5－3－33

图5－3－34

(1) 动作要领

①右手持剑先使手心朝下成平剑，然后以两脚的前脚掌碾地，上身经右、向后转动，两腿边转边站立起来，右手持剑平绕

一周。当剑绕至上身右侧时，上身稍向左后仰，同时剑身继续向外、向上弧形绕环，剑尖接近右耳侧；此时左手剑指离开右手腕向上屈肘侧举。目视前下方（图5－3－33）。

②上动不停，右腿伸直站立，左腿屈膝提起，上身向右侧下探俯，同时右手持剑向前下点击，拇指一侧在上。目视剑尖（图5－3－34）

（2）动作要点　仰身外绕剑与提膝下点两个动作必须连贯、同时完成。右腿独立时，膝部要挺直，左膝尽量上提。点剑时，右手腕要下屈，剑身、右臂、左臂和剑指要在同一个垂直面内。

四、第三段　动作详解

1. 并步直刺

（1）动作要领

图5－3－35

图5－3－36

①以右脚前脚掌为轴碾地，使上身向左后转。在转身的同时，右臂内旋并向拇指一侧屈腕，使剑尖指向转身后的身前；左手剑指随之由上经右肩前、腹前绕环，向正前方指出，手心朝下。目视剑指（图5－3－35）。

②左脚向前落步，右脚随之跟进并步，两腿均屈膝半蹲。同

时，右手持剑向前平伸直刺，拇指一侧在上；左手剑指顺势附于右手腕处。目视剑尖（图5－3－36）。

（2）动作要点　两腿半蹲时大腿要蹲平，两膝、两脚均须紧靠并拢。上身前倾，直背、落臀。两臂伸直，剑尖与肩相平。

2. 弓步上挑

（1）动作要领　右脚上步屈膝，同时左脚脚跟稍内转，左腿挺膝伸直，成右弓步。右手持剑直臂向上挑举，剑尖向上，手心朝左；左手剑指仍向前平伸指出，手心朝下。上身稍微前倾，目视剑指（图3－37）。

图5－3－37

（2）动作要点　左臂伸直，左户前顺，剑指略高过肩；右臂直上举，剑刃朝前后。挺胸、直背、塌腰。

3. 歇步下劈

（1）动作要领　右腿伸直，左腿向前上步，脚尖外撇，随之两腿交叉屈膝全蹲，成歇步。同时，右手持剑向前下劈，拇指一侧在上，剑尖与踝关节同高；左手剑指屈肘附于右手腕里侧。上身稍前俯，目视剑身（图5－3－38）。

图5－3－38

（2）动作要点　与第二段第七动作相同。

4. 右截腕

（1）动作要领　两脚以前脚掌碾地，并且两腿稍伸直立起，使上身右转，右腿屈膝半蹲，左腿稍屈膝，左脚前脚掌虚着地面，成左虚步。右臂内旋使拇指一侧朝下，用剑的前端下刃向前上方划弧翻转，随着上身起立成虚步，右手持剑再向右后上方托起，左手剑指仍附于右手腕，两肘均微屈。目视剑的前端（图5－3－39）。

图5－3－39

（2）动作要点　两腿虚实必须分明，上身稍向前倾，剑身平横于右额前上方，剑尖稍高于剑柄。

5. 左截腕

（1）动作要领　左脚向前上半步，并以前脚掌碾地使上身向左后转，右脚随之向前上一步，前脚掌着地，两腿均屈膝，成左实右虚之右虚步。在右脚进步的同时，右臂外旋，使剑身的前端向左前上方划弧翻转，手心朝上，剑身与地面平行；左手剑指随之离开右手腕，屈肘向上侧举。目视剑的前端（图5－3－40）。

图5－3－40

（2）动作要点　同上述右截腕。

6. 跃步上挑

（1）动作要领

①左脚经身前向前上一步，右脚随之在身后离地，小腿后弯。同时，右臂外旋手心朝里，使剑由右向上、向左屈肘划弧，剑至上身左侧时，右手靠近左胯旁，拇指一侧在上并向上屈腕；左手剑指在右手向左下落时附于右手腕上。目视剑尖（图5－3－41）。

②左脚蹬地，右脚向右侧跃步，落地后屈膝略蹲，左脚随之离地屈膝从身后伸向右侧方，形成望月式平衡。上身向左侧倾俯。在右脚跃步的同时，右手持剑由左胯旁向下、向右划弧，当剑到达右侧方时，臂外旋并向拇指一侧屈腕，使剑向上挑击；左

手剑指即向左上方屈肘横举，拇指一侧在下。目视右侧方（图5-3-42）。

图5-3-41

图5-3-42

（2）动作要点　跃步和上挑动作必须协调一致，迅速进行。挑剑时，腕部要猛然用力上屈。形成平衡动作后，右腿略屈膝站稳，左小腿尽量向上抬起。上身向右拧转，剑身斜举于右侧上方，持剑手略松，便于手腕上屈。

7. 仆步下压

图5-3-43

图5-3-44

（1）动作要领

①右手持剑使剑尖从头上经过，继而向身后、向右弧形平绕，当剑绕到右侧时，即屈肘将剑柄收抱于胸部前下方，手心朝上。同时，右膝伸直，上身立起，左腿屈膝提于身前，左手剑指仍横举于左额前上方（图5-3-43）。

②上动不停，左手剑指经身前下落，按在右手腕上。左脚随之向左侧落步，屈膝全蹲；右腿在右侧平铺伸直，脚尖里扣，成右仆步。同时，右手持剑用剑身平面向下带压，剑尖斜向右上方。上身前探，目向右平视（图5-3-44）。

（2）动作要点　做仆步时，左腿要全蹲，臀部紧靠脚跟，不要凸起，两脚全脚掌均着地。上身前探时要挺胸，两肘略屈环抱于身前。

图5-3-45

8. 提膝直刺

（1）动作要领　两腿直立站起，左腿屈膝提于身前，右腿挺直站立。同时，右手持剑向身前平伸直刺，拇指一侧在上；左手剑指屈肘在左侧上举，拇指一侧在下。目视剑尖（图5-3-45）。

（2）动作要点　右腿独立须挺膝站稳，左膝尽量上提，脚背绷直，脚尖下垂。上身稍右倾，右肩、右臂和剑身要成一直线，左臂屈成半圆形。

五、第四段　动作详解

1. 弓步平劈

（1）动作要领　右臂外旋，先使手心朝向背后、剑的下刃转翻向上，继而上身左转，同时左脚向左后侧落一大步、屈膝；右脚以前脚掌为轴碾地，脚跟稍外转，右腿挺膝伸直，成左弓步。左手剑指随着持剑臂的运行而向右、向下、向左、向上圆形绕环，

图5-3-46

仍屈肘举于头部左侧上方；同时，右手持剑向前平劈，拇指一侧在上，臂要伸直，剑尖略高于肩。目视剑尖（图5－3－46）。

（2）动作要点　向前劈剑和剑指绕环这两个动作必须协调一致、同时完成，两肩要放松。

2. 回身后撩

（1）动作要领　右脚向前上一步，膝微屈；左脚随之离地，小腿向上弯屈；上身前俯，腰向右拧转。右手持剑随右脚上步而向后反撩，剑尖斜向下方，拇指一侧在下；左手剑指前伸成侧上举，拇指一侧在下。目视剑尖（图5－3－47）。

图5－3－47

（2）动作要点　右脚站立要稳，左脚脚背绷直，上身挺胸，两肩放松。

3. 歇步上崩

图5－3－48

图5－3－49

（1）动作要领

①右脚蹬地，左脚向前跃步，上身随之向右后转；左脚落地，脚尖稍外撇，右腿摆向身后。在上身转动的同时，右臂外旋，使拇指一侧朝上；左手剑指在身后平伸，手心朝下。目视剑

尖（图5－3－48）。

②上动不停，右脚在身后落步，两腿均屈膝全蹲，左大腿盖压在右大腿上，臀部坐在右小腿上，成歇步。同时，右手持剑直臂下压，手腕向拇指一侧上屈，使剑尖上崩；左手剑指随之屈肘在头部左上方侧举，拇指一侧在下。目视剑身（图5－3－49）。

（2）动作要点　向前跃步、歇步和剑尖上崩三个动作要连贯协调。跃步要远，落地要轻（前脚掌先着地）。上崩时腕部要猛然用力上屈，剑尖高与眉平。歇步时上身前俯，胸须内含。

4. 弓步斜削

（1）动作要领

图5－3－50

图5－3－51

①左脚脚尖里扣，上身右转，右脚随之向前上步、屈膝，左腿在身后挺膝伸直，成右弓步。右手持剑臂外旋使手心朝上，在转身的同时，屈肘向左胁前收回；左手剑指随之从身前下落，按在剑柄上。上身向右前倾，目视前方（图5－3－50）。

②上动不停，右手持剑由后向前上方斜面弧形上削，手心斜向上方，手腕稍向掌心一侧弯屈；同时，左手剑指伸向后方，拇指一侧在上。目视剑尖（图5－3－51）。

（2）动作要点　斜削时，右臂稍低于肩，剑尖斜向脸前右上方，略高于头；左臂在身后侧平举，剑指指尖略高于肩部。

5. 进步左撩

（1）动作要领

①右腿伸直，上身向左转，左腿稍屈膝。同时，右手持剑使手心朝里经脸前边转身边向左划弧，剑至体前时，左手剑指附于右手腕里侧。目视剑尖（图5-3-52）。

②以右脚跟为轴碾地，脚尖外撇，上身向右后转；左脚随之向前上步，以前脚掌虚着地面。同时，右手持剑反手向下、向前、向上继续划弧撩起，剑至前上方时，肘部略屈，拇指一侧在下，剑尖高与肩平；左手剑指随右手动作，仍附于右手腕上。目视剑尖（图5-3-53）。

图5-3-52

图5-3-53

（2）动作要点　上述两个剑身的划弧动作，必须连贯成一个完整的绕环动作。撩剑后，右腿微屈，左腿伸直，身体重心落于右腿，剑尖稍微朝下。

6. 进步右撩

（1）动作要领

①右手持剑直臂向上、向右后方划弧，左手剑指随势收于右肩前，手心朝左。目视剑尖（图5-3-54）。

②左脚踏实后以脚跟为轴碾地，脚尖外撇，右脚随之向左脚前上一步，前脚掌虚着地面。同时，右手持剑由右向下、向前划弧抡臂撩起，剑至前方时，肘微屈，手心朝上，剑尖高与头平；左手剑指随之由右肩前向下、向前、向后上方绕环，屈肘侧举于

头部左上方。目视剑尖。(图5－3－55)。

图5－3－54

图5－3－55

(2) 动作要点　同上述进步左撩，惟左右相反。

7. 坐盘反撩

(1) 动作要领

右脚踏实后向前上一小步，随即左脚从右腿后向右侧插一步，两腿屈膝下坐，成坐盘式。在左脚插步的同时，右手持剑向上、向左、向下、再向右上方反手绕环斜上撩，剑尖高过头顶；左手剑指随之经体前向下、向后上方划弧，屈肘横举于左耳侧，拇指一侧在下。上身向左前倾俯，目视剑尖(图5－3－56)。

图5－3－56

(2) 动作要点　坐盘必须与反撩剑动作协调进行。坐盘时，左腿盘坐地面，左脚背外侧着地；右腿盘落于左腿上，全脚掌着地，脚尖朝身前。上身倾俯时胸要内含，剑尖与右臂、左肘、左肩成一直线。

8. 转身云剑

(1) 动作要领

①右脚蹬地，两腿伸直站起，并以两脚的前脚掌碾地，使上身向左后转；转身之后，右腿屈膝略蹲，右脚踏实，左膝微屈，前脚掌虚着地面，身体重心落于右腿。同时，右手持剑随身体转动一周后屈肘使剑平举，拇指一侧在下；此时左手剑指附于右手腕处。目视剑尖（图5－3－57）。

②上动不停，上身后仰，右手持剑向左、向后、向右、向前圆形云绕一周，剑至身前时，右手手心朝上、松把，使剑尖下垂；左手剑指放开，拇指一侧朝上，准备接握右手之剑。此时重心前移，左脚踏实，右腿伸直，上身前倾。目视左手（图5－3－58）。

图5－3－57

图5－3－58

（2）动作要点　转身和云剑动作必须连贯，云剑要平、要快，腕关节放松使之灵活。

六、结束　动作详解

1. 第一步

（1）动作要领　右手将剑柄交于左手后即握成剑指，左手接剑后反握住剑柄向身体左侧下垂。此时右脚向右前方上步，脚尖里扣，屈膝略蹲，上身随之左转；左脚随之向前移步，以前脚掌虚着地面，膝微屈。在上身左转的同时，右手剑指随之由身后向上屈肘侧举于头部右上方，手心朝上。目向左平视（图5－3－59）。

图5－3－59

图5－3－60

（2）动作要点　重心落于右腿，上身前倾，挺胸、塌腰，两肩松沉，左肘略上提，剑身紧贴前臂后侧，并与地面垂直。

2. 第二步

（1）动作要领　右腿伸直，右脚向左脚靠拢，并步站立。右手剑指下落于身体右侧，手心朝下，恢复成预备势。目向正前方平视（图5－3－60）。

（2）动作要点　同预备势。

第四节　初级棍术

一、预备　势动作详解

（1）动作要领

①两脚并步，身体直立。两臂自然下垂于体侧，右手持棍立于身体右侧。目向左平视（图5－4－1）。

②右手提棍上举，臂伸直；左手随即握住棍把（棍的粗端为棍把，细端为棍梢。下同），臂平屈胸前。目仍向左平视（图5－4－2）。

图 5－4－1

图 5－4－2

（2）动作要点　右手持棍稍放松，棍上举要轻快。身体正直，左肩不宜过分下沉，微挺胸，收小腹。

二、第一段　动作详解

1. 弓步劈棍

（1）动作要领　身体左转，左脚向前上一步，屈膝，右腿蹬直，成左弓步。同时，两手握棍随上步动作使棍身上段向前下劈，棍梢略高于肩，棍把紧贴左腰侧。目向前平视（图 5－4－3）。

图 5－4－3

（2）动作要点　臂棍时，左手用力向左腰侧后拉，右手用力向左前下压。上步与劈棍动作要协调。

2. 弓步撩棍

（1）动作要领

①右手握棍向左侧上举，随即松握下滑握住棍的把端，左手

撤开，由棍把处换握于棍的中段。与此同时，右脚离地准备向右斜前方上步。目向前平视（图5-4-4）。

图5-4-4

图5-4-5

②右脚向右斜前方上一大步，屈膝，左腿在后蹬直，成右弓步。同时，左手向左后下方抡棍，右手经身前向头上方提起、翻腕，使棍沿着身体左侧向前撩出。左臂伸直，棍梢与右膝同高。目视前方（图5-4-5）。

（2）动作要点　左手上移时，动作轻巧而迅速。棍沿身体左侧抡动时，动作匀速不宜太快，力点在棍梢一端。

3. 虚步上拨棍

（1）动作要领

①左手使棍梢由前下方向左上方摆起，在头上绕半圈。与此同时，右手由屈到伸向前推棍把，左手则继续向身体右后侧绕行，上体稍右转，头微后仰，两臂左上右下在胸前交叉。此时，右脚尖外撇，两腿成交叉步。目视前方（图5-4-6）。

②左脚向前上一步，屈膝半蹲，继而右脚再上一步，略屈膝，成右虚步。同时，左臂伸直向前平摆，手心向下，身体随即左转，使棍梢由右手向前划半个圆，再向左上方拨动。此时，右手置于左腋下，棍梢高与头平。目视棍梢（图5-4-7）。

（2）动作要点　上步与拨棍动作须协调一致，棍梢向左拨时，右手握棍位置不变。

图 5 -4 -6

图 5 -4 -7

4. 虚步把拨棍

（1）动作要领

①左手握棍由左前侧向右、向后、向左、再向前绕行一周，右手握棍把由左腋下向前、向上、经头部右上方绕行，使棍身在头上平转一圈，同时右脚向右侧斜前方跨半步，膝盖微屈（图 5 -4 -8）。

图 5 -4 -8

图 5 -4 -9

②身体重心前移，左脚向前上一步，膝盖微屈，脚尖点地，成左虚步。与此同时，右手由头部右侧向后、向左、再向身体右前侧绕行，臂部伸直斜上举；左手顺势绕至右腋下，使棍把由身后向身体右前上方划半圆拨击，棍把一端略高于头部。目视棍把

（图 5－4－9）。

（2）动作要点　拨动棍把必须与虚步同时完成。

5. 插步抡劈棍

（1）动作要领

①右手向下、经左腿外侧向左肩上方绕行，左手顺势稍下降，同时左脚尖外撇，上体左转，使棍把由前上方向下、向上摆起。两腿成交叉步。目视身体右下方（图 5－4－10）。

②右脚向身体右侧跨一步，并成为右虚步。同时，随着上体的稍右转，右手握棍向身前抡劈，手心向下，左手随即稍后拉，停于左肋旁，使棍使由后上向前劈下，把端与头部齐平。目视棍把（图 5－4－11）。

③右脚稍前移，继而左脚从身后向右侧插一步，成交叉步。同时，左手握棍向后、向上、向身前抡动，右手握棍向下、向左腋下绕行，使棍身在胸前转半个立圆，棍梢用力向身体右下方抡劈。目视棍梢（图 5－4－12）。

图 5－4－10

图 5－4－11

图 5－4－12

（2）动作要点　图 6－10、图 6－11 为抡劈棍的第一步，图 6－12 为第二步。抡劈时，两手握棍不要太紧，棍身须紧贴体侧。

6. 翻身抡劈棍

（1）动作要领　以两脚为轴，上体向左后翻转，两腿屈膝半蹲成半马步。与此同时，左手握棍下压，继而向左、向上、随翻身动作向左侧前方下劈；右手握棍把顺势置于右腹前，棍梢略高于棍把。目视左前方。（图5－4－13）

图5－4－13

（2）动作要点　翻身时，左脚掌内转，右脚跟辗动，翻身动作要干脆利落。劈棍前，棍梢须划一个立圆，劈棍动作要有力。

7. 马步平抡棍

（1）动作要领

图5－4－14

图5－4－15

①右手握住棍把上举，使棍身经过头上向后下落，背于后肩上。随即左臂伸直，手心向上，松握于棍梢近端。目视棍梢（图5－4－14）。

②左手撒开，右手握住棍把用力向身前抡动，使棍梢平抡一周。与此同时，身体顺平抡棍之势，以左脚为轴从左向后转，右脚向转体前的身体左侧上一步，随即两腿半蹲成马步。平抡棍后，两臂平屈胸前，左手松握于右手外面，手心均向下，棍身架于左上臂部，棍梢指向身体左侧（偏后）。目视右前方（图5－4－15）。

（2）动作要点　平抡棍时，右手要用力，平抡棍高度略高于腰即可。

8. 跳步半抡劈棍

（1）动作要领　两脚同时蹬地跳起，以转胯的力量使身体从右向后转，随即两脚同时落地成马步。两脚起跳时，左手上滑握于棍的中段，并使棍略上举；身体转跳时，棍梢沿着身体向前下方平抡半圆；在两脚落地成马步时，两手向右前斜下猛劈，左手要随即向前松握滑把，左臂伸直，棍梢指向身体左侧，右手握住棍把撤至右腰前。目视棍梢（图5－4－16）。

图5－4－16

（2）动作要点　转体跳步时，两脚离地不要太高，两脚要同时起落，但转体要快。两手抡棍要用力，并与转体动作协调一致。

三、第二段　动作详解

1. 单手抡劈棍

（1）动作要领

①右脚略向左移，脚尖着地，上体随即右转，成右高虚步。同时，左手撒开，向左侧上举成横掌；右手握棍把上举，继而臂外旋向右侧伸直，使棍梢由左向上、向身体右侧划弧绕行。目视右前方（图5－4－17）。

②上动不停。右手继续向下、向后、向前上方抡动，使棍梢经右腿外侧向后上方绕行（图5－4－18）。

图5－4－17

图5－4－18

③上动不停。右手向右侧翻腕，并屈肘收至右腹前，使棍梢继续向上、向前绕行；左手随即握住棍的中段，两手一齐用力向身体左前侧劈棍，使棍身与地面平行。在劈棍的同时，右脚向后退一步，上体右后转180°，两腿半蹲成半马步。目视棍梢（图5－4－19）。

图5－4－19

（2）动作要点　右手抡棍过程要用力，棍走立圆并尽量靠近身体，左手接握棍身动作要快速准确。

2. 提膝把劈棍

（1）动作要领

①身体重心后移至右腿上，左脚稍内收，前脚掌着地。同时，右手握棍把向右上方提起，左手略向棍梢一端滑握。目视棍梢（图5－4－20）。

②上动不停。左腿屈膝提起，成右独立式。同时，右手用力向前下压，臂伸直；左手收至右腋下，上体随即左转，使棍把向前劈打，使棍身与地面平行。目向前平视（图5－4－21）。

（2）动作要点　劈棍须与提膝动作同时完成，上体稍前倾。

图 5-4-20

图 5-4-21

3. 弓步抡劈棍

（1）动作要领

①左脚向前下落，脚尖外撇，上体左转，成交叉步。同时，右手握棍向下、向腹前绕行，使棍把向下、经左腿前面向身体左下侧抡动。目视棍把（图 5-4-22）。

图 5-4-22

图 5-4-23

图 5-4-24

②上动不停。右脚向身体右侧跨一步，脚尖点地，上体稍右转，成右虚步。同时，棍把继续向上、向前抡劈，高与头平，左手顺势撤至左腰侧。目视棍把（图 5-4-23）。

③上动不停。右脚再向前上半步，屈膝，左腿挺膝蹬直，成右弓步。同时，左手稍向棍身中段移握，并向后、向上、向前绕行，右手顺势收于左腋下，使棍梢由后向上、向前劈打，高与眼平。目视棍梢（图 5-4-24）。

(2) 动作要点　整个抡劈棍动作要连贯，棍要走立圆，速度要均匀。

4. 弓步背棍

(1) 动作要领

图 5－4－25

图 5－4－26

图 5－4－27

图 5－4－28

①右脚尖外撇，左脚跟外转，上体右转。与此同时，左手握棍向下、经腹前向身体右侧绕行，使棍梢向下、经右腿外侧抡绕。目视棍梢（图 5－4－25）。

②上动不停。左脚向前上步，屈膝，右腿挺膝蹬直，成左弓步。同时，左手继续向上、向前绕行，右手顺势拉至腹前，使棍梢继续向上、向前抡绕。目视棍梢。（图 5－4－26）

③上动不停。左手继续向下、向腹前绕行，右手向后上方举起，使棍把向后上方抡起。目平视前方（图 5－4－27）。

④上动不停。右手持棍继续向前、向后下方抡绕，左手顺势将棍托至右腋下。然后撤开，手心贴靠右胸，由右手单手握棍抡绕至棍身斜背于左肩背后，棍梢指向前上方（图5-4-28）。

⑤左手再由右胸前向前撩起成立掌，小指一侧在前掌指向上。目视左掌（图5-4-29）。

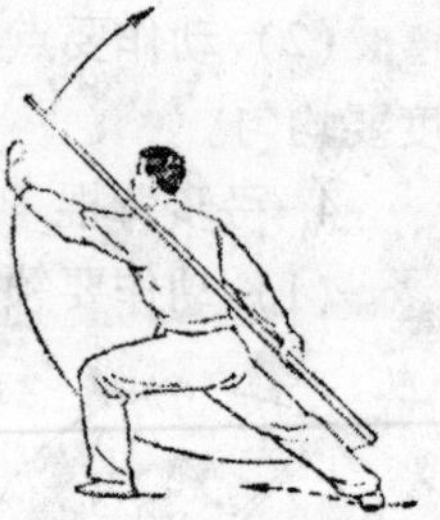

图5-4-29

（2）动作要点　抡棍过程中，动作连贯完整，棍要走立圆。背棍时，右手松握棍，两臂动作要伸展，上体稍前倾。

5. 挑把棍

（1）动作要领

①右脚略向前靠，两腿叉开站立。右手握棍向下、向左、向上绕行，使棍把由后下方绕至头部的前上方，左手在右胸前接握棍的中段。目视左侧（图5-4-30）。

图5-4-30

图5-4-31

②上动不停。右脚向身体左侧上一大步，屈膝，左腿挺膝蹬直，成右弓步。同时，右手继续向后下绕行，左手握棍屈肘于左肩前，使棍把由上向后下抡绕，目视棍把（图5-4-31）。

③上动不停。上体左转，同时右手由后下向前绕行，左手顺

势收回左腰胯前，使棍把向前上方挑起，略高于头顶。目视棍把（图 5－4－32）。

图 5－4－32

（2）动作要点　抡棍要走立圆，棍把向后抡绕时不要太猛。向前挑把时，右臂须用力快速挑起。

6. 转身弓步戳棍

（1）动作要领

图 5－4－33

图 5－4－34

①右脚尖里扣，左腿屈膝提起，成右独立式。与此同时，上体稍左转，右臂在右肩外侧平屈，左手稍向棍身中段滑握，然后臂伸直贴在左腿内侧。目视棍梢（图 5－4－33）。

图 5－4－35

②上动不停。右脚尖里扣 180°，上体从左向后转（图 5－4－34）。

③转身之后，左脚立即向身体左侧落步，屈膝，右腿挺膝蹬直，成左弓步。与此同时，两手握棍使棍梢向左侧平戳，左手松握后滑与右手靠近。目视棍梢（图5－4－35）。

（2）动作要点　提膝和转身动作要连贯，提膝不宜过高，转身要敏捷。

7. 踢腿撩棍

（1）动作要领

①右脚稍向前移，身体重心随即移至右腿上，上体右转。在转身的同时，两手握棍向上、向右侧体前抡劈。目视棍梢（图5－4－36）。

图5－4－36

图5－4－37

②上动不停。两手握棍使棍梢继续向上撩绕，上体随即再向后转，右腿顺着撩棍的方向，向右侧踢起，棍继续向身体左侧上撩。此时，两手握棍置于胸腹前，棍梢高于头，脚尖勾起，与鼻同高。目视棍梢（图5－4－37）。

（2）动作要点　整个动作要连贯协调，棍须走立圆，撩棍和踢腿要同时进行，两肩及臂动作要放松，踢腿时不要弓腰。

8. 弓步拉棍

（1）动作要领

①左脚尖稍外撇，上体左转，右腿屈膝准备下落于身体右侧。与此同时，左手上滑握于棍身中段，直臂向右上方举起，使棍梢向右上方抡绕。目向右平视（图5－4－38）。

②上动不停。右脚在身体右侧落步，屈膝，左腿挺膝蹬直，成右弓步。同时，右手向右肩前拉带并内旋，左臂也直臂下压内旋，棍身斜放于身前，棍梢位置在膝下踝上之间。目向左侧平视（图5－4－39）。

（2）动作要点　拉棍与弓步要同时完成，整个动作要舒展。

图5－4－38

图5－4－39

四、第三段　动作详解

1. 提膝拦棍

（1）动作要领

①左脚向身体右侧跨一大步，屈膝，上体随即从右向后转，成左弓步。同时，左手握棍随着上步转体动作向身体左侧推出，臂伸直，手心斜向上，右手顺势提至头上（图5－4－40）。

②左脚尖里扣，右脚略收回并以脚尖点地，上体右转，成右虚步。与此同时，左手握棍上举于左后侧，右手顺势向胸前下拉，臂弯屈，棍身斜举于胸前，棍梢指向身体左下方。目视右下方（图5－4－41）。

图 5－4－40

图 5－4－41

图 5－4－42

③上动不停。右腿屈膝提起，同时右手握住棍把向前推拦，左手举于头上，上体前倾，棍身斜架于身前。目视棍把（图 5－4－42）。

（2）动作要点　整个动作要连贯、自然，支撑腿要站稳。

2. 插步抡把劈棍

图 5－4－43

图 5－4－44

（1）动作要领

①右脚向前落步，脚尖外撇，上体稍右转。同时，左手握棍向前下压，右臂顺势屈收至左腋下。目视前下方（图 5－4－43）。

②上动不停。左手继续向下、经右腿外侧向右绕行，上体随即右转，右手位置不变，两腿左右交叉。目视棍梢（图 5－4－

44）。

③上动不停。左脚向身体左侧横跨一步，两腿屈膝半蹲成半成步。同时，左手继续向右、向上、向左绕行，右手顺势撤至右腰侧，使棍梢向上、向左划弧平劈。目视棍梢（图 5－4－45）。

图 5－4－45

图 5－4－46

④上动不停。右脚从左腿后向左前插上一步，两腿成左右交叉。同时，右手向右、向上、向左，左手经腹前向左腋下绕行，使棍身在体前垂直翻转半周，棍把向左。目视棍把（图 5－4－46）。

（2）动作要点　整个动作要连贯，两手松握棍，棍身要贴近身体，并且必须翻转两个立圆。

3. 马步抡劈棍

（1）动作要领

①以两脚的前脚掌为轴，上体向右翻转 180°。同时，右手握棍向下、向右、向右肩外侧绕行，屈前臂，上臂与肩平行，左手则顺势直臂斜伸左下侧，棍梢指向左下方。目视棍把（图 5－4－47）。

②上动不停。左脚向身体右侧跨一大步，上体随即从右向后转，两腿屈膝半蹲，成马步。与此同时，左手握棍向上，并随着转体动作向身体右侧抡棍，臂伸直，用力前推下压；右手顺势撤

至右腰前，使棍的上段向前平劈，棍梢略高于棍把。目视棍梢（图5－4－48）。

图5－4－47

图5－4－48

（2）动作要点　劈棍动作须用力，并与马步动作同时完成。

4. 翻身马步抡劈棍

图5－4－49

图5－4－50

图5－4－51

（1）动作要领

①右腿屈膝提起，左腿直立，上体随即右转，并稍向左侧倾斜。同时，右手握住棍把向右胸前提起，屈肘；左臂伸直，稍下降。目视右上方（图5－4－49）。

②紧接上一个动作。左脚用力蹬地跳起，身体腾空。在起跳的同时，上体开始向右翻转，棍梢从左下方随转体动作向上抡绕。在腾空的最高点，身体已从原来的位置转动180°，两腿屈

膝提起，左手握棍上举，右臂屈肘于胸前。目视右下方（图5－4－50）。

③在空中，身体继续从右向后转180°，随即右脚先落地，左脚相继落地，两腿屈膝半蹲成马步。同时，左手握棍从上向身体左侧平劈，臂伸直，右手顺势撤至右腹前。目视棍梢（图5－4－51）。

（2）动作要点　在腾空阶段，上体要挺直。整个动作要轻盈，劈棍与马步两个动作须同时完成。

5. 上步右撩棍

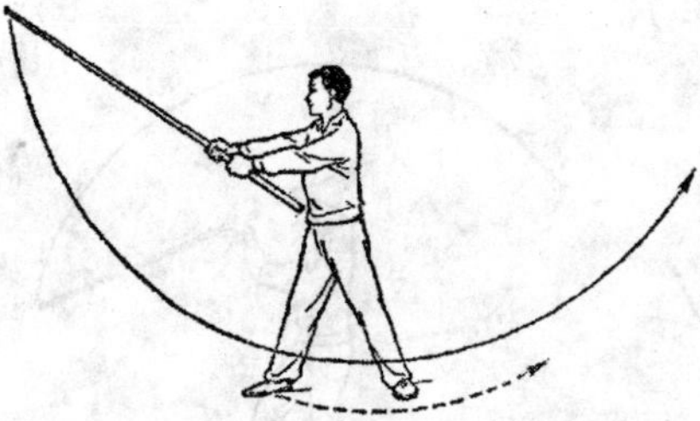

图5－4－52

图5－4－53

（1）动作要领

①两腿直立，左脚稍回收。左手向棍把一端下滑并迅速换握于右手小指下侧，两手一齐向上、向右绕行，同时上体右转，使棍梢向上、向转体前的右侧方抡动，划半个立圆。双手握棍举于胸前。目视棍梢（图5－4－52）。

②紧接上一个动作。上体迅速从左向后转，两手握棍继而向下、向后上方抡动并停在脸前。同时右脚跟上一步，使棍梢向前撩出，划半个立圆。此时，左腿半蹲成右虚步，两手屈臂举于脸前，棍梢与胸同高。目视棍梢（图5－4－53）。

（2）动作要点　抡棍上撩时，棍要尽量靠近身体右侧。

6. 上步左撩棍

(1) 动作要领

①上动不停。左手迅速移至右手拇指前握棍，两手一齐继续向左后抡棍。同时，两腿随转身动作逐渐伸直，两臂伸直，两手握棍位于腰腹前。目向前平视（图5－4－54)。

②紧接上一个动作。两手握棍继续向下、向头部的前上方摆起，同时上体向右后转，左脚经右腿前面向前上一步，使棍向下、经身体左侧向上撩起。此时，右腿半蹲成左虚步，右手握住棍把置于头部前上方，左手在脸前松开托住棍身，棍梢与胸同高。目平视前方（图5－4－55)。

图5－4－54

图5－4－55

(2) 动作要点　与“右撩棍”相同，惟左右方向相反。

7. 转身仆步摔棍

(1) 动作要领

①上动不停。两手握棍继续向上、向身后抡出，同时左脚掌里扣、右脚跟辗转，两腿逐渐伸直，上体随即右转（图5－4－56)。

②紧接上一个动作。右腿屈膝在身前提起，同时两手稍上提，左臂内旋，使左手虎口向下，右臂外旋，右手稍放松，使棍梢由前向下抡绕（图5－4－57)。

图 5 –4 –56

图 5 –4 –57

③紧接上一个动作。两手继续使棍沿身体右侧向后、向上、向前、向下抡劈。同时，右脚向身后落步，全蹲，左腿伸直平铺，上体稍右转，成左仆步。此时，左臂斜前伸直，右臂屈肘于胸前正下方，棍梢前半段摔地，上体稍前倾。目平视前方（图 5 –4 –58）。

图 5 –4 –58

（2）动作要点　整个动作要连贯，抡棍要走立圆，摔棍动作须与全蹲成仆步同时完成，棍身与左腿平行。

8. 弓步崩棍

（1）动作要领　右腿挺膝蹬直，左腿屈膝半蹲，成左弓步。与此同时，左手略向右手前滑握，棍顺势前送，两臂自然伸直，右手猛向下压，使棍梢从下向上崩挑，高与头平。目视棍梢（图5－4－59）。

（2）动作要点　左手屈腕与右手下压要猛，但上崩弧度不宜过大。

图5－4－59

五、第四段　动作详解

1. 马步把劈棍

图5－4－60

图5－4－61

（1）动作要领

①身体重心后移，左脚随即稍回收，上体右转，两腿半蹲成半马步。与此同时，右手握住棍把向身体右上方提抽，左手顺势向棍梢一端滑握。目视左下方（图5－4－60）。

②右脚向左脚前跨一大步，上体随即向左后转，两腿半蹲成马步。同时，右手随着转体动作从右肩前上方一面滑握于棍身中段，一面向前、向右做抡劈动作，左手迅速换握并顺势撤至左腰侧，使棍把向上、向身体右侧抡劈。此时，右臂向右伸平，手心向下，虎口向左，左手虎口向右，把端高度在胸下腰上之间。目视棍把（图5－4－61）。

（2）动作要点　上步与劈棍动作要协调一致，左右手换握、滑握要快。劈把时，右手要用力。

2. 坐盘半抡劈棍

（1）动作要领　以右脚跟和左脚掌为轴，上体右转，两腿屈膝全蹲，成坐盘式。与此同时，右手滑握至棍把，并收至腹前，左手滑握至棍身中段，并向上、向前抡劈，使棍梢随转体动作向上、向身前平劈。此时，左臂向前伸平，手心向下，小指一侧在前；右手握棍于腹前，棍梢与肩同高。目视棍梢（图5－4－62）。

图5－4－62

（2）动作要点　转体下坐与劈棍动作要协调一致。劈棍时，左手须用力下劈。

3. 左平舞花棍

图5－4－63

图5－4－64

（1）动作要领

①两腿立起，随即左脚向前上一步，同时两手将棍向上平举，左手换握成手心向上，虎口向前（图5－4－63）。

②上动不停。左脚蹬地跳起，右脚向身前跨跳一步，脚尖里扣，身体随即向左后转，左脚在身后悬空。同时，右手向身前、向左、向后、向右、再经脸前向左腋下绕行，左手则经脸前向右、向前平绕，使棍身随着转体动作在头上平转一周半（图5－4－64）。

③紧接上一个动作。左脚在身后退一大步，上体随即向左后转，左腿半蹲，右腿蹬直，成左弓步。与此同时，棍梢随转体动作继续平绕半周，向身体的左上方拨击，两手握棍姿势不变。此时，左臂斜上举，棍梢略高于头。目视棍梢（图5－4－65）。

图5－4－65

（2）动作要点　整个动作要连贯，棍梢共绕行两周。右脚跨跳不宜太高。舞花时，两手不要握得太紧。

4. 右平舞花棍

图5－4－66

图5－4－67

图 5－4－68

图 5－4－69

（1）动作要领

①右脚向身体右前方上一步。同时，右手从左腋下向前、向头部右上方绕行，左手则从身体左前方向右、向后、再向左绕行，使棍身在头上平转接近一周。此时，右臂略屈肘上举，左臂向前平伸，两手虎口相对（图 5－4－66）。

②上动不停。右脚蹬地跳起，左脚向身体右前方跨跳一步，脚尖里扣，上体随即右转，右腿在身后悬空。与此同时，两手握棍不变，左手继续上举，准备在头上作舞花棍动作（图 5－4－67）。

③紧接上一个动作。右脚向身体左后侧落步，上体随即右转。同时，左手经脸前向右腋下绕行，左手换握，虎口挟握棍身，右手则向后、经左肩上方向身前绕行，使棍身在头上平转一周。此时，身体重心落于左腿，右臂向身前平伸，手心向下。目视棍把（图 5－4－68）。

④紧接上一个动作。右脚再向身后（偏左）移一小步，上体随即向右后转，右腿半蹲，左腿蹬直，成右弓步。与此同时，棍把随转体动作继续平绕半周，向身体的右上方拨击，两手握棍姿势不变。此时，右臂斜上举，把端略高于头，左手置于右肋处，棍梢贴靠右胯外侧。目视棍把（图 5－4－69）。

（2）动作要点　整个动作要连贯，棍把共绕行两周。左脚跨跳不宜太高。两手上举舞花时，不要握得太紧，并都向棍身中段滑握，以便顺利地做舞花动作。

5. 插步下点棍

（1）动作要领　右腿略伸直，右脚前脚掌擦地回收半步，上体随即左转，左脚速向左侧插步，成交叉步。与此同时，两手在腹前各绕一个立圆，即右臂内旋，右手向下、向左、向上、向右再向左下方绕行，左手则从右肋处起也顺着右手的绕行路线向腹前绕压，使棍梢由右胯侧向上、并随转体动作向右、向下、向左再向上、向右下抡绕点地。当左手从右肋处绕至身体左侧时，应迅速翻掌握棍并向右手附近滑握。目视棍梢（图5－4－70）。

图5－4－70

（2）动作要点　抡棍动作要轻松自如，棍要划立圆，棍梢共绕一周半，点地要轻。

6. 弓步下点棍

（1）动作要领　上体左转，右脚向后退一大步，左腿半蹲，右腿蹬直，成左弓步。同时，两手在腹前转腕，即左手向左前使棍梢由身后向

图5－4－71

上、向前抡圆点地。此时，两臂伸直，两手位于膝盖前。目视棍梢（图5－4－71）。

（2）动作要点　棍点地与弓步同时完成，点地要轻。

7. 插步下戳棍

（1）动作要领　身体重心后移，上体右转，左脚随即从身体向右侧插一步，成交叉步。与此同时，左手先上抬并向棍梢一端滑握，右手随即从把端略向中段滑握，使棍把由腹前向转体后的身体右下方戳击。此时，右臂向右下方伸直，左臂屈肘于左胸前，手心向里，上体略向左倾斜。目视棍把（图5－4－72）。

图5－4－72

（2）动作要点　插步与戳把动作要协调。

8. 提膝拦棍

（1）动作要领

图5－4－73

图5－4－74

①右脚向右侧退跨一步，上体随即左转，同时左手向左肩外

侧提带，右手则经过腹前向前面推出（图5－4－73）。

②上动不停。身体重心移至右腿，上体稍右转，左腿屈膝提起，成右独立式。与此同时，右手向右后上方举起。左手则向身体左侧平伸推出，手心向上，使棍身中段向左上方架拦，棍梢指向左斜下方。目向左前平视（图5－4－74）。

（2）动作要点　整个动作要轻松自如，提膝后上体稍向左前倾。

六、还原势　动作详解

（1）动作要领

①右手从上屈肘向身体右侧下落，臂伸直，左手顺势向上、向右肩上方成直拳，然后屈臂，使棍把由右上方下降至右腿外侧，棍身直立。目仍向左侧平视（图5－4－75）。

②左脚自然下落，与右脚并步站立。同时，右手上滑握于棍身中段，左手撒开垂于身体左侧，棍把在右脚外侧着地。目视正前方（图5－4－76）。

图5－4－75

图5－4－76

（2）动作要点　还原势动作要准确，精神要集中。

第五节　初级刀术

一、预备　势动作详解

1. 预备势

(1) 动作要领

两脚并立，目平视前方。左手抱刀（虎口朝下，拇指在前，其余四指在后握住刀柄，手腕部贴靠刀盘），刀刃朝前，刀尖朝上，刀背贴靠前臂内侧；右手五指并拢，垂于身体右侧（图5-5-1）。

①右手向右、向上成弧形直臂绕环上举，手心朝左（图5-5-2）。

②右臂外旋并屈肘，从左肩下降至左腋近侧，手心朝上；左手握刀在右手屈肘下降之同时，由身前屈肘从右臂里面直臂向上穿出，手心朝右，刀尖朝下。目视右手（图5-5-3）。

图5-5-1

图5-5-2

图5-5-3

③右手从左腋向下、向右弧形绕环，同时左手握刀从上向左、向下弧形绕环。目随右手（图5-5-4）。

④右手继续向上绕环至头顶，屈腕成横掌，掌心朝前，肘关节微屈；左手握刀继续向下绕环至身后，反臂斜举，手心朝右。右腿在右手成横掌之同时屈膝半蹲，左脚则随之向前伸出，前脚掌虚点地面，膝微屈。目向左平视（图5－5－5）。

图5－5－4

图5－5－5

（2）动作要点

①上述四个分解动作必须连贯起来做，不要中断。

②成虚步时，必须虚实分清。要挺胸、塌腰。

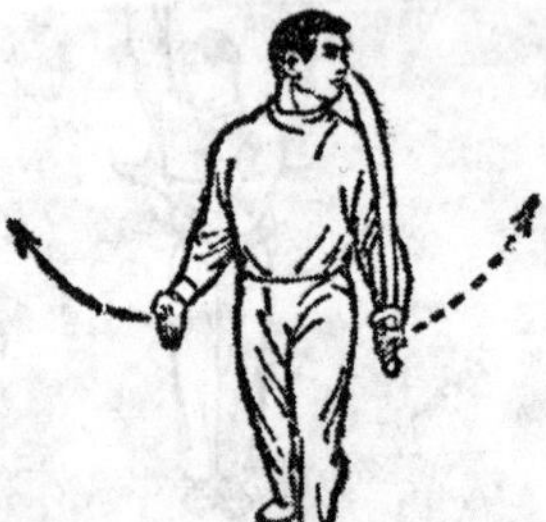

图5－5－6

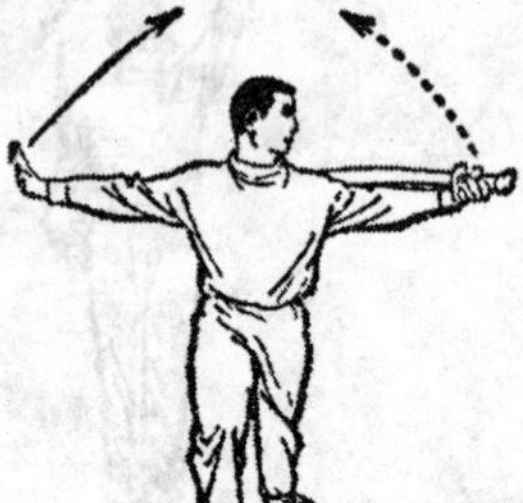

图5－5－7

图5－5－8

（3）动作要领

①左脚向前上半步，膝略屈。右脚不动，腿蹬直。右掌同时从身前向身后弧形下落，至身后反臂斜举（图5-5-6）。

②右脚前进一步，膝略屈。左脚不动，腿蹬直。左手握刀与右手同时从身后向两侧平举（图5-5-7）。

③右腿伸直，左脚向前并步。左手握刀与右手同时从两侧向额前上方绕环，至额前上方时，右手拇指张开贴近刀盘，准备接握左手之刀（图5-5-8）。

（4）动作要点

上半步、进一步和并步的动作，必须和两臂从后向额前上方绕环的动作协调一致。

二、第一段　动作详解

1. 弓步缠头

图5-5-9

图5-5-10

（1）动作要领

①右腿屈膝略蹲，左脚向左上步。右手持刀使刀背贴身从左绕向身后，左臂内旋（拇指一侧朝下）向左伸出，掌心朝后。目向左平视（图5-5-9）。

②上身左转，右腿挺膝伸直，左腿屈膝半蹲，成左弓箭步。右手持刀手心朝上，与上身左转之同时从身后向右、向前、向左胁处绕环平扫，手心朝下，刀背贴靠于左胁，刀身平放，刀尖朝后；左臂随这屈肘上举，至头顶上方成横掌。目向前平视（图5-5-10）。

（2）动作要点

缠头时，刀背必须贴着脊背绕行。扫刀时，刀身必须平行，迅速有力。

2. 虚步藏刀

（1）动作要领

①上身右转，左腿伸直，右腿屈膝。右手持刀，手心朝下，与上身右转之同时从左胁处向右平扫，刀背朝前；左掌随之向左侧平落，手心向上。目视刀身（图5-5-11）。

②顺扫刀之势右臂外旋，手心朝上，使刀背向身后平摆（图5-5-12）。

图5-5-11

图5-5-12

③以右脚前脚掌为轴碾地，脚跟外展，上身随之左转。左脚后收半步，膝关节微屈，右腿屈膝略蹲。右手持刀，刀尖朝上，从背后向左肩外侧绕行；同时左手经体前向下、向右腋处弧形绕环。目向左前方平视（图5-5-13）。

④右腿屈膝半蹲，左腿微屈膝，左脚前脚掌点地，成右实左

虚之虚步。右手持刀从左肩外侧向下、向后拉回，肘略屈，刀刃朝下，刀尖朝前；左手随即向前成侧立掌平直推进，掌指朝上。目视左掌（图5－5－14）。

图5－5－13

图5－5－14

（2）动作要点

以上四个分解动作，必须连贯起来做。扫刀要平，绕刀要使刀背贴靠脊背。

3. 弓步前刺

（1）动作要领

左脚稍前移，踏实，右脚随即向前上步，左腿挺膝伸直，右腿屈膝半蹲，成右弓箭步。左掌在上步之同时从前向上、向后直臂弧形绕环，至身后平举成钩手，钩尖朝下；右手持刀随之向前直刺，刀刃朝下，刀尖朝前。目视刀尖（图5－5－15）。

图5－5－15

（2）动作要点

刀尖和右手、右肩要平行，上身略向前探。

4. 并步上挑

（1）动作要领

左脚不动，重心后移，右脚蹬地回收，向左脚靠拢，并步直立。右手持刀在右脚向后并步之同时向上挑起，并即屈腕使刀身向背后落下，刀尖朝下，刀背贴靠脊背；左钩手随之向左平摆，与肩同高。目向前平视（图5－5－16）。

图5－5－16

（2）动作要点

要挺胸、直背，两腿伸直，左臂伸平，右肘微屈。

5. 左抡劈

（1）动作要领

①左脚不动，右脚向左斜前方上步。右手持刀同时向左斜前方劈下，左钩手变掌附于右肘处。目视刀身（图5－5－17）。

②顺劈刀之势右臂内旋屈腕，使刀尖从下摆向身后，身体重心逐渐前移（图5－5－18）。

图5－5－17

图5－5－18

③右脚不动，左脚向左斜前方上步，右腿挺膝伸直，左腿屈膝半蹲，成左弓箭步。右手持刀向上提起，刀刃朝上，左掌仍附

于右肘处（图5－5－19）。

④右手持刀从上向右斜前方劈下，刀尖稍向上翘；左臂同时屈肘上举，至头顶上方成横掌。目视刀尖（图5－5－20）。

图5－5－19

图5－5－20

（2）动作要点

抡劈动作必须连贯、有力，与步法配合一致。

6. 右抡劈

图5－5－21

图5－5－22

（1）动作要领

①右腿屈膝略蹲，重心后移至右腿上，左膝微屈。右手持刀

向右下方抽回，刀刃朝下（图5-5-21）。

②右手持刀继续运转，臂外旋使刀尖向下、向右绕行，至右侧时，刀背朝上。左掌同时从上向右胸前弧形绕环（图5-5-22）。

③右腿蹬直，左脚向右斜前方上步。左掌向左侧下方绕环，右手持刀臂外旋将刀举起，刀刃朝上（图5-5-23）。

图5-5-23

图5-5-24

④右脚向右斜前方上步，左腿挺膝伸直，右腿屈膝半蹲，成右弓箭步。右手持刀同时从上向左斜前方劈下，刀尖稍向上翘；左掌随之从下向左、向上弧形绕环，至头顶上方屈肘成横掌（图5-5-24）。

（2）动作要点

同上述左抡劈。

7. 弓步撩刀

（1）动作要领

①右手持刀臂外旋屈肘使刀刃朝上，刀尖朝前，右脚提起离地（图5-5-25）。

②右脚随即向前落步。右手持刀向上、向后、向下贴身弧形绕环，左掌此时从上向下按于刀背上面。目视刀尖（图5-5-

26）。

图 5 – 5 – 25

图 5 – 5 – 26

③左脚从体前上步，右腿挺膝伸直，左腿屈膝半蹲，成左弓箭步。右手持刀随左脚上步之同时向前撩起，刀刃斜朝上，刀尖斜朝下；左掌仍按刀背，掌指朝上。上身前探，目视刀尖（图 5 – 5 – 27）。

图 5 – 5 – 27

（2）动作要点

撩刀必须与步法协调一致。

8. 弓步藏刀

（1）动作要领

①右手持刀，手心朝下，从体前向后平扫，左臂平举于左侧（图 5 – 5 – 28）。

②上身右转，左脚尖里扣，右脚向身后撤步，左腿屈膝，右腿伸直。右手持刀顺扫刀之势臂外旋，使刀背向身后平摆，刀尖朝下（图 5 – 5 – 29）。

③左脚向左斜后方撤步，右腿屈膝，左腿伸直。同时左掌向下、向右腋弧形绕环，右手持刀从背后向左肩外侧绕行（图 5 –

5－30）。

图 5－5－28

图 5－5－29

图 5－5－30

图 5－5－31

④右腿半蹲，成右弓箭步。右手持刀从左肩外侧向右后下方拉回，刀刃朝下，刀尖朝前；左掌随之从右腋处向前成侧立掌平直推出，高与眉齐，掌指朝上（图 5－5－31）。

（2）动作要点

扫刀必须迅速。藏刀时右大腿要坐平，右手持刀使刀身贴近右腿，刀尖藏于膝旁。左腿挺直，两脚脚跟和脚外侧均不可离地掀起。

三、第二段　动作详解

1. 提膝缠头

图 5－5－32

图 5－5－33

图 5－5－34

（1）动作要领

①右脚不动，左脚向前上步。左掌屈肘收于右肩前方，右手持刀使刀背顺左臂外侧向左后绕行，刀尖朝下（图 5－5－32）。

②左脚尖外撇，上身左转。右手持刀继续顺左臂外侧绕行至背后，左掌随之向左直臂平摆（图 5－5－33）。

③左脚不动，膝部伸直，右脚从身后屈膝在身前提起，脚面绷平，脚尖朝下。右手持刀从背后向前、向左肋处绕环平扫，至左肋下顺扫刀之势臂内旋，手心朝下，使刀平摆于左肋下，刀背贴肋，刀尖朝后；左掌同时从左侧屈肘上举至头顶上方成横掌。目向右平视（图 5－5－34）。

（2）动作要点

直立之腿，膝部必须挺直；提膝之腿，膝部尽量高提，脚底贴近裆前。上身正直，右臂稍离胸前，不要紧贴胸上。

2. 弓步平斩

（1）动作要领

左脚不动，右脚向右侧落步，上身稍向右转，左腿挺膝伸直，右腿屈膝半蹲，成右弓箭步。右手持刀（手心朝下）从左胁处向身前平扫，拦腰斩击，刀尖朝前；左掌同时从上向后平落，掌指朝后。目视刀尖（图5－5－35）。

图5－5－35

（2）动作要点

斩击时刀身要平，刀尖与腕部、肩部要平行。

3. 仆步带刀

（1）动作要领

①右手持刀臂外旋使刀刃朝上，刀尖稍向下斜垂（图5－5－36）。

图5－5－36

图5－5－37

②左腿屈膝全蹲，右腿挺膝伸直平铺，左脚尖稍向外撇，右脚尖向里紧扣，成仆步。右手持刀向左上方屈肘带回，刀刃仍朝上，刀尖仍稍向下垂；左掌同时屈肘附于刀把内侧，拇指一侧朝下。目向右侧平视（图5－5－37）。

（2）动作要点

翻刀、后带动作必须连贯。仆步时，脚外侧和脚跟均不可离地掀起，上身稍向左侧倾斜。

4. 歇步下砍

图5－5－38

图5－5－39

图5－5－40

（1）动作要领

①上身稍抬起。右手持刀刀尖朝下，从右肩外侧向背后绕行；左掌同时向左侧平伸，拇指一侧朝下（图5－5－38）。

②右脚不动，左脚从身后向右侧插步。同时左掌从左向下、向右腋处弧形绕环；右手持刀从背后向左肩外侧绕行，手心朝下，刀身平放，刀尖朝后。目向右视（图5－5－39）。

③两腿屈膝全蹲成歇步，右大腿压盖在左大腿上面，右脚全脚掌着地，左脚仅以前脚掌着地，臀部坐落在左小腿上。右手持刀在歇步下坐之同时从左向前、向右下方斜砍，刀刃斜朝下，刀尖朝前；左掌随之向左摆出，在左侧上方成横掌。目视刀身（图5－5－40）。

（2）动作要点

上述分解动作，必须连贯起来做。下砍时，刀的着力点是刀身的后段。

5. 左劈刀

(1) 动作要领

①身体起立，左掌屈肘收至右额前，并附于右手腕；右手持刀刀尖朝下，使刀背顺左臂外侧向左后方绕行（图5-5-41）。

图5-5-41

图5-5-42

图5-5-43

图5-5-44

图5-5-45

②两脚前掌碾地使上身向左后转。左掌随之向左侧平摆，拇指一侧朝下；右手持刀顺左臂绕行至背后。右腿略屈膝（图5-5-42）。

③上身继续左转成左弓步（图5-5-43）。

④左脚不动，右脚向左斜前方上步，右腿稍屈膝。右手持刀同时从身后向上、向前、向左侧下方斜劈，刀尖斜向下；左掌随之屈肘附于右肘处，掌指朝上（图5－5－44）。

⑤顺劈刀之势右臂内旋，屈腕使刀尖摆向身后，刀刃朝下；左掌附于右腕上。目向前平视（图5－5－45）。

（2）动作要点

转身、绕背、下劈的动作必须迅速连贯。

6. 右劈刀

（1）动作要领

①上身稍起立并向右转。右手持刀上举，刀尖朝下，使刀背顺左肩外侧绕向身后，左掌随之上举（图5－5－46）。

图5－5－46

图5－5－47

图5－5－48

②左脚向右斜前方上步，右腿稍屈膝。同时右手持刀从身后向上、向前、向右侧下方（即右腿外侧）斜劈，刀尖斜向下；左掌随之附于右腕处（图5－5－47）。

③顺劈刀之势右臂外旋并屈腕使刀尖向后摆起，刀刃朝下，左掌随之分开。目视刀尖（图5－5－48）。

（2）动作要点

劈刀必须快速有力。

7. 歇步按刀

（1）动作要领

①右手持刀臂外旋屈肘，刀尖朝下，使刀背从右肩外侧向后绕行。目视右手（图5－5－49）。

②左脚前脚掌碾地使脚跟外展，右脚从身后向左侧插步。右手持刀从背后向左肩外侧绕行，同时左掌从左侧上举附于右手腕的拇指近侧（图5－5－50）。

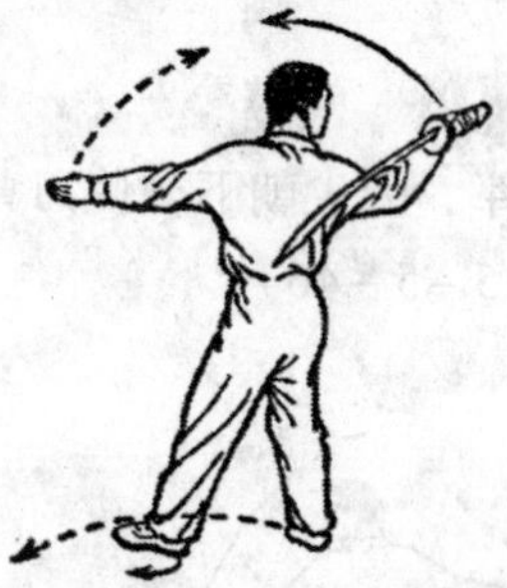

图5－5－49

图5－5－50

图5－5－51

③两腿屈膝全蹲成歇步，左大腿压盖在右大腿上面，左脚全脚掌着地，右脚仅以前脚掌着地，臀部坐落在右小腿上。右手持刀向左侧下按，左手附于右腕，刀刃朝下，刀尖朝向身后。目视刀身（图5－5－51）。

（2）动作要点

插步、歇步、绕刀、按刀的动作，必须快速连贯。

8. 马步平劈

（1）动作要领

①两腿稍微蹬起，上身向右后转。右手持刀与左掌随身体转动至上身左侧时，两手从左向上举起，刀尖向下。目视刀尖（图5－5－52）。

②两腿屈膝半蹲成马步。右手持刀从左向上、向右劈下，刀尖稍向上翘与眉相齐；左掌在头顶上方屈肘成横掌。目视刀尖（图 5－5－53）。

图 5－5－52

图 5－5－53

（2）动作要点

转身、劈刀要快。成马步时，两脚尖要向里扣，大腿要坐平。

四、第三段　动作详解

1. 弓步撩刀

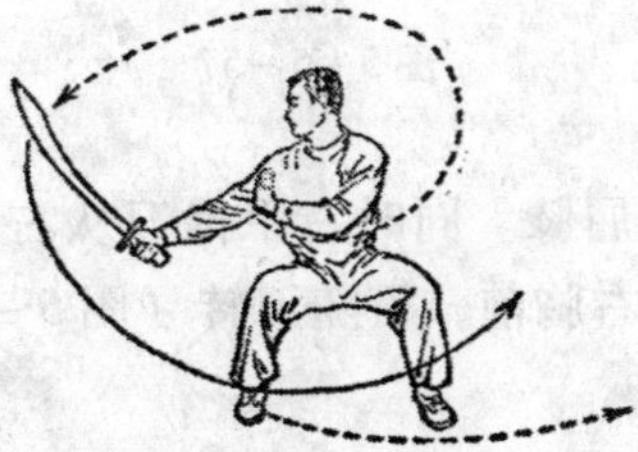

图 5－5－54

图 5－5－55

（1）动作要领

①左掌从上向右肩弧形绕环至右肩前，目视左掌（图 5－5－54）。

②上身左转，右脚向左侧上一大步，左腿挺膝伸直，右腿屈膝半蹲，成右弓箭步。左掌在右脚上步之同时继续向下、向左、向上圆形绕环，至身后成斜上举，掌心朝上；右手持刀随右脚上步之同时向下、向左侧撩起，刀刃斜朝上，刀尖斜朝下。目视刀尖（图 5－5－55）。

（2）动作要点

上步与撩刀必须同时进行。

2. 插步反撩

（1）动作要领

图 5－5－56

图 5－5－57

①上身左转，右腿蹬直，左腿屈膝。同时右手持刀从右向上、向后弧形绕环，左掌屈肘收于右胸前，目随刀转（图 5－5－56）。

②上身右转，左脚从身后向右侧插步。右手持刀继续向下、向右反臂弧形绕环撩刀，刀刃斜朝上；同时左掌向左侧成横掌推出，拇指一侧朝下，掌指朝前，肘略屈。目视刀尖（图 5－5－

57）。

（2）动作要点

上述的分解动作必须连贯，插步反撩时上身略向前俯。

3. 转身挂劈

（1）动作要领

①以两脚前脚掌为轴碾地使上身向左后翻转。右手持刀手腕反屈（向手背方向弯屈）使刀尖翘起，随上身翻转之同时从下向左向上挑挂，刀刃朝前，刀尖朝右上；左掌随上身转动（图5－5－58）。

图5－5－58

图5－5－59

②上身继续向左后转，两腿交叉，左腿在前，右腿在后。右手持刀随上身后转之同时从上向下、向左弧形绕环挂刀；左掌屈肘附于右腕处。目视刀尖（图5－5－59）。

③左脚不动，右脚向右跨步。右手持刀臂内旋，使刀刃朝上向上举起；左掌从右腕处向下、向左弧形绕环平伸（图5－5－60）。

④右腿伸直，左腿蹬地提起屈膝在腹前，上身略向右倾倒。右手持刀与左腿提膝之同时从上向右用力下劈，刀刃朝下，刀尖稍向上翘；左掌随之屈肘上举，在头顶成横掌。目视刀尖（图5

-5-61)。

图 5-5-60

图 5-5-61

(2) 动作要点

挂刀时，必须反屈腕，防止刀尖扎地。挂刀和劈刀的动作要连贯起来。提膝独立要站稳。

4. 仆步下砍

(1) 动作要领

图 5-5-62

图 5-5-63

①左脚在左侧落步，右腿伸直，左腿屈膝。右手持刀臂外旋屈肘，使刀刃朝后、刀尖下垂，从右肩外侧向后沿肩背绕行；同

时左掌从上向左、向下、向右胸前弧形绕环，至右胸前成侧立掌，掌指朝上（图5－5－62）。

②左腿屈膝全蹲，右腿伸直平铺成仆步。右手持刀从背后向左、向前、向右下方绕行平砍，刀刃朝右，刀尖朝前；左掌同时屈肘举于头顶上方成横掌。目视刀身（图5－5－63）。

（2）动作要点

平砍时，刀的着力点是刀身后段。

5. 架刀前刺

图5－5－64

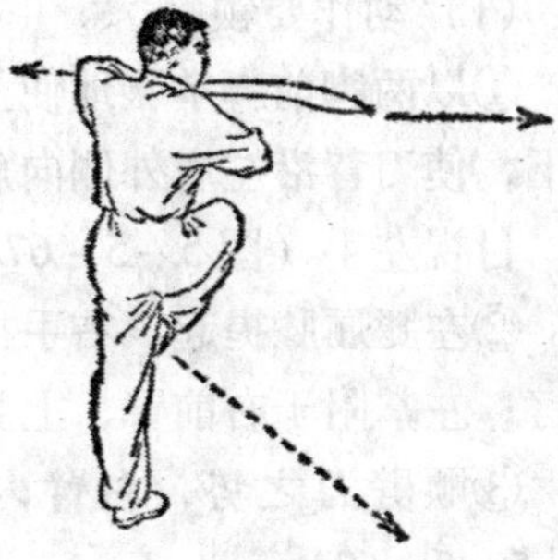

图5－5－65

（1）动作要领

①左脚蹬地起立并向右侧上步，身体向右后转，右膝略屈。右手持刀臂内旋，使刀刃朝上向上横架；同时左掌附于右手腕的拇指近处。目向前平视（图5－5－64）。

②以左脚前脚掌为轴碾地，右腿屈膝提起，上身向右后转。转身时，右手持刀上举，刀身经过头顶上，刀尖方向不变；转身后，两臂屈肘使刀平落；刀刃仍朝上，刀尖所指的方向仍不变（经过转体后，此时刀尖实际上向右）（图5－5－65）。

③右脚向前落步，左腿挺膝伸直，右腿屈膝半蹲成右弓箭步。右手持刀向前直刺，刀刃朝下；同时左掌向左后方平伸，掌

指朝后上方。目视刀尖（图5-5-66）。

（2）动作要点

进步架刀、提膝转身、弓步前刺的动作必须迅速连贯进行。转身时注意刀尖的方向一直指向同一目标。

图5-5-66

6. 左斜劈

（1）动作要领

①以两脚前脚掌碾地使上身向右转。右手持刀臂内旋，刀尖朝下，使刀背沿左肩外侧向后方绕行；左手从右向左前方弧形平摆。目视左手（图5-5-67）。

②左腿屈膝提起。右手持刀从后向右、向前、向左下方绕环下劈；左掌附于右前臂，上身略向前倾（图5-5-68）。

③顺劈刀之势，右臂内旋屈腕，使刀尖向左后上方摆起（图5-5-69）。

（2）动作要点

提膝独立要稳，斜劈要快速有力。

图5-5-67

图5-5-68

图5-5-69

7. 右斜劈

（1）动作要领

①左脚向前落步（图5－5－70）。

②上身向右后转，右腿随之提膝离地。右手持刀从左向前、向右下方斜劈，左掌随之向左侧斜上举。目视刀尖（图5－5－71）。

（2）动作要点

同左斜劈。

图5－5－70

图5－5－71

8. 虚步藏刀

（1）动作要领

①右脚向后落步伸直，左腿屈膝。右手持刀在落步之同时臂外旋、屈腕，使刀尖朝下沿右肩外侧向左后绕行（图5－5－72）。

②身体重心后移，右腿屈膝略蹲，左脚后退半步。右手持刀从背后向左肩外侧绕行，同时左掌向下、向右腋处弧形绕环（图5－5－73）。

③右手持刀从左肩外侧向下、向后拉回，肘略屈，刀刃朝下，刀尖朝前；左掌随即向前成侧立掌平直推出，掌指朝上。此

时，右腿半蹲，左腿屈膝，成右实左虚之虚步。目视左掌（图5－5－74）。

图5－5－72

图5－5－73

图5－5－74

（2）动作要点

绕刀时，必须使刀背贴靠脊背绕行。藏刀时，右手腕部必须上翘，使刀尖尽量向上，不要使刀尖下垂。

五、第四段　动作详解

1. 旋转扫刀

（1）动作要领

图5－5－75

图5－5－76

图5－5－77

①左脚踩实。右手持刀臂内旋，使刀尖朝下，沿左臂外侧向左肩部绕行，左掌屈肘附于右手腕的拇指近侧（图5-5-75）。

②左脚尖外撇，右脚上步，上身左转。右手持刀沿左肩向右后方绕行，同时左掌从右向左平摆。目视右方（图5-5-76）。

③左脚从身后向右侧方插步，右手持刀继续从背后向右肩外侧绕行。目视右手（图5-5-77）。

图5-5-78

图5-5-79

④两腿屈膝全蹲成歇步，右手持刀手心朝上，从右肩外侧向前下方迅速平扫。目视刀身（图5-5-78）。

⑤上身向左后转，右手持刀随身转动，低扫一周。转身后，两腿直立。右手持刀顺扫刀之势臂内旋，使手心朝下，将刀贴靠于左臂外侧；左掌附于右手腕的拇指近侧（图5-5-79）。

（2）动作要点

旋转扫刀必须快速，刀身要平、要低。

2. 翻身劈刀

（1）动作要领

①上身右转，同时右手持刀向右侧下劈，左掌附于右前臂。目视刀尖（图5-5-80）。

②右脚向左侧摆起，左脚蹬地跳起，同时上身向左后翻转，

接着右脚向前落地。在跃步和转身的同时，左掌从右前臂处向下、向左后、向上弧形绕环，至头顶屈肘成横掌；右手持刀随翻转身之势向下、向左后绕环撩起，刀刃朝上。目视右手（图5－5－81）。

图5－5－80

图5－5－81

③上身继续向后转。左脚向身体的右后方落步，左腿屈膝全蹲，右腿伸直平铺成仆步，上身向右前方探伸。右手持刀在转身落步之同时从上向前劈下；左掌随之向下、向后、向上摆起，屈肘成横掌。目视刀尖（图5－5－82）。

图5－5－82

（2）动作要点

翻身跃步要远不要高，劈刀要抡圆。

3. 缠头箭踢

（1）动作要领

①左脚蹬直使上身立起。左掌屈肘收于右肩前方，右手持刀臂内旋，刀尖朝下，使刀背沿左臂外侧向后绕行。同时左脚向前摆起，右脚蹬地纵起。左掌此时从右肩向左侧平摆（图5－5－

83）。

②在空中，右手持刀做缠头动作，从背后向右、向前、向左胁处绕环平扫；左掌随之屈肘上举至头顶上方成横掌。同时右脚用脚跟向前蹬踢，左脚此时即用前脚掌落地（图 5－5－84）。

（2）动作要点

缠头和箭踢的动作必须先后相应地协调进行。缠头要快速，箭踢要有力，膝部要伸直。

图 5－5－83

图 5,－5－84

4. 仆步按刀

图 5－5－85

图 5－5－86

(1) 动作要领

①上身右转，右手持刀从左胁处向前、向右、向后下方斜劈，左手左斜举，手心向上。目视刀身（图5-5-85)。

②右腿屈膝收回。右手持刀臂外旋，刀尖朝下，使刀从右肩外侧向背后绕行。目视右方（图5-5-86)。

③上身向右后转。同时左脚蹬地纵起，右脚趁势下落。右手持刀在纵步之同时从背后向左肩外侧绕行，左掌随这屈肘附于右手腕的拇指近处（图5-5-87)。

④右腿屈膝全蹲，左脚在左侧方落步，左腿伸直平铺成仆步。右手持刀与左掌同时向下按切，左手附于右手腕，刀尖朝左，刀刃朝下。目向左平视（图5-5-88)。

图5-5-87

图5-5-88

(2) 动作要点

向右后方劈刀要快速有力，纵跳和向右后转身要借助劈刀的惯性。做仆步时，左脚尖里扣，两脚外侧和脚跟均不可离地掀起，上身略向左前方探倾。

5. 缠头蹬腿

(1) 动作要领

①右腿蹬直立起，左膝提起成独立。右手持刀向右后拉回，

左掌向左前方伸出，掌指朝上。目视左手（图5－5－89）。

②上身左转，右手持刀从后向前由左膝下方朝左裹膝抄起，左掌屈肘附于右前臂。目视前下方（图5－5－90）。

③右手持刀从左肩外侧向后沿肩背绕行，左脚即向左斜前方落步，左掌向左平摆，掌心朝下（图5－5－91）。

④左腿屈膝半蹲，右腿挺膝伸直，成左弓箭步。右手持刀从背后经右肩外侧向前、向左胁绕环平扫，至左胁时顺扫刀之势臂内旋，将刀背贴靠左胁；左掌随之屈肘上举至头顶上方成横掌（图5－5－92）。

图5－5－89

图5－5－90

图5－5－91

图5－5－92

图5－5－93

⑤右脚脚尖上翘，用脚跟向前上方蹬腿。目视脚尖（图5－5－93）。

（2）动作要点

缠头时必须使刀背绕裹左膝后顺脊背绕行，动作要迅速，蹬腿要快，并与缠头动作连贯一致。

6. 虚步藏刀

（1）动作要领

①右脚向前落步（图5－5－94）。

图5－5－94　　图5－5－95　　图5－5－96

②左脚向前跃步，右脚趁势提起，上身在跃步之同时向右后转。右手持刀手心朝下，随着转身平扫一周，左掌从上向左后方平摆，掌心朝上（图5－5－95）。

③右脚向后落步，右手持刀臂外旋，使刀从右肩外侧向后绕行（图5－5－96）。

④左掌从左侧向下、向右腋处弧形绕环后附于右腕处，右手持刀从背后向左肩外侧绕行（图5－5－97）。

⑤右腿屈膝半蹲，左腿略屈膝，右脚踏实，左脚尖点地成虚步。右手持刀向下、向后拉回，刀尖朝前；左掌向前平伸推出，掌指朝上。目视左掌（图5－5－98）。

（2）动作要点

跃步、转身、落步的动作必须与刀的平扫、绕背动作协调一致。

图5-5-97

图5-5-98

7. 弓步缠头

图5-5-99

图5-5-100

（1）动作要领

①左脚向左前方上半步，挺膝伸直。同时右手持刀臂内旋，刀尖朝下，使刀从左肩外侧向后绕行，做缠头动作（图5-5-99）。

②右腿挺膝伸直，左腿屈膝半蹲，成左弓箭步。右手持刀从背后向右、向前、向左胁处绕环平扫，至左胁时顺扫刀之势臂内旋，使刀背贴靠于左胁，刀尖朝后；同时左掌屈肘上举至头顶上

方成横掌。目向前平视（图5－5－100）。

（2）动作要点

缠头时必须使刀背贴靠脊背绕行，扫刀要迅速。

8. 并步抱刀

（1）动作要领

①左腿伸直，右腿屈膝，上身右转。右手持刀向右平扫，左掌随之向左平摆，掌心朝上。目视刀尖（图5－5－101）。

②顺扫刀之势右臂外旋，使刀背向身后平摆。目视右手（图5－5－102）。

③右腿伸直，左脚向右脚靠拢，并步直立。右手持刀，刀尖朝下，刀刃朝后，刀把向额前上方举起；同时左掌也向额前上方举起，拇指张开，用掌心握住刀把，准备将右手之刀接回。目视右侧（图5－5－103）。

图5－5－101

图5－5－102

图5－5－103

（3）动作要点

并步与接刀的动作要协调一致。

六、结束 动作详解

（1）动作要领

①左手将刀接回，与右掌同时从上由前分向两侧落下，左手抱刀，刀背贴靠臂肘，刀刃朝前，刀尖朝上。左脚向后退一步（图5－5－104）。

②右脚向后撤一步。同时右掌从下向后、向上绕向右耳侧成横掌，掌心朝前，拇指一侧朝下；左手握刀不动。目视右手（图5－5－105）。

③左脚后腿向右脚靠拢，并步直立。右掌随即从右耳侧向下按落，掌心朝下，肘略屈并向外撑开；左手握刀不动。目向左平视（图5－5－106）。

图5－5－104

图5－5－105

图5－5－106

（2）动作要点

退步、撤步和绕掌的动作要连贯迅速。

第六节　初级枪术

一、预备　动作详解

1. 预备动作

图5－6－1

图5－6－2

图5－6－3

图5－6－4

图5－6－5

（1）动作要领

两脚并步站立，右手握枪杆垂于身体右侧，左手五指并拢垂于身体左侧。目向左平视（图5－6－1）。

（2）动作要点

右手松握枪杆中段，枪身须直立，胸、腰和颈部要自然挺直。

（3）动作要领

①右手握枪向上直举，左手在右手上面握住枪杆（两手虎口均向上），随后右手稍向下移，目仍向左平视（图5－6－2）。

②左脚向前上半步，前脚掌虚着地面成左虚步。同时，右肘微屈，臂前伸，手移握于枪把部位（即枪杆的粗端。下同），高与肩平；与此同时，左臂向左后下伸，使枪尖由上面向左后方下摆，与膝同高，左手则移握于枪杆的上部（即靠近枪尖的部位。下同），臂伸直，目向左平视（图5－6－3）。

（4）动作要点

向左后抡枪时，上体要及时向左扭转，抡枪、转腰和上步动作要协调一致。

（5）动作要领

①左脚向左侧跨一步，脚尖向左，两腿屈膝半蹲成半马步。同时，右手握住枪收于右腰侧，左手握枪杆摆至身体左侧，使枪尖由左后划弧摆至身体的左侧，枪身平放，贴靠腹部，目视枪尖（图5－6－4）。

②右腿挺膝蹬直，上体随即左转成左弓步，同时两手握枪向前平扎，目视枪尖（图5－6－5）。

（6）动作要点

扎枪时要求平直有力，右手要猛力向前推送，同时右脚蹬地、转腰，使力量达于枪尖，左手保持原高度不变。

二、第一段　动作详解

1. 插步拦、拿中平扎枪

图5－6－6

图5－6－7

图5－6－8

图5－6－9

（1）动作要领

①上体右转恢复成半马步，同时右手握住枪把撤至右腰侧，左手则向前移握于枪杆中段，目视枪尖（图5－6－6）。

②右脚从身后向左插步，同时，右手握住枪把，右前臂向上翻起，高与肩平，左臂稍外旋，使枪尖向后下方划半个立圆，这叫做“拦枪”（图5－6－7）。

③上动不停。左脚向身体左侧横跨一步，成半马步。同时，右手握枪把由上面向前下方划半个立圆，停于右腰侧，左手则微向前合，臂稍内旋，使枪尖由下向前上方划圆，这叫做“拿枪”（图5－6－8）。

④上动不停。右腿挺膝蹬直，上体随即左转，成左弓步，同时两手握枪向前平扎，目视枪尖（图5－6－9）。

（2）动作要点

撤枪时右手要向后平拉，不要摆动。拦枪时右手划圆不要太大，离身不得过远，动作要快。插步和拦枪须协调一致。拦、拿枪动作要尽量配合上腰劲，使其圆活有力。

2. 跳步拦、拿中平扎枪

图5－6－10

图5－6－11

图5－6－12

图5－6－13

（1）动作要领

①上体右转恢复成半马步，同时右手握住枪把撤至右腰侧，左手则向前移握于枪杆中段，目视枪尖（图5－6－10）。

②右脚经左脚前向身体左侧提迈，左脚准备蹬地跳起，此时两手握枪做拦枪动作（图5－6－11）。

③左脚蹬地跳起。右脚先落地，左脚随后在身体左侧落地成半马步，同时两手握枪做拿枪动作（图5－6－12)。

④上动不停。右腿挺膝蹬直，上体随即左转成左弓步，同时两手握枪做扎枪动作（图5－6－13)。

（2）动作要点

跳步与拦枪、跨步与拿枪动作必须配合协调。

3. 绕上步拦、拿中平扎枪

图5－6－14

图5－6－15

图5－6－16

图5－6－17

（1）动作要领

①上体右转恢复成半马步，同时两手握枪撤回，目视枪尖(图5－6－14)。

②右脚向左脚前面（即左脚脚弓所对的方向）上一步，同时两手做拦枪动作（图5－6－15)。

③左脚继续向前上一步，同时两手做拿枪动作（图 5－6－16）。

④右脚绕过左脚内侧向左脚的左前方弧形上步，上体随即左转，同时两手握枪向前平扎（图 5－6－17）。

4. 插步拦、拿中平扎枪

图 5－6－18

图 5－6－19

图 5－6－20

图 5－6－21

（1）动作要领

①上体稍右转，同时两手握枪撤回，目视左前方（图 5－6－18）。

②左脚向前上一步，随即右脚向左腿后插一步，同时上体右转，两手做拦枪动作（图 5－6－19）。

③左脚向身体左侧横跨一步，成半马步，同时两手做拿枪动作（图 5－6－20）。

④上动不停。右腿挺膝蹬直，上体随即左转，成左弓步，同时两手握枪向前平扎，目视枪尖（图 5－6－21）。

（2）动作要点

左脚上步和右脚插步要迅速、轻灵，并且要与拦枪动作配合协调。

三、第二段　动作详解

1. 转身弓步中平枪

图 5－6－22

图 5－6－23

（1）动作要领

①身体重心移于右腿上，随即左腿屈膝提起，上体向左后转约 180°。与此同时，右手握住枪把向身体右上方提起，左手顺着枪杆滑握于枪杆中部稍靠上，两臂伸直，枪尖指向身体的左后下方，目视枪尖（图 5－6－22）。

②左脚顺势在身体左侧落步，屈膝半蹲，右腿随即挺膝蹬直，成左弓步。同时，右手握枪把从上向下弧形翻转，手心向里；左手握枪杆由左下向上弧形摆起，并且臂内旋，使枪尖划一立圆，再利用右手推送和转腰的力量向前平扎枪。目视枪尖（图 5－6－23）。

（2）动作要点

提膝转身动作要求平稳，枪杆力求贴近身体。

2. 上步弓步推枪

图 5 –6 –24

图 5 –6 –25

图 5 –6 –26

图 5 –6 –27

(1) 动作要领

①身体重心后移，上体右转，成半马步，同时两手握枪撤回，目视枪尖（图 5 –6 –24）。

②右脚向身体左前方上一步，左脚再上一步，同时两手握枪使枪尖向上、向后、向下、再向前划一立圆，目视枪尖（图 5 –6 –25、图 5 –6 –26）。

③右脚继续向左前方上一步，屈膝半蹲，左腿挺膝蹬直，成右弓步。同时，两手握枪向前下方推出，右手握枪把停于头部右侧，高与头平；左臂向身体左前方伸直，手心向上，枪尖斜向下。目视枪尖（图 5 –6 –27）。

（2）动作要点

此连续动作要求上步和绕枪协调一致。做此动作，左手应虚握枪杆，这样有利于枪绕圈时活动自如。

3. 仆步低平枪

（1）动作要领

左脚向左前侧上一步，继而右腿屈膝全蹲，成左仆步。与此同时，两手握枪略向后撤，再沿着左腿内侧向仆腿方向水平直刺，目视枪尖（图5－6－28）。

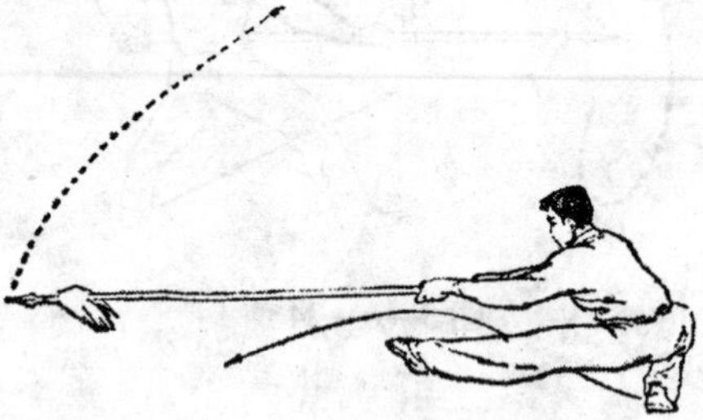

图5－6－28

（2）动作要点

右腿尽量下蹲，左腿伸直平铺，上体略向左前侧倾俯。

4. 提膝抱枪

（1）动作要领

①身体起立微向左转，右脚向前上一步，左手下滑握住枪杆的下段，右手随即换握于枪杆的中上段，枪尖向上（图5－6－29）。

②左脚向前上一步，枪尖由上向后摆动（图5－6－30）。

③右腿屈膝提起，左腿伸直独立站稳，两手握枪使枪尖由后向下、向前挑起，将枪托抱于身体左侧，枪尖指向前上方。此时，两肘略屈，右手与肩同高，左手停于左胯旁，目视枪尖（图5－6－31）。

图5－6－29

（2）动作要点

上步的速度要均匀，枪尖划圆要靠近身体。抱枪时，右手应松握，左手须紧握。

图 5－6－30

图 5－6－31

5. 提膝架枪

（1）动作要领

①右脚向前落步，身体左转。同时，左手上滑移握于枪杆的中部，右手下滑换握于枪杆的下段，枪尖随转体指向后上方，目视枪尖（图 5－6－32）。

图 5－6－32

②左脚向前上步，身体随即右转，同时枪杆上段继续向下、向前划圆，使枪尖指向前下方（图 5－6－33）。

③左腿屈膝提起，右腿独立。同时，左手握枪平伸前推，手心向上，右手滑握于枪把，臂向后上举，枪尖仍指向前下方，高与膝平。目视枪尖（图 5－6－34）。

（2）动作要点

独立势要稳。

图 5－6－33

图 5－6－34

6. 弓步拿、扎枪

图 5－6－35

图 5－6－36

（1）动作要领

①左脚向前落步，上体稍右转成半马步，同时右手由上向下翻转划圆，做拿枪动作（图 5－6－35）。

②上动不停。右腿挺膝蹬直，上体左转成左弓步，同时两手握枪向前平扎（图 5－6－36）。

（2）动作要点

落步和拿枪动作要协调一致。

7. 马步盖把枪

（1）动作要领

①上体右转成半马步，同时两手握枪撤回，目视枪尖（图5－6－37）。

图5－6－37

②身体重心稍后移，两手顺枪杆上滑，使枪杆后移，枪尖斜向前上方，高与鼻平（图5－6－38）。

③右脚向前上一步，上体随即向左后转，两腿半蹲成马步。同时，两手握枪随着上步和转体动作使枪把从后下向上、向前、向身体右侧劈盖，高与肩平。此时，右臂向右平伸，手心向下，左手屈抱胸前，枪身略平，目视枪把（图5－6－39）。

图5－6－38

图5－6－39

（2）动作要点

枪后移时，右手先向后带，随即两手前滑。劈把时应以右手用力为主，同时配合身体下蹲的下压力。

8. 舞花拿、扎枪

（1）动作要领

①身体右转，右脚略向后撤，成高虚步。同时，左手握枪随

转体动作向上、向前下压，右手握枪经腹前向左腋下绕行，使枪尖由左向上、向前抡圆，枪把则沿着左腿外侧向下、向后抡圆（图5-6-40）。

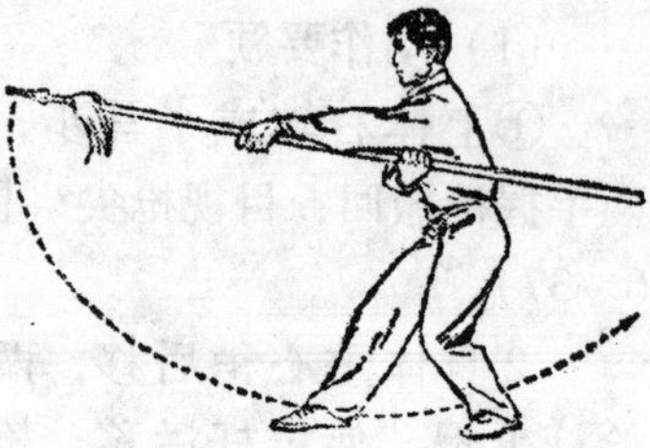

图5-6-40

②上动不停。左手继续下压，并向右肩外侧下摆，右手则伸向身体左侧，两臂在胸前交叉（左臂在外），同时上体右转，使枪尖由前面沿着右腿外侧向后摆去。目视枪尖（图5-6-41）。

图5-6-41

图5-6-42

图5-6-43

图5-6-44

③左脚向右脚前方上一步。同时，右手握枪向下、向后摆去，停于右腰侧，左手则向上、向前抡摆，使枪尖由后向上、向前绕行，枪身成水平（图 5－6－42）。

④右脚向左脚后插一步，身体随即从右向后转约 180°。与此同时，两手握枪随着转体动作向下、向转体后的身体左侧推出。此时右手移握于把端，置于头部上方，左臂水平伸直，枪尖斜向左下方，目视枪尖（图 5－6－43）。

⑤左脚向左侧进半步，随即右腿挺膝蹬直，上体左转成左弓步。同时，两手做拿枪动作，继而向前平扎（图 5－6－44）。

（2）动作要点

舞花时，两手应虚握枪杆，以便两臂成十字交叉，枪杆须抡圆，并且贴身。插右步和向右后转体动作必须同时进行，连贯协调。

四、第三段 动作详解

1. 上步劈、扎枪

图 5－6－45

图 5－6－46

（1）动作要领

①身体重心后移，上体右转成半马步，同时两手握枪撤回，目视枪尖（图 5－6－45）。

②上体略向左转，右脚提起向前平蹬，脚尖向身体右侧。同时，左手握枪稍向上提，使枪尖向前上方挑起，高过头顶（图5-6-46）。

③右脚向前落步，脚尖外撇，两腿半蹲成交叉，同时左手下压，使枪尖由上向前下劈，高与腰平（图5-6-47）。

④左脚向身体左侧上一步，右腿挺膝蹬直，上体左转，成左弓步，同时向前扎枪（图5-6-48）。

图5-6-47

图5-6-48

（2）动作要点

蹬脚与挑枪、落步与劈枪动作要协调。劈枪时，左手下压要与右手略上提配合协调，枪须直向下劈。

2. 挑把转身拿、扎枪

（1）动作要领

①身体重心后移，上体右转成半马步，同时两手握枪撤回，目视枪尖（图5-6-49）。

②上体向左后转，同时右脚向前上一步，两手松握枪杆使枪后缩，继而随上步动作使枪把沿着右腿外侧向前挑起。此时，右臂前伸，高与肩平，手心向下；左臂屈肘于左腰侧，手心向下。目视枪把（图5-6-50）。

③枪把继续上挑。右脚尖里扣，左腿屈膝提起，上体随即向

左后转180°，使枪尖沿着左腿外侧向转体后右下方绕行，目视枪尖（图5－6－51）。

④左脚向身体左侧落步，右腿挺膝蹬直，上体随即左转，成左弓步，同时，两手握枪做拿枪动作，继而向前平扎（图5－6－52）。

图5－6－49

图5－6－50

图5－6－51

图5－6－52

（2）动作要点

转身和枪尖绕行是一个连续动作，不要停顿。挑把转体后，右手即移握于枪把。

3. 横裆步劈枪

（1）动作要领

①身体重心后移，上体右转，成半马步，同时两手握枪撤

回，目视枪尖（图5－6－53）。

②右脚向左脚后侧退一步，同时两手握枪使枪尖向前下方绕行。紧接着，左脚向后退一步，右腿前弓，左腿伸直，成左横裆步，同时两手握枪使枪尖继续由下向身后、向上、向前下劈，枪尖指向左前下方，高与膝平，左臂前伸，手心向下，右手停在右胁侧，目视枪尖（图5－6－54）。

图5－6－53

图5－6－54

（2）动作要点

劈枪与成横裆步要协调一致。下劈时，左手用力下压，上体略向右前倾，以加大压力。

4. 虚步下扎枪

（1）动作要领

①左脚向前上一步，同时两手握枪使枪尖由下向身前、向上绕行（图5－6－55）。

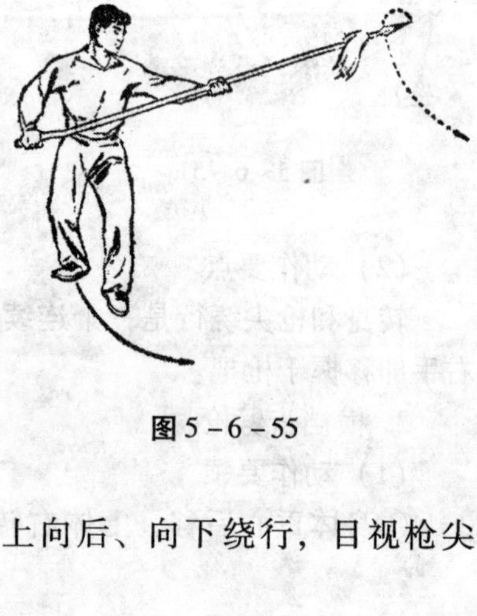

图5－6－55

②右脚从左脚内侧绕过向前上一步，两手握枪使枪尖由上向后、向下绕行，目视枪尖

（图 5－6－56）。

③左脚继续向前上步，脚尖点地，成高虚步，同时两手握枪向前下方扎出，目视枪尖（图 5－6－57）。

（2）动作要点

枪尖绕圆时速度要均匀，用力不要过大。下扎枪时上体要伸展。

图 5－6－56

图 5－6－57

5. 歇步拿枪

图 5－6－58

图 5－6－59

（1）动作要领

①上体左转。同时，右手握枪把从上向右、向下划半圆至腹前，左臂相应内旋、前伸，手高与胸平，虎口向上，使枪尖由下向左上方绕行（图 5－6－58）。

②上动不停。两腿下蹲成歇步。同时，两手握枪做拿枪动作（枪尖继续向下划圆），左臂向前平伸，右臂屈抱腹前，手心向上，枪身平放，目视枪尖（图5－6－59）。

（2）动作要点

枪向上划圆时不要用力，下蹲与拿枪动作须协调一致。

6. 马步单平枪

（1）动作要领

两腿起立，右脚向前上一步，随即身体左转，两腿下蹲成马步。同时，左手撒把向左平伸成立掌，右手握枪把使枪向右平扎，目视枪尖（图5－6－60）。

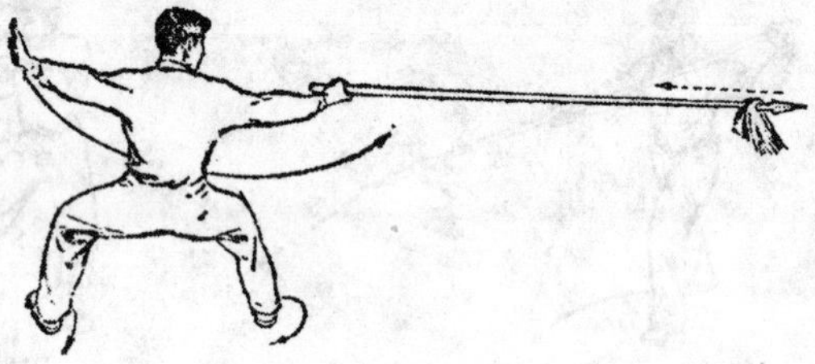

图5－6－60

（2）动作要点

上步和扎枪须同时进行，枪身要平，右手心转向上。

7. 插步拦、拿中平扎枪

图5－6－61

图5－6－62

（1）动作要领

①右脚尖外撇，左脚尖里扣，上体向右后转。同时，右手握枪把撤至右腰侧，左手随即向下经左腰侧前伸，握住枪杆中段（图5－6－61）。

②左脚向身体左侧跨一步，继而右脚向左倒插一步，同时两手握枪做拦枪动作（图5－6－62）。

③左脚向身体左侧跨一步，两腿屈膝半蹲成半马步，同时两手握枪做拿枪动作（图5－6－63）。

④上动不停。右腿挺膝蹬直，上体随即左转，成左弓步，同时两手握枪向前平扎，目视枪尖（图5－6－64）。

图5－6－63

图5－6－64

（2）动作要点

同第一段“插步拦、拿中平扎枪”。

8. 弓步拉枪

（1）动作要领

左脚尖里扣，左腿蹬直，重心后移，上体右转，右腿屈膝半蹲，成右弓步。同时，右手握住枪把随转体动作拉向右肩前，左臂稍内旋、下压，使枪尖向后下方绕行，高与踝关节平，目视枪尖（图5－6－65）。

图5－6－65

（2）动作要点

转体时，身体须保持原来高度，转体与拉枪动作要协调。

五、第四段　动作详解

1. 转体中平枪

图 5－6－66

图 5－6－67

图 5－6－68

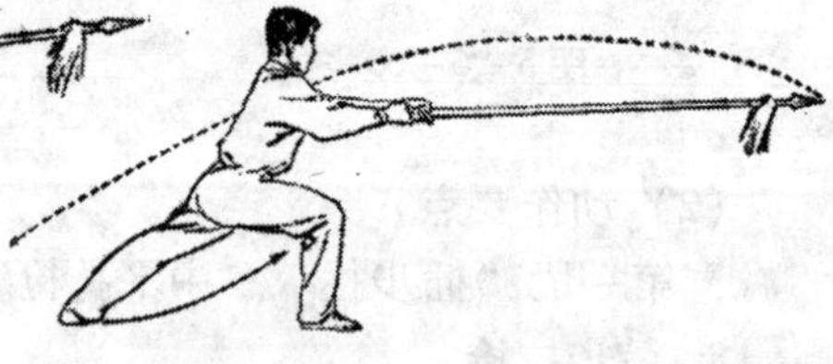

图 5－6－69

（1）动作要领

①左脚向身体右侧跨一步，屈膝，右腿蹬直，上体和持枪姿势同前（图 5－6－66）。

②右脚移至左脚内侧，上体和持枪姿势不变（图 5－6－67）。

③以左脚为轴，身体向左后转（接近 180°），右脚随即向身前上一步，成右弓步。同时，左手前伸，高与腰齐，右手握枪把

由右肩前向下、向腹前肚脐处绕行（手心向上），使枪尖由下向身后、向上划圆，目视枪尖（图 5－6－68）。

④上动不停。两手握枪向前平扎（图 5－6－69）。

（2）动作要点

上步和转体动作要稳定，右脚在离地绕步时不要提得太高。

2. 转身拉枪

（1）动作要领

身体突然左转，左腿屈膝提起，右脚独立。同时，右手握枪把猛向上提拉，置于右胸前，左手滑握于枪杆中段，随着转体动作，使枪尖由右前侧向身体左下侧绕行，与踝关节同高，目视枪尖（图 5－6－70）。

图 5－6－70

（2）动作要点

拉枪与转体要协调一致。枪尖斜向下，但不可触地。

3. 插步拨枪

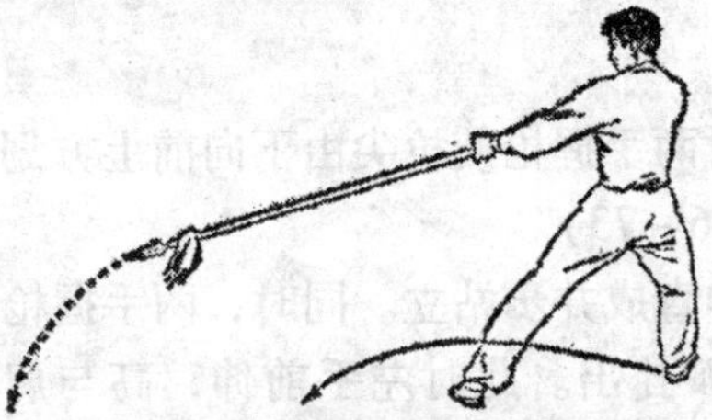

图 5－6－71

图 5－6－72

（1）动作要领

①左脚向左侧落地成横裆步。同时，左手向前下方推送并稍向右手附近滑握，右手随即向左下推枪把，使枪尖向前下方拨动

（图5-6-71）。

②右脚经左腿后向左插步。左手握枪高度不变，右手握枪把拉向右肋前，使枪尖向后下方拨动。目视枪尖（图5-6-72）。

（2）动作要点

前拨枪和落步、后拨枪和插步都要协调一致，同时这两组动作要连贯，中间不要停顿。整个动作过程，身体保持原高度不变。

4. 并步下扎枪

图5-6-73

图5-6-74

（1）动作要领

①左脚向左横跨一步，同时两手握枪使枪尖由下向前上方划弧挑起，枪尖高与头平（图5-6-73）。

②右脚向左脚靠拢，两腿伸直成并步站立。同时，两手握枪使枪尖继续由上向左前下方划弧扎出。此时左手前伸，高与肩平，手心向前上方，目视枪尖（图5-6-74）。

（2）动作要点

枪尖划弧时不要高过头顶。向下扎枪后，枪杆是在身体的左前侧，枪身斜举，枪尖与脚背同高。

5. 跳步中平枪

（1）动作要领

①左脚蹬地，右脚向前跃一步，左脚稍离地，靠近右脚。同时，右手握枪把向下翻转，随后撤至右腰侧，做一拿枪动作；左手前伸滑握于枪杆中段（图5－6－75）。

②左脚向前落步，屈膝，右腿挺膝伸直，成左弓步，同时两手握枪向前平扎。目视枪尖（图5－6－76）。

图5－6－75

图5－6－76

（2）动作要点

跳步不要过高，动作须轻巧灵活，并应与拿枪动作协调一致。

6. 拗步盖把枪

图5－6－77

图5－6－78

（1）动作要领

①身体重心后移，上体稍向右转，左脚稍向后撤。同时，两

手握枪使枪杆后缩，左臂平屈胸前，右手撤至右胯侧，枪尖斜向前上方，高与头平（图5－6－77）。

②上体左转，身体重心前移。同时，右手由后向上、向前绕行，手心向下，使枪把由后向上、向前盖劈，高与头平；左手则收至右腋下。目视枪把（图5－6－78）。

（2）动作要点

枪杆后缩时，两手要松握并前移，盖把时右手要用力下压。

7. 仆步劈枪、弓步中平枪

图5－6－79

图5－6－80

图5－6－81

图5－6－82

（1）动作要领

①右手继续向下、向身体左侧摆去，使枪把由前经左下侧后上方绕行，划一个立圆，枪尖指向左后上方。在枪把划圆时，右脚向前提起，右手移握于枪把，左手亦稍下移，握于枪杆中段，

目视枪尖（图5-6-79）。

②左脚用力蹬地跳起，右脚先向前落地，脚尖外撇。同时，两手握枪使枪尖向上、向前划弧，左手前伸，略高于腰，右手收至右肋旁（图5-6-80）。

③右腿全蹲，左脚向前落步，腿伸直平铺成左仆步。同时，左手用力使枪杆上段下劈，左臂前伸，右手仍在右肋旁，上体向左前侧倾俯，枪杆与踝关节齐平（图5-6-81）。

④重心前移，成左弓步，同时两手握枪向前平扎，目视枪尖（图5-6-82）。

（2）动作要点

枪把划圆（简称拨把）时要以右手用力为主。枪下劈时，右手要向后拉带。

8. 转身弓步中平枪

图5-6-83

图5-6-84

（1）动作要领

①身体重心稍向后移，两手握枪使枪杆水平后缩（图5-6-83）。

②右脚向前上一步，屈膝前弓，同时右手握枪使枪把由后向下、向前上挑起，枪把与头同高，左手停于左胯旁，目视枪把（图5-6-84）。

③上体向左后转，左膝随即提起，成右独立式。同时，右手

移握于枪把，上举于头部上方；左手也稍向枪把处滑握，枪尖高与左脚背平（图5－6－85）。

图5－6－85

图5－6－86

④左脚向左侧落步，屈膝前弓，上体左转，同时两手握枪做一拿枪动作后向前平扎，目视枪尖（图5－6－86）。

（2）动作要点

挑把时，枪把须贴近右腿外侧。

六、还原势　动作详解

图5－6－87

图5－6－88

（1）动作要领

①上体右转，重心稍后移，成半马步。同时，右手握住枪把

撤至右腰侧，左手则移握于枪杆中段，目视枪尖（图 5－6－87）。

②两腿直立，左手握枪杆向后上摆，使枪尖指向左后上方，上体随即稍向左转（图 5－6－88）。

③上体继续左转，右手向胸前摆起，左手则继续向后下落，使枪尖从左后上方向下弧形绕行，同时左脚向身前移半步，成高虚步持枪姿势（图 5－6－89）。

图 5－6－89

图 5－6－90

图 5－6－91

④右手继续向上、向右拉开，左手左摆，枪杆斜横身前，枪尖指向左下方，目向左平视（图 5－6－90）。

⑤右手向身体右下侧下落，左手向左前上方托起，使枪尖由左向左前、向右上方绕行，同时左脚撤回，与右脚并步站立。当枪杆到达垂直部位时，右手稍上滑，握枪杆中下段，左手撤把下垂于身体左侧，目向前平视（图 5－6－91）。

（2）动作要点

枪尖由左下向上摆至垂直位置，必须划一个斜形立圆，在枪杆摆动过程中，左手始终要松握，使其滑动自如。

第七节　太极剑

一、准备　动作详解

1. 预备式

（1）动作要领

身体正直，两脚开立，与肩同宽，脚尖向前；两臂自然垂于身体两侧，左手持剑，剑尖向上，剑身竖直；眼平视前方（图5－7－1）。

（2）动作要点

上体要自然，不要故意挺胸、收腹。剑身在左臂后不要触及身体。两肩自然松沉。

2. 起势

（1）动作要领

右手握成剑指，两臂慢慢向前平举，高与肩平，手心向下，眼看前方（图5－7－2）。

图5－7－1

图5－7－2

（2）动作要点

两臂上起时，不要用力，两手宽度不超过两肩。剑身在左臂下要平，剑尖不可下垂。

（3）动作要领

上体略向右转，身体重心移于右腿，屈膝下蹲，然后再向左转体，左腿提起向左侧前方迈出，成左弓步；左手持剑随即经体前向左下方搂出，停于左胯旁，剑立于左臂后，剑尖向上；同时右手剑指下落转成掌心向上，由右后方屈肘上举经耳旁随转动方向向前指出，高与眼平，眼先向右看，然后向前看右剑指（图5-7-3、图5-7-4）。

图5-7-3

图5-7-4

（4）动作要点

左臂向体前划弧时，身体要先微向右转，身体重心在右腿放稳之后再提左腿。转体、迈步和两臂动作要协调柔和。

（5）动作要领

左臂屈肘上提，左手持剑（手心向下）经胸前从右手上穿出，右剑指翻转。（手心向上）并慢慢下落撤至右后方（手心仍向上）。两臂前后展平，身体右转；与此同时，右腿提起向前横落，脚尖外撇，两腿交叉，膝部弯屈，左脚跟离地，身体稍向下坐，成半坐盘势；眼向后看右手（图5-7-5）。

（6）动作要点

左右手必须在体前交错分开，右手后撤与身体右转动作要协调。

（7）动作要领

右脚和左手持剑的位置不动，左脚前进一步，成左弓步；同时身体向左扭转，右手剑指随之经头部右上方向前落于剑把之上，准备接剑；眼平看前方（图 5 –7 –6）。

图 5 –7 –5

图 5 –7 –6

（8）动作要点

动作时应先提腿和向左转头，然后再举右臂向前下落。两臂不要硬直，两肩要松。上体保持自然。

二、第一组　动作详解

1. 并步点剑

（1）动作要领

左手食指向中指一侧靠拢，右手松开剑指，虎口对着护手，将剑接换过，并使剑在身体左侧划一立圆，然后剑尖向前下点，剑尖略向下垂，右臂要平直；左手变成剑指，附于右手腕部；同时右脚前进向左脚靠拢并齐，脚尖向前，身体略向下蹲；眼看剑尖（图 5 –7 –7）。

（2）动作要点

剑身向前绕环时，两臂不可高举。右手握剑划圆只用手腕绕环。点剑时，力注剑尖。肩要下沉，上体正直。

图 5－7－7

图 5－7－8

2. 独立反刺

（1）动作要领

①右脚向右后方撤一步，随即身体右后转，然后左脚收至右脚内侧，脚尖点地；同时，右手持剑经体前下方撤至右后方，右腕翻转，剑尖上挑；左手剑指随剑回撤，停于右肩旁，眼看剑尖（图 5－7－8、图 5－7－9）。

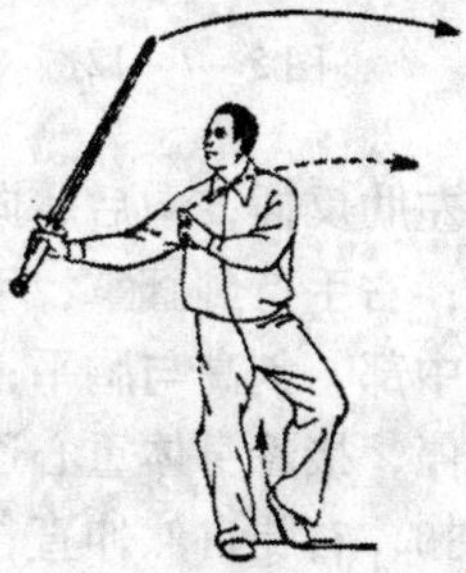

图 5－7－9

图 5－7－10

②上体左转，左膝提起，成独立式，脚尖下垂；同时右手渐

渐上举，使剑经头部前上方向前刺出（拇指向下，作反手立剑），剑尖略低，力注剑尖；左手剑指则经下颏处随转体向前指出，高与眼平；眼看剑指（图5－7－10）。

（2）动作要点

分解动作中间不要间断。独立姿势要稳定，身体不可前俯后仰。

3. 仆步横扫

（1）动作要领

①上体右后转，剑随转体向右后方劈下，右臂与剑平直，左剑指落于右手腕部；在转体的同时，右膝前弓，左腿向左横落撤步，膝部伸直；眼看剑尖（图5－7－11）。

图5－7－11

图5－7－12

②身体向左转，左手剑指经体前顺左肋反插，向后、向左上方划弧举起至左额前上方，手心斜向上；右手持剑翻掌，手心向上，使剑由下向左上方平扫，力在剑刃中部，剑高与胸平；在转体的同时，右膝弯屈成半仆步；此势不停，接着身体重心逐渐前移，左脚尖外撇，左腿屈膝，右脚尖里扣，右腿自然伸直，变成左弓步，眼看剑尖（图5－7－12）。

（2）动作要点

以上两个分解动作，要连贯进行。弓步时，身体保持正直。

4. 向右平带

（1）动作要领

右腿提起经左腿内侧向右前方跨出一步，成右弓步；同时，右手剑向前引伸，然后翻转手心向下，将剑向右斜方慢慢回带，屈肘握剑手带至右肋前方，力在右剑刃，剑尖略高于手；左手剑指下落附于右手腕部，眼看剑尖（图 5－7－13）。

（2）动作要点

剑的回带和弓步屈膝动作要一致。

图 5－7－13

图 5－7－14

5. 向左平雨

（1）动作要领

右手剑向前引伸，并慢慢翻掌将剑向左斜方回带，屈肘握剑手带至左肋前方，力在左剑刃，左手剑指经体前左肋向左上方划弧举起至左额上方，手心斜向上；与此同时，左脚经右腿内侧向左前方迈出一步，成左弓步；眼看剑尖（图 5－7－14）。

（2）动作要点

与“向右平带”的要点相同。

6. 独立抡劈

（1）动作要领

右脚前进到左脚内侧，脚尖着地；左手从头部左上方落至右腕部；然后身体左转，右手抽剑由前向下、向后划弧，经身体左下方旋臂翻腕上举，向前下方正手立剑劈下，力在剑下刃；左手剑指则由身体左侧向下、向后转至左额上方，掌心斜向上，在抡劈剑的同时，右脚前进一步，左腿屈膝提起，成独立步；眼看剑尖（图 5 – 7 – 15、图 5 – 7 – 16、图 5 – 7 – 17）。

图 5 – 7 – 15

（2）动作要点

劈剑时，身体和头部先向左转，然后随剑的抡劈方向再转向前方。提膝和劈剑要协调一致。整个动作过程要连贯不停。

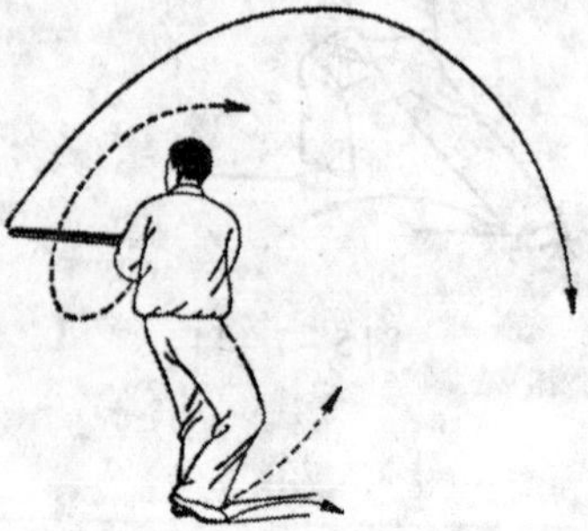

图 5 – 7 – 16

图 5 – 7 – 17

7. 退步回抽

（1）动作要领

左脚向后落下，屈膝，右脚随之撤回半步，脚尖点地，成右虚步；同时，右手剑抽回，剑把靠近左肋旁边，手心向里，剑面与身体平行，剑尖斜向上；左手剑指下落附于剑把上；眼看剑尖（图 5 – 7 – 18）。

（2）动作要点

右脚回撤与剑的回抽动作要一致。上体要正直。

8. 独立上刺

（1）动作要领

身体微向右转，面向前方，右脚前进一步，左腿屈膝提起，成独立步；同时，右手剑向前上方刺出（手心向上），力注剑尖，剑尖高与眼平；左手仍附在右手腕部；眼看剑尖（图5－7－19）。

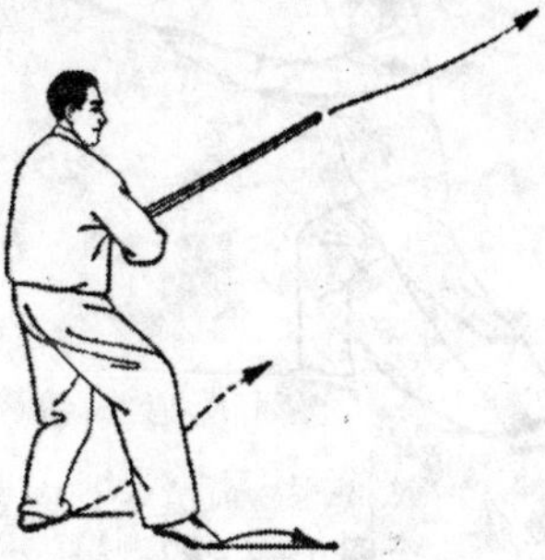

图5－7－18

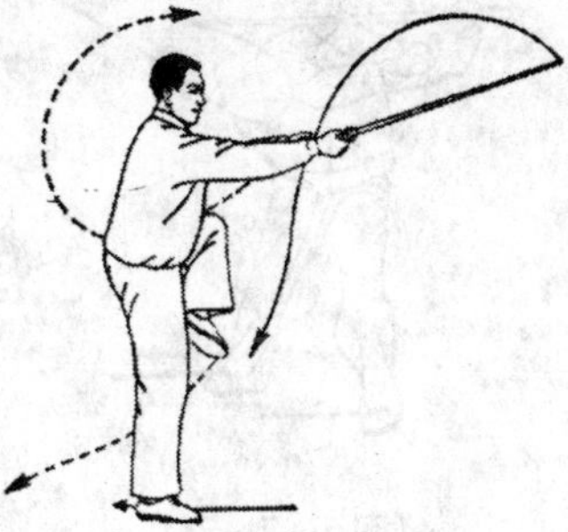

图5－7－19

（2）动作要点

身体微向前倾，但不要故意挺胸。独立式要平衡稳定。

三、第二组　动作详解

1. 虚步下截

（1）动作要领

左脚向左后方落步，右脚随即微向后撤，脚尖点地，成右虚步；同时，右手剑先随身体左转再随身体右转经体前向右、向下按（截），力注剑刃，剑尖略下垂，高与膝平；左剑指由左后方绕行至左额上方（掌心斜向上），眼平视右前方（图5－7－20）。

图5－7－20

（2）动作要点

右脚变虚步与剑向下截要协调一致。如面向南起势，此式虚步方向正东偏北（约30°）。上体右转，面向东南。

2. 左弓步刺

图5－7－21

图5－7－22

（1）动作要领

右脚向右后方回撤二步，左脚收至右腿内侧后再向左前方迈出，成左弓步，面向左前方；同时，右手剑随身体转动经面前向后、向下抽卷，再向左前方刺出，手心向上，力注剑尖；左手剑指向右、向下落，经体前再向左、向上绕行至左额上方，手心斜向上，臂要撑圆；眼看剑尖（图5－7－21、图5－7－22）。

（2）动作要点

右手回撤时，前臂先外旋再内旋（手心先转向外，再向下，再转向上），从右腰部将剑刺出。左剑指绕行时要先落在右手腕部再分开转向头上方。弓步方向为东偏北（约30°）。

3. 转身斜带

（1）动作要领

①身体重心后移，左脚尖里扣，上体右转，随后身体重心又移至左脚上，右腿提起，贴在左腿内侧；同时，右手剑收回横置胸前，掌心仍向上；左剑指落在右手腕部；眼看左方（图5－7

-23)。

②上式不停，向右后方转体，右脚向右侧方迈出，成右弓步；同时右手剑随转体翻腕，掌心向下并向身体右侧外带（剑尖略高），力在剑刃外侧；左剑指仍附于右手腕部；眼看剑尖（图5-7-24）。

图5-7-23

图5-7-24

（2）动作要点

身体重心移动、向右侧方迈出做右弓步，须与向右后转的动作一致，力求平稳、协调。转身斜带弓步方向应转为正西偏北（约30°）。

4. 缩身斜带

（1）动作要领

左腿提起后再向原位置落下，身体重心移于左腿，右脚撤到左脚内侧，脚尖点地；同时，右手翻掌手心向上并使剑向左侧回带（剑尖略高），力在剑刃外侧；左手剑指随即由体前向下反插，再向后、向上绕行划弧重落于右手腕部；眼看剑尖（图5-7-25）。

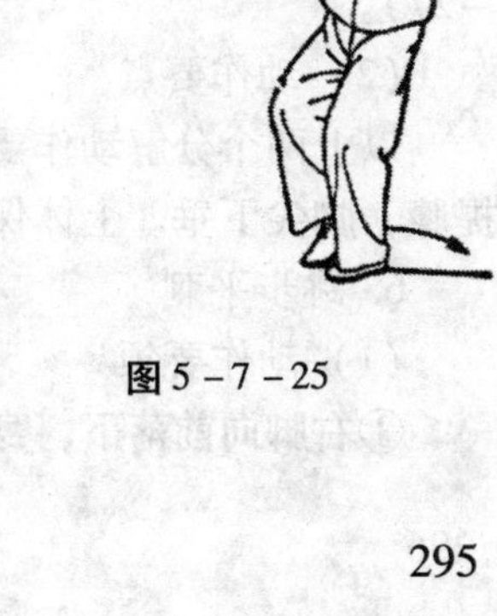

图5-7-25

（2）动作要点

剑回带时，身体也随着向左扭转。身体后坐时，臀部不要凸出。

5. 提膝捧剑

图 5－7－26

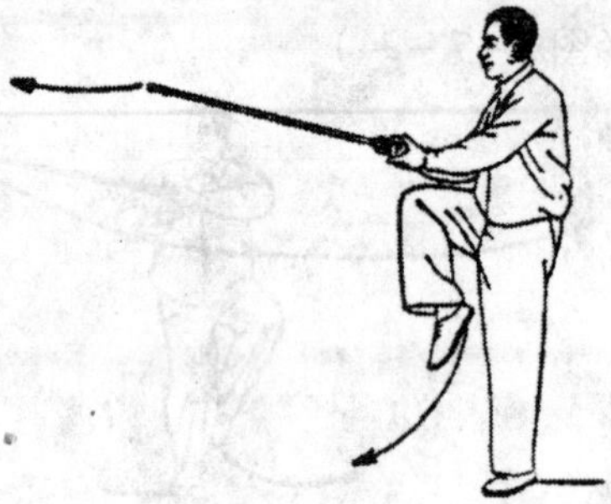

图 5－7－27

（1）动作要领

①右脚后退一步，左脚也微向后撤，脚尖着地；同时两手平行分开，手心都向下，剑身斜置于身体右侧，剑尖位于体前，左剑指置于身体左侧（图 5－7－26）。

②左脚略向前进，右膝向前提起成独立式；同时右手剑把与左手（剑指变掌）在胸前相合，左手捧托在右手背下，两臂微屈，剑在胸前，剑身直向前方，剑尖略高；眼看前方（图 5－7－27）。

（2）动作要点

以上两个分解动作要连贯不停。独立步左腿自然蹬直，右腿提膝，脚尖下垂。上体保持自然。

6. 跳步平刺

（1）动作要领

①右脚向前落下，身体重心前移，然后右脚尖用力蹬地，左

脚随即前进一步踏实，右脚在左脚将落未落地时，迅速向左腿内侧收拢（脚不落地）；同时，两手捧剑先微向回收，紧接随右脚落地再直向前伸刺，然后随左脚落地两手分开撤回身体两侧，两手手心都向下，左手再变剑指，眼看前方（图5－7－28、图5－7－29）。

图5－7－28

②右脚再向前上一步，成右弓步，同时，右手剑向前平刺（手心向上），力注剑尖；左手剑指由左后方上举，绕至左额上方，手心斜向上；眼看剑尖（图5－7－30）。

图5－7－29

图5－7－30

（2）动作要点

两手先略向回收，再与右脚落地同时向前伸。左脚落地要与两手回撤动作一致。刺出后，剑要平稳。

7. 左虚步撩

（1）动作要领

身体重心后移至左腿上，上体左转，右脚回收再向前垫步，脚尖外撇，再向右转体身体重心前移至右腿，左脚随即前进一步，脚尖着地，成左虚步；同时，右手剑随身体转动经左上方向后、向下、立剑向前撩出（前臂内旋，手心向外），力在剑刃前部，剑把停于头前，剑尖略低；左手剑指在上体左转时即下落附于右腕部，随右手绕转；眼看前方（图 5－7－31、图 5－7－32）。

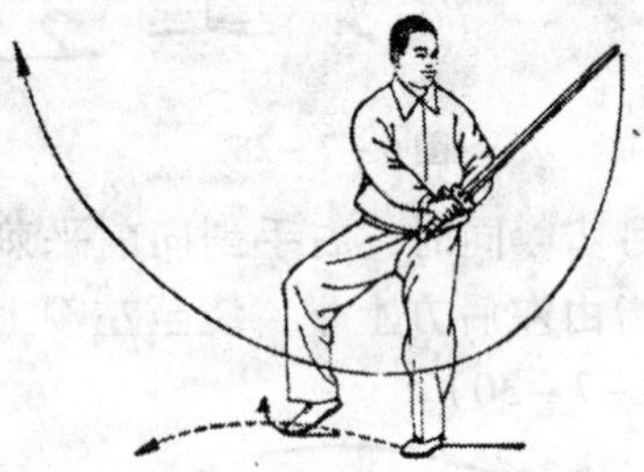

图 5－7－31

图 5－7－32

（2）动作要点

撩剑的路线必须划一个整圆。左手剑指须下落到左肋侧再与右手相合。

8. 右弓步撩

图 5－7－33

图 5－7－34

（1）动作要领

身体先向右转，右手剑由上向后绕环，掌心向外，左剑指随剑绕行附于右臂内侧；随之左脚向前垫步，右脚继而前进一步，成右弓步；右手剑随着上右步由下向前立剑撩出（前臂外旋，手心向外），剑与肩平，剑尖略低，力在剑刃前部；左剑指则由下向上绕行至左额上方，手心斜向上；眼看前方（图 5－7－33、图 5－7－34）。

（2）动作要点

剑向后绕环时，身体和眼神随着向后转。整个动作要连贯。

四、第三组　动作详解

1. 转身回抽

（1）动作要领

①身体左转，重心后移，右脚尖里扣，左脚尖稍外展，右腿蹬直，成侧弓步，同时，右手将剑柄收引到胸前，剑身平直，剑尖向右后，左手剑指仍附于右腕上；然后身体再向左转，随转体右手剑向左前方劈下，力在剑刃（剑身要平），左手剑指附于右腕部；眼看剑尖（图 5－7－35、图 5－7－36）。

图 5－7－35

图 5－7－36

②身体重心后移至右腿，右膝稍屈，左脚回撤，脚尖点地，成左虚步；同时，右手剑抽回至身体右侧（剑尖略低）；左剑指收回再经胸前、下颏处向前指出，高与眼齐，眼看剑指（图 5－

7－37）。

（2）动作要点

第一动，向左转体时，要先扣右脚，再展左脚；右臂先屈回胸前再向左劈。第二动，左手剑指必须随右手收到腹前，再向上、向前指出。全部动作要协调。如果面向南起势，此式方向则为东偏南（约30°）。

2. 并步平刺

图5－7－37

图5－7－38

（1）动作要领

左脚略向左移，右脚靠拢左脚成并步，面向前方，身体直立；同时左剑指向左转并向右下方划弧，反转变掌捧托在右手下，然后双手捧剑向前平刺，手心向上，力注剑尖，高与胸平，眼看前方（图5－7－38）

（2）动作要点

剑刺出后两臂要微屈，并步和刺剑要一致。身体直立要自然，不要故意挺胸。如果面向南起势，刺剑的方向正东。

3. 左弓步拦

（1）动作要领

右手剑翻腕后抽，随身体右转由前向右转动，再随身体左转经右后方向下、向左前方托起拦出，力在剑刃，剑身与头平，前臂外旋，手心斜向里；左剑指则向右、向下、向上绕行，停于左额上方，手心斜向上，在身体左转时左脚向左前方进一步，左腿屈膝，成左弓步；眼先随剑向右后看，最后平看前方（图 5 – 7 – 39、图 5 – 7 – 40）。

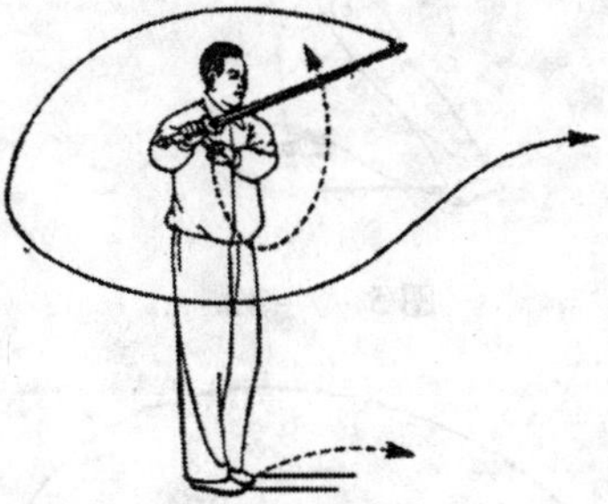

图 5 – 7 – 39

图 5 – 7 – 40

（2）动作要点

身体应随剑先向右转再向左转。右腿先微屈，然后迈左脚。左手剑指随右手绕行，到右上方之后再分开。

4. 右弓步拦

（1）动作要领

身体重心微向后移，左脚尖外撇，身体先向左转再向右转，在转体的同时，右脚经左脚内侧向右前方进一步，成右弓步；右手剑由左后方划一整圆向右前托起拦出（前臂内旋，手心向外），力在剑刃，剑身与头平；左剑指附于右手腕部；眼看前方（图 5 – 7 – 41）。

图 5 – 7 – 41

（2）动作要点

以上两动要连贯，剑须走一大圈，视线随剑移动。

5. 左弓步拦

(1) 动作要领

身体重心微向后移，右脚尖外撇，其余动作及要点与前“右弓步拦”相同，只是方向左右相反。右手剑拦出时，右臂外旋，手心斜向内（图5－7－42）。

图5－7－42

6. 进步反刺

图5－7－43

图5－7－44

(1) 动作要领

①身体向右转，右脚向前横落盖步，脚尖外撇，左脚跟离地成半坐盘势；同时，右手剑剑尖下落，左剑指下落到右腕部，然后剑向后方立剑刺出，左剑指向前方指出，手心向下，两臂伸平，右手手心向体前；眼看剑尖（图5－7－43）。

②身体左转，左脚前进一步，成左弓步；同时，右前臂向上弯屈，剑尖向上挑挂，继而向前刺出（前臂内旋，手心向外，成反立剑），力注剑尖，剑尖略低；左手剑指附于右腕部；眼看

剑尖（图 5－7－44）。

（2）动作要点

以上两动要连贯，弓步刺剑时身体不可太前俯。

7. 反身回劈

（1）动作要领

身体重心先移至右腿，左脚尖里扣，然后再移到左腿上；右脚提起收回（不停），身体右后转，右脚随即向前迈出成右弓步，面向中线右前方；同时，右手剑随转体由上向右后方劈下，力在剑刃；左手剑指由体前经左下方转在左额上方，手心斜向上；眼看剑尖（图 5－7－45）。

（2）动作要点

劈剑、转体和迈右脚成弓步要协调一致。弓步和劈剑方向为正西偏北（约 30°）。

图 5－7－45

图 5－7－46

8. 虚步点剑

（1）动作要领

左脚提起，上体左转，左脚向起势方向垫步，脚尖外撇，随即右脚提起落在左脚前，脚尖点地，成右虚步；同时，右手剑随转体划弧上举向前下方点出，右臂平直，剑尖下垂，力注剑尖；

左剑指下落经身体左侧向上绕行，在体前与右手相合，附于右腕部；眼看剑尖（图 5 - 7 - 46）。

（2）动作要点

点剑时，腕部用力，使力量达于剑尖。点剑与右脚落地要协调一致。身体保持正直。虚步和点剑方向与起势方向相同。

五、第四组　动作详解

1. 独立平托

（1）动作要领

右脚向左腿的左后方倒播步，两脚以脚掌为轴向右转体（仍成面向前方），随即左膝提起成右独立步；在转体的同时，剑由体前先向左、向下绕坏，然后随向右转体动作向右上方托起，剑身略平，稍高于头，力在剑刃上侧；左剑指仍附于右腕部；眼看前方（图 5 - 7 - 47）。

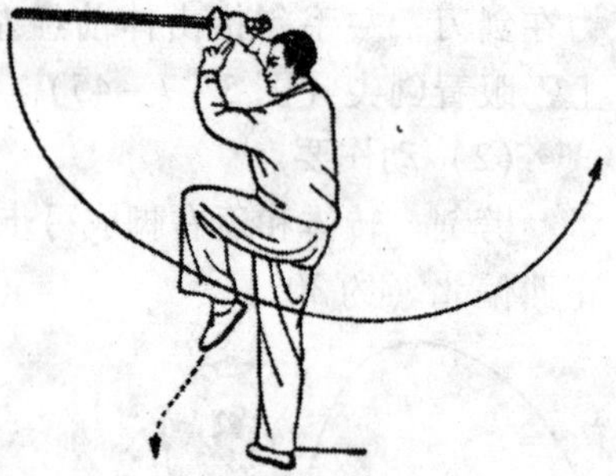

图 5 - 7 - 47

（2）动作要点

撤右腿时，右脚掌先落地，然后再以脚掌为轴向右转体。身体不要前俯后仰。提膝和向上托剑动作要一致。右腿自然伸直。

2. 弓步挂劈

（1）动作要领

①左脚向前横落，身体左转，两腿交叉成半坐盘式，右脚跟离地，同时右手剑向身体左后方穿挂，剑尖向后；左剑指仍附右腕上；眼向后看剑尖（图 5 - 7 - 48）。

②右手剑由左侧翻腕向上再向前劈下，剑身要平，力在剑刃；左剑指则经左后方上绕至左额上方，手心斜向上；同时，右

脚前进一步，成右弓步；眼向前看剑尖（图 5－7－49）。

图 5－7－48

图 5－7－49

（2）动作要点

身体要先向左转再向右转。视线随剑移动。

3. 虚步抡劈

图 5－7－50

图 5－7－51

（1）动作要领

①重心略后移，身体右转，右脚尖外撇，左脚跟离地成交叉步；同时，右手剑由右侧下方向后反手撩平，左剑指落于右肩前；眼向后看剑尖（图 5－7－50）。

②左脚向前垫一步，脚尖外撇，身体左转，随即右脚前进一步，脚尖着地，成右虚步；与此同时，右手剑由右后翻臂上举再

向前劈下，剑尖与膝同高，力在剑刃；左剑指自右肩前下落经体前向左上划圆再落于右前臂内侧；眼看前下方（图5－7－51）。

（2）动作要点

以上两个分解动作要连贯，中间不要停顿。

4. 撤步反击

（1）动作要领

图5－7－52

上体右转，右脚提起向右后方撤一大步，左脚跟外转，左腿蹬直，成右侧弓步；同时，右手剑向右后上方斜削击出，力在剑刃前端，手心斜向上，剑尖斜向上，高与头平；左剑指向左下方分开平展，剑指略低于肩，手心向下；眼看剑尖（图5－7－52）。

（2）动作要点

右脚先向后撤，再蹬左脚。两手分开要与弓腿、转体动作一致。撤步和击剑方向为东北。

5. 进步平刺

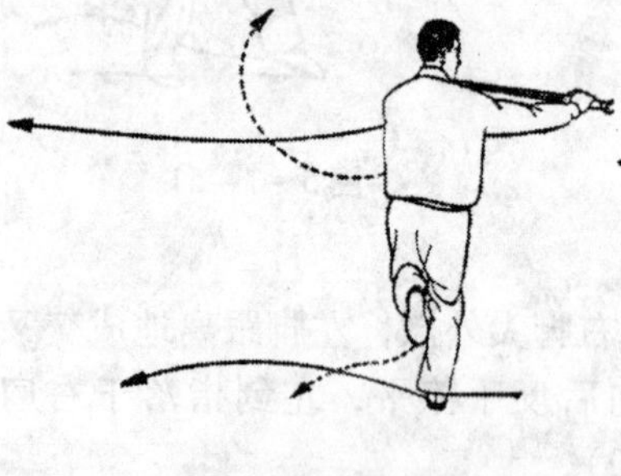

图5－7－53

图5－7－54

（1）动作要领

①身体微向右后转，左脚提起贴靠于右腿内侧；同时右手翻掌向下，剑身收回于右肩前，剑尖斜向左前；左剑指向上绕行落在右肩前；眼向前看（图5－7－53）。

②身体向左后转，左脚垫步，脚尖外撇，继而右脚前进一步，成右弓步；同时，右手剑随转体动作向前方刺出，力贯剑尖，手心向上；左剑指经体前顺左肋反插，向后再向左上绕至左额上方，手心斜向上；眼看剑尖（图5－7－54）。

（2）动作要点

左腿提起时，要靠近右腿后再转身落步，待左腿稳定后再进右步，上下须协调一致。

6. 丁步回抽

（1）动作要领

身体重心后移，右脚撤至左脚内侧，脚尖点地，成右丁步，同时，右手剑屈肘回抽（手心向里），剑把置于左肋部，剑身斜立，翻尖斜向上，剑面与身体平行；左剑指落于剑把之上；眼看剑尖（图5－7－55）。

图5－7－55

图5－7－56

（2）动作要点

右脚回收和剑回抽要一致。上体须正直。

7. 旋转平抹

（1）动作要领

①右脚提起向前落步外摆（两脚成八字形）；同时上体稍右转，右手翻掌向下，剑身横置胸前（图5－7－56）。

②身体重心移于右腿，上体继续右转，左脚随即向右脚前扣步，两脚尖斜相对（成内八字形），然后以左脚掌为轴向右后转身，右脚随转体向中线侧方后撤一步，左脚随之稍后收，脚尖点地，成左虚步；同时，右手剑随转体由左向右平抹，力在剑刃外侧，然后在变左虚步同时，两手向左右分开，置于两胯旁，手心都向下，剑身斜置身体右侧，剑尖位于体前，身体恢复起势方向，眼平看前方（图5－7－57、图5－7－58）。

图5－7－57

图5－7－58

（2）动作要点

移步转身要平稳自然，不要低头弯腰，速度要均匀。由“丁步回抽”到“旋转平抹”完成，转体约360°，身体方向归成起势方向。

8. 弓步直刺

（1）动作要领

左脚向前进半步，成左弓步；同时，右手剑立剑直向前刺出，高与胸平，力注剑尖；左剑指附在右手腕部；眼看前方（图 5－7－59）。

（2）动作要点

弓步、刺剑要动作一致。

六、收势　动作详解

图 5－7－59

图 5－7－60

图 5－7－61

（1）动作要领

①身体重心后移，随即身体向右转；同时，右手剑向右后方回抽，手心仍向内；左手也随即屈肘回收（两手心内外相对），接握剑的护手；眼看剑身（图 5－7－60）。

②身体左转，身体重心再移到左腿，右脚向前跟进半步，与左脚成开立步（与肩同宽，脚尖向前）；同时，左手接剑（反握），经体前下落垂于身体左侧；右手变成剑指向下、向右后方划弧上举，再向前、向下落于身体右侧；全身放松；眼平看前方（图 5－7－61）。

第八节　八卦掌

一、第一掌　单换掌动作详解

1. 起势

图 5－8－1

图 5－8－2

图 5－8－3

图 5－8－4

（1）动作要领

①立正，两脚尖外展；两臂垂于两腿侧，头颈正直，两肩下松；口自然合闭，呼吸自然；眼平视前方（图 5－8－1）。

注：图5－8－1脚下的圆圈标志后面动作的环行路线。为避免重复，下面的图不再增画圆圈。

②两膝略蹲，两手由两侧向腹前交叉（右下左上），手心均向上；右手顺左前臂外侧上穿，两手指尖均向上；在右肘起到略高于肩部、左手约与头顶齐平时（两手右高左低），身体渐渐向右转；随着身体右转，两前臂内旋拧转下落，两掌随转随向外推，手心均向外；右掌高与眉齐，虎口撑圆，食指挺直，拇指、小指、无名指微向里扣；左掌落到右肘下方，虎口对右肘尖，右掌（前掌）对圆圈的中心（指环行路线所形成的圆圈）；同时右脚向前迈一步，膝部微屈，脚尖微向里扣，两脚跟前后相对，重心偏于左腿；眼神随右掌移动，然后注视右掌食指指尖（图5－8－2、图5－8－3、图5－8－4）。

（2）动作要点

身体向右转和两臂拧转速度要一致。上体不可俯仰歪斜。胸部要宽舒，气向下沉，肩、肘要向下松垂，臀部要向里收敛，胯要裹、膝要扣、脚趾要扣地，周身上下要完整不懈。右掌（前掌）与左脚（后脚）跟方向一致。

2. 摆步右推掌（右青龙返首）

图5－8－5

图5－8－6

图5－8－7

图5-8-8

图5-8-9

（1）动作要领

①由起势（右脚在前）开始，右脚前进半步，左脚沿着圆形路线继续前进，向右旋转（右脚为里脚，左脚为外脚）；右脚迈步要直，左脚要微向里扣（图5-8-5、图5-8-6、图5-8-7）。走到右脚在前时（步子多少均可），左脚尖向右脚尖处内扣上步，两脚尖距离约十厘米，两脚跟向外撑（成八字形）；同时身体向右转，两掌不动（图5-8-8）。

②右脚向右方摆步（沿圆圈路线），脚尖外撇；同时身体右转，右前臂内旋，掌心向外推，拇指侧向下；左掌仍停在右肘下方，眼看右掌（图5-8-9）。

（2）动作要点

①走步时，要平起平落，脚面绷平，不可抬脚过高。扣步、摆步须在圆形路线附近，不可忽前忽后。

②摆步与右掌外推动作要一致。

3. 右穿左推掌（青龙转身左式）

（1）动作要领

①上式不停，身体继续向右转；左脚随身体转动，再向右脚处扣步，两脚尖距离约十厘米，两脚跟外撑（成八字形）；同时

左掌顺右腋下向后穿，掌心向上；右前臂外旋，掌心翻转向上，小指侧贴于左肩外侧；眼向右看。

②左手顺右臂外侧向上移动；同时身体向左扭转，左肘部起到略高于肩、右手高与头齐平时（两手左高右低），两前臂内旋（向里拧转）并向下落，两掌随转随向外推，手心均向外；左掌高与眉齐，虎口撑圆，食指挺直，拇指、小指、无名指微向里扣；右掌落到左肘下方，虎口对左肘尖，左掌对圆圈的中心；同时左脚前移半步，膝部微屈，脚尖微向里扣，两脚跟前后相对，重心偏于右腿；眼神随左掌移动，然后注视左掌食指指尖（图5－8－10、图5－8－11、图5－8－12）。

图5－8－10

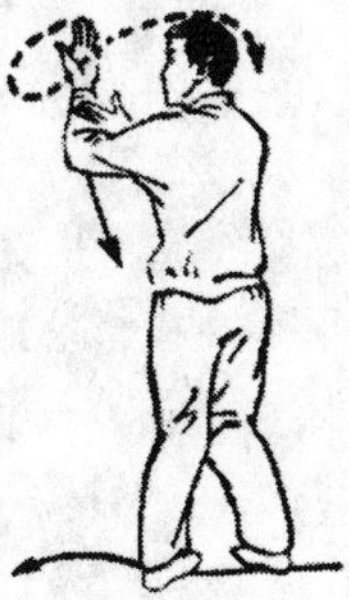

图5－8－11

图5－8－12

（2）动作要点

①身体向右转和两臂拧转速度要一致，上体不可俯仰歪斜。

②左臂向上穿、向外推和前臂旋转要有拧劲，右掌要顺着左肘下落，不要抽回太快。胸要宽舒，气向下沉，精神要贯注，不可涣散。

二、第二掌　双换掌动作详解

1. 摆步左推掌（左青龙返首）

（1）动作要领

①左脚向左前方前进半步，右脚沿着圆形路线继续前进，两脚交替向左环行；左脚（里脚）迈步要直，右脚要微向里扣；等走到左脚在前时（步子多少均可），右脚须向着左脚尖扣步前进，两脚尖距离约十厘米，两脚跟向外撑（成八字形）；同时身体向左转，两掌不动。

②左脚向左方摆步（沿圆圈路线），脚尖外展；同时身体左转，左前臂内旋，掌心向外推，拇指侧向下，右掌仍停在左肘下方；眼看左掌（图5-8-13、图5-8-14）。

图5-8-13

图5-8-14

2. 提步上穿掌（鹞子钻天）

（1）动作要领

①上动不停，身体继续向左转；右脚随身体转动再向左脚扣步，两脚尖距离约十厘米，两脚跟向外撑（成八字形）；同时右掌顺左腋下向后穿，掌心向上；左前臂外旋，掌心翻转向上，小指侧贴在右肩旁；眼向左看。

②上式不停，右脚掌为轴，身体速向左扭转约120°；同时右手顺着左臂外侧上穿，指尖向上，小指侧向里拧劲，掌心向内；左掌由右臂内侧经右肋前向下插，手背紧贴于右腿外侧，指

尖向下，掌心向外；同时左脚提起靠在右腿里侧踝关节处，脚尖上翘，两腿靠紧；眼看右掌（图5－8－15、图5－8－16）。

图5－8－15

图5－8－16

（2）动作要点

右手上穿与左手下插用劲要一致。身体要略向下缩，腰要塌，重心要稳定。右掌穿时，小指、无名指要尽量向里裹劲，不可松懈。

3. 转身双按掌（白蛇伏草）

（1）动作要领

右掌沿左肩前下落，经腹前撤到右膝上方；左掌在右掌向右撤时，尽量向左撑开，两手心均向下按；同时左脚向左开一步，屈膝半蹲，脚尖斜向前方，身体重心大部坐在右腿；眼神随着右手下落，再转视左手（图5－8－17）。

图5－8－17

（2）动作要点

右掌落到左肩时再迈左脚。迈步和两掌撑开要动作一致。两臂要撑圆，掌心要向下按。头颈要向上顶，腰要塌，胯要缩，肩要松，周身要完整协调。

4. 左穿右推掌（青龙转身右式）

（1）动作要领

①左脚跟为轴，脚尖外撇，同时身体向左转；右脚随之向左脚尖扣步（方法如前）；右掌翻转，手心向上，经腹前随左转动作向左腋下穿出；左掌同时外旋附于右肩前；眼向左看。

②上式不停，右手顺右臂外侧向上穿；同时身体向右扭转；右肘起到略高于肩、左手高与头齐平时（两手右高左低），两前臂内旋（向里拧转）并向下落，两掌随转随向外推，手心均向外；右掌高与眉齐，虎口撑圆，食指挺直，拇指、小指、无名指微向里扣；左掌落到右肘下方，虎口对右肘尖，右掌对圆圈的中心；同时右脚前移半步，膝部微屈，脚尖微向里扣，两脚跟前后相对，重心坐在左腿；眼神随右掌移动，注视右掌食指指尖（图5－8－18、图5－8－19、图5－8－20）。

图5－8－18

图5－8－19

图5－8－20

（2）动作要点

向左转身扣步时，速度要快。两臂翻、穿、推等掌法，都要有裹劲和拧劲，不要左紧右松，或右紧左松。周身动作要完整，胸部要宽舒，呼吸要顺畅，不可挺胸或憋气。

以上单换掌、双换掌的方法，左右变化相同，中间走步多少均可（走半圈或几个圈。但走步或摆、扣步等步法，必须不出圆形路线范围。变化后完成式的前掌，不论环行圆圈大小，总要向着圆圈的中心。步子大小和速度快慢，根据个人身材和水平而定。走时步法要轻捷，身体要平稳，不要左右摇晃，忽起忽落，初学阶段左右换掌时，可以把两掌摆好再走步。熟练之后，可以随走随变换。在前手穿掌时，后手要慢慢随着转身落到前手肘部的下面，不可自动抽回来。两臂旋转的劲不要有丝毫松懈。

三、第三掌　顺势掌动作详解

1. 摆步上推掌（背身吐信）

（1）动作要领

右掌在前，两脚相继向右环行；等右脚（里脚）前进落下，左脚（外脚）再继续前进，脚尖外摆；同时身体向左扭转；右掌由前向头上方举起，臂圆撑，掌心斜向左上方；左掌附于右肋旁，掌心向外；眼向左看（图5－8－21）。

图5－8－21

图5－8－22

（2）动作要点

右臂上举与身体左转要协调。左胯要尽力向回缩。左掌向右推，右掌向上撑，上下用劲要完整。

2. 缩身双抱掌（苍龙缩尾）

（1）动作要领

上式不停，身体继续向左扭转；右掌随之由头上方落到左肩前，掌心向下；左掌位置不变；同时右脚向着左脚扣步，两膝相对，眼看左下方（图5－8－22）。

（2）动作要点

两臂合抱时，注意肩部外开，不可过分压挤胸部。气要沉，腰要塌，胯要缩。

3. 转身双按掌（白蛇伏草）

（1）动作要领

右脚尖内扣，身体左后转，右掌经腹前下落，撤到右膝上方；左掌在右掌向右撤时，尽力向左撑开，两手心均向下；同时左脚向左开一步，屈膝半蹲，脚尖斜向前方，身体重心偏于右腿；眼看左手（图5－8－23）。

图5－8－23

（2）动作要点

左脚迈出和两掌撑开动作要一致。两臂要撑圆，掌心要向下按，头颈要向上顶，腰要塌，胯要缩，肩要松，周身要完整协调。

4. 左穿右推掌（青龙转身右式）

（1）动作要领

同前图5－8－18、图5－8－19、图5－8－20。

（2）动作要点

同前图5－8－18、图5－8－19、图5－8－20。

图 5－8－24

图 5－8－25

图 5－8－26

四、第四掌　背身掌动作详解

1. 摆步右推掌（青龙返首）

（1）动作要领

右掌在前，左右脚连续向右环行；等右脚（里脚）前进落下，左脚再向右脚尖扣步，身体向右转，然后右脚再向右方摆步，脚尖外展；同时右前臂内旋，掌心向外推，拇指一侧向下；左掌仍停在右肘下方；眼看右掌（图 5－8－27、图 5－8－28）。

图 5－8－27

图 5－8－28

（2）动作要点

与前单换掌“青龙返首”动作完全相同。

2. 进步左穿掌（燕子入林）

（1）动作要领

①左脚前进一步，同时左手由右前臂下穿出，高与肩平，掌心向上；右掌撤到左肩前，掌心向下；眼看左掌。

②以左脚跟为轴，脚尖里扣，身体速向右后转；同时左前臂内旋，掌心翻转向上；右肘下垂，掌心翻转向上，停在下颏处，指尖向前；眼看前方（图 5－8－29、图 5－8－30）。

图 5－8－29

图 5－8－30

（2）动作要点

穿左掌和上左步，动作要上下一致。身体右后转和左右掌的翻转要快速、完整。右胯要缩，臀要收敛，两肩要向下沉。

3. 背身探掌（青龙探爪）

（1）动作要领

右掌由下颏处猛向前伸（探掌），掌心向上，高与口齐平，肘

图 5－8－31

微屈；同时右腿提膝，脚尖下垂，上体向前探；眼看右掌（图5－8－31）。

（2）动作要点

伸右掌和提右腿，要快速、协调，动作一致。探出之后身体要平衡稳定，不可摇晃。

4. 转身右搬掌（猿猴搬枝）

动作要领

上式微停，身体右转；右臂随之内旋，向右搬出，肘部微屈，掌心转向下，小指侧（掌缘）着力；左掌收到肋部左侧，掌心向上；同时右腿收回向右后方迈出一步，脚尖略外展，重心偏于左腿；眼看右掌（图5－8－32）。

图5－8－32

5. 右穿左推掌（青龙转身左式）

（1）动作要领

同前单换掌右穿左推掌动作（图5－8－33、图5－8－34、图5－8－35）。

图5－8－33

图5－8－34

图5－8－35

（2）动作要点

同前单换掌右穿左推掌动作

五、第五掌　转身掌动作详解

1. 右转身左穿掌（燕子入林）

图 5－8－36

图 5－8－37

图 5－8－38

图 5－8－39

（1）动作要领

右掌在前，身体向右环行；走至右脚在前时，左脚（外脚）向右脚尖扣步，身体随之右转，右脚再向右摆步；然后左掌由右前臂下前穿，掌心向上，右掌停在左肩前；同时左脚前进一步，重心偏于右腿；眼看左掌（图 5－8－36、图 5－8－37、图 5－8

-38、图 5-8-39）。

（2）动作要点

左脚扣步和转身前穿速度要快。左脚上步和左掌穿出要动作一致。

2. 转身仆步盖掌（走马回头）

（1）动作要领

上式不停，左脚尖里扣，身体右后转，右脚随之外摆；然后左脚继续进一步，脚尖里扣；同时左掌经左上方向头前盖下，右掌经胸前内旋使掌心向外，手背贴肋，接着再顺着肋部向右腿外侧下插；同时右腿后移向右仆下，脚尖里扣，右腿伸直，全脚掌着地；左掌随之收到左腰侧，掌心向上；眼看右掌（图 5-8-40、图 5-8-41、图 5-8-42）。

图 5-8-40

图 5-8-41

图 5-8-42

（2）动作要点

左掌下盖，右掌后穿与右腿仆下要协调一致，右掌后穿时，手背要紧贴肋部向下插，不可离开身体。

3. 转身双托掌（白猿献果）

（1）动作要领

右脚尖外撇，身体随之右转，左脚再向右脚尖扣步，左掌由右腋下向右穿；然后身体再向左转，左脚随之前移半步；同时左掌随转体向左旋转，两掌心翻转向上，高与胸齐，两前臂相靠，两肘接近胸部；眼看左掌指尖（图5－8－43、图5－8－44）。

图5－8－43

图5－8－44

（2）动作要点

两手腕部靠紧，要有上托的劲。腰尽力向左扭转，胯要缩，肩要沉。两肘要合抱（左右换掌方法相同，方向相反）。

六、第六掌　双抱掌动作详解

1. 翻转抱掌（狮子滚球）

图5－8－45

图5－8－46

图5－8－47

(1）动作要领

①两手掌心上下相对（左掌在下，右掌在上），向左环行；走至左脚在前时（里脚），右脚向左脚尖扣步前进，身体左转；然后左脚向左方外摆，右脚再向左脚扣步；同时左掌经腹前下落，两掌心相对；随身体的转动，左掌由下向上提，掌心向下；右掌由上向下转动，停在右腿外侧，掌心向上；眼向上看（图5－8－45、图5－8－46、图5－8－47、图5－8－48)。

②以右脚掌为轴，脚尖里扣；身体向左后转，然后左脚向左后方撤一步，膝部微屈，体重偏于右腿；同时右掌由下向上托起，左掌由上向下落，随身体转动，停在两膝上方，掌心相对；眼看左掌（图5－8－49)。

图5－8－48

图5－8－49

(2）动作要点

两掌随身翻转要完整协调，摆、扣步法要沿圆形路线进行，不可忽前忽后。

2. 双抱掌（狮子抱球）

(1）动作要领

由上式左脚尖向外撇，身体左后转，右脚随之向左脚扣步；同时右掌向左腋下穿出；然后身体右转，右脚前移半步；右掌随着转身动作由左向右旋转伸出，掌心向上；左掌举在头上方，掌心向下，两掌心上下相对；眼看右掌（图5－8－50、图5－8－51）。

图5－8－50

图5－8－51

图5－8－52

图5－8－53

图5－8－54

图5－8－55

（2）动作要点

右掌由左腋下随身体左转划一弧形，两臂均成半圆，如同抱物形状，不可伸直。

右式翻转完全相同（图5－8－52、图5－8－53、图5－8－54、图5－8－55、图5－8－56、图5－8－57）。左右式都可以连续加翻身动作，但初学须由慢而快，转动时，周身要完整协调。

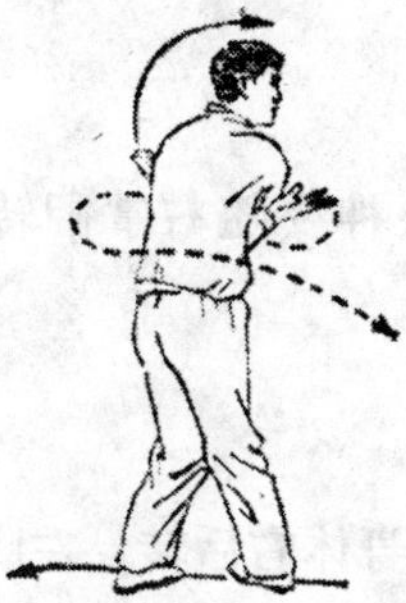

图 5－8－56

图 5－8－57

七、第七掌　磨身掌动作详解

1. 内外单撞掌（迎门挥扇）

图 5－8－58

图 5－8－59

图 5－8－60

（1）动作要领

①右手在前，向右环行；走至左脚在前时，右掌外旋用小指侧向左平切，肘部微屈，掌心向上，高与胸平，左掌收至左腰侧，掌心向上；同时右脚跟进，脚掌着地；眼看右掌（图 5－8－58、图 5－8－59）。

②身体右转，右脚再向右侧迈一步，脚尖略外展，膝部微屈，同时右掌内旋向右平切，掌缘着力，肘部微屈，臂成弧形

（图5－8－60）。

（2）动作要点

向左右切掌，力量要贯注掌缘。眼神要随右掌翻转注视右掌。

2. 磨身踢脚（凤凰展翅）

（1）动作要领

①以右脚跟为轴，脚尖向外扭转；身体右后转，左脚掌为轴扭转，左膝抵右膝弯（如坐盘式），同时左掌向右臂下穿出，左掌心上托，指尖向左；右前臂外旋，掌心转向上，指尖向右，两腕靠拢；眼看右掌指尖。

②身体继续向右后转，左脚随之向右脚尖扣步；然后两掌向左右分开，肘部微屈，高与肩平；同时右脚由地面猛向上踢，脚尖勾起，身体略向后仰，膝部挺直，左腿微屈；眼向前看（图5－8－61、图5－8－62、图5－8－63）。

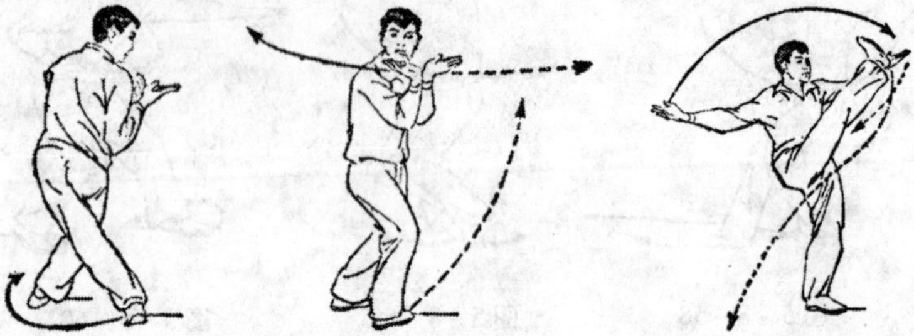

图5－8－61　　图5－8－62　　图5－8－63

（2）动作要点

转身、扣步、踢腿速度要快，动作要协调一致。

3. 仆步穿掌（燕子抄水）

（1）动作要领

右腿屈膝收回，向右后方撤一步；左腿屈膝全蹲，作右仆步式；同时右掌由右向上摆至头前并由面前经右肋外侧顺着腿部向下穿，掌心向后；左掌收回左腰旁，掌心向上；眼看右掌（图5-8-64、图5-8-65）。

图5-8-64

图5-8-65

（2）动作要点

右掌收回后穿与右腿仆下动作要一致。

4. 转身平顶肘（倒拽风车）

（1）动作要领

图5-8-66

图5-8-67①

图5-8-67②

①右脚尖外撇，身体向右后转，左脚随之向右脚扣步；同时左掌经右腋下向后平穿，掌心向上，高与胸齐；右掌掌心向下停在左臂内侧；眼看左掌。

②身体速向右转，右脚向右迈一步，膝部微屈，重心偏左腿；同时右掌变拳屈肘向右平行顶出，前臂要平，拳心向下；左掌由左屈肘收回胸前，掌心向上，身体略下蹲；眼平看右方（图5－8－66、图5－8－67①）。

（2）动作要点

右肘向外顶时，要柔韧而有弹力，不要死板或僵硬；肩要松，腰要塌，头要顶。此式左右变换时，可以用“反背捶”的打法，就是在转身顶肘时，两掌同时变拳猛向右方平击，前手拳心向里，后手拳心向下，两肘微屈（图5－8－67②）。

5. 转身平托掌（青龙飞升）

（1）动作要领

右脚尖外撇，左脚向右脚扣步；左掌向右腋下后穿，同时身体向右转；然后身体向左转，两掌向左右平行分开，掌心均向上，肘微屈，高与胸平，眼看左掌（图5－8－68、图5－8－69）。

图5－8－68

图5－8－69

八、第八掌　翻身掌动作详解

1. 右片旋掌（迎风挥袖）

（1）动作要领

右掌在前，两腿相继向右环行；右掌在行走旋转中由右向前、向左平行划弧，掌心向下；转到左肩前方时，右肘下垂，前臂外旋，手腕旋转，身体略向后仰，掌心转向上，再经胸前由右向前击出，掌心向上，小指侧着力，高与胸平；左掌置于右腋下，掌心向下；眼看右掌（图5－8－70、图5－8－71、图5－8－72、图5－8－73、图5－8－74）。

图5－8－70

图5－8－71

图5－8－72

图5－8－73

图5－8－74

（2）动作要点

右掌须随走随转，转动要柔和。向前击时，速度要加快（左右片旋相同，方向相反）。

2. 提膝点脚（猿猴蹬枝）

（1）动作要领

上式略停，两掌位置不变，右腿提膝；然后上体略后仰，右腿伸直，脚尖用力向前点出，脚面绷平，左腿微屈，眼看前方（图5－8－75、图5－8－76）。

图5－8－75

图5－8－76

（2）动作要点

右脚向前点出时，右胯顺势略向前挺，仰身不要太多。点时，不要突然弹力，要用柔和而有引伸的劲。

3. 仆步穿掌（燕子抄水）

（1）动作要领

上式不停，立即屈膝收回右脚，随即向右后方撤步仆下，膝部伸直，脚尖里扣，全脚掌着地；左脚尖也随之微向里扣；左腿全蹲；同时右肘上提，右掌屈腕，由胸前经右腰部顺右腿下插，掌心向后；左掌收到左肋外侧，掌心向上；眼看右掌（图5－8－77）。

图5－8－77

4. 翻身掌（大蟒翻身）

（1）动作要领

①上式微停，右脚尖外撇，身体右转；左脚随即进一步，体

重偏右腿；左掌由右臂下穿出，手心向上，高与胸齐，肘微屈；右掌停在左臂上方，掌心向下；眼看左掌。

②左脚尖里扣，身体后仰向右后翻转，左臂内旋，掌心翻转向上，五指分开后伸；同时右掌随翻身动作经头部上方划弧，掌心转向上，并由上向右、向前、向左击出，小指一侧着力，肘部微屈；右腿随之提起、脚面绷直，脚尖下垂，身体略向前俯；眼随右掌转动再向前看右掌（图5－8－78、图5－8－79、图5－8－80）。

图5－8－78

图5－8－79

图5－8－80

（2）动作要点

翻身和右掌旋转要协调，右腿提膝和右掌向前击出要快速有力。要平衡稳定。两掌前后用力要一致，周身要完整。

5. 转身穿掌（燕子入林）

（1）动作要领

①上式微停，身体右转，右臂随之内旋，向右搬出，肘部微屈，掌心转向下，小指侧（掌缘）着力，左掌收到肋部左侧，掌心向上；同时右腿收回向右后方迈出一步，脚尖略向外展，膝部微屈，重心偏于左腿；眼看右掌。

②身体向右后转，右脚尖外撇，左脚向右脚扣步；同时左掌由右腋下向后穿，掌心向上，高与胸平，右掌停在左臂上方；眼

看左掌（图5－8－81、图5－8－82）。

（2）动作要点

穿掌、转身速度要快，周身要协调完整。

图5－8－81

图5－8－82

6. 转身双撞掌（猛虎扑食）

（1）动作要领

上式不停，身体继续向右后转；右臂经胸前向右撤，将伸直时，前臂外旋由右后方转到右耳旁；左臂同时由左方屈肘回收，两掌由两耳旁顺下颏处向前推出，高与胸平，两掌指尖相对，距离约10厘米。虎口向下，两臂成弧形；同时右脚随转体动作向右，前进一步，左脚随之跟进到右脚跟内侧，脚掌着地，身体略向下蹲；眼看左掌食指指尖（图5－8－83）。

图5－8－83

（2）动作要点

两掌前推与右脚进步要一致，要用掌心吐力。沉肩不可翻肘，两臂保持环形，不要伸直。腰要塌，头要顶，胸部要宽舒。

7. 右穿左推掌（青龙转身式）

（1）动作要领

身体右转，右脚尖外撇，左脚向右脚扣步；同时左掌略向后撤，再向外旋，翻转掌心向上，经右腋下后穿；然后身体再向左转，左掌上穿变为左单换掌式；同时左脚前进半步；眼看左掌食指指尖（图5－8－84、图5－8－85、图5－8－86）。

图5－8－84

图5－8－85

图5－8－86

（2）动作要点

同单换掌。

附件：

（中华人民共和国教育部、国家体育总局、学生体质健康标准研究课题组编著的《学生体质健康标准（试行方案）》）

附表一　学生体质健康标准（试行方案）的评价指标和得分

年级	评价指标	得分
小学一、二年级	身高标准体重	60
	坐位体前屈	40
小学三、四年级	身高标准体重	40
	50 米跑	30
	立定跳远	30
小学五、六年级	身高标准体重	15
	台阶试验、50 米 ×8 往返跑	20
	肺活量体重指数	15
	50 米跑、立定跳远	30
	坐位体前屈、仰卧起坐（女）、握力体重指数	20
初中 高中 大学	身高标准体重	15
	台阶试验、1000 米跑（男）、800 米跑（女）	20
	肺活量体重指标	15
	50 米跑、立定跳远	30
	坐位体前屈、仰卧起坐（女）、握力体重指数	20

附表二 《学生体质健康标准（试行方案）》评分表

表1 小学一、二年级男生身高标准体重（体重单位：公斤）

身高段（厘米）	营养不良 30分	较低体重 36分	正常体重 60分	超重 36分	肥胖 30分
106.0~106.9	<14.8	14.8~16.8	16.9~19.1	19.2~19.8	>=19.9
107.0~107.9	<15.1	15.1~17.1	17.2~19.5	19.6~20.3	>=20.4
108.0~108.9	<15.3	15.3~17.5	17.6~19.9	20.0~20.7	>=20.8
109.0~109.9	<15.6	15.6~17.9	18.0~20.3	20.4~21.1	>=21.2
110.0~110.9	<15.8	15.8~18.3	18.4~20.7	20.8~21.5	>=21.6
111.0~111.9	<16.1	16.1~18.6	18.7~21.1	21.2~21.9	>=22.0
112.0~112.9	<16.4	16.4~18.9	19.0~21.5	21.6~22.3	>=22.4
113.0~113.9	<16.7	16.7~19.2	19.3~22.0	22.1~22.8	>=22.9
114.0~114.9	<17.0	17.0~19.6	19.7~22.4	22.5~23.2	>=23.3
115.0~115.9	<17.3	17.3~19.9	20.0~22.8	22.9~23.6	>=23.7
116.0~116.9	<17.6	17.6~20.3	20.4~23.2	23.3~24.1	>=24.2
117.0~117.9	<18.0	18.0~20.6	20.7~23.6	23.7~24.6	>=24.7
118.0~118.9	<18.3	18.3~21.0	21.1~24.1	24.2~25.0	>=25.1
119.0~119.9	<18.6	18.6~21.4	21.5~24.6	24.7~25.5	>=25.6
120.0~120.9	<19.0	19.0~21.8	21.9~25.1	25.2~26.2	>=26.3
121.0~121.9	<19.4	19.4~22.2	22.3~25.6	25.7~26.8	>=26.9
122.0~122.9	<19.7	19.7~22.6	22.7~26.2	26.3~27.4	>=27.5
123.0~123.9	<20.1	20.1~23.0	23.1~26.8	26.9~28.0	>=28.1
124.0~124.9	<20.5	20.5~23.4	23.5~27.3	27.4~28.6	>=28.7
125.0~125.9	<20.9	20.9~23.8	23.9~27.8	27.9~29.2	>=29.3
126.0~126.9	<21.3	21.3~24.3	24.4~28.5	28.6~29.8	>=29.9
127.0~127.9	<21.7	21.7~24.7	24.8~29.0	29.1~30.4	>=30.5
128.0~128.9	<22.1	22.1~25.1	25.2~29.5	29.6~31.0	>=31.1
129.0~129.9	<22.6	22.6~25.6	25.7~30.1	30.2~31.6	>=31.7
130.0~130.9	<23.0	23.0~26.1	26.2~30.9	31.0~32.3	>=32.4
131.0~131.9	<23.5	23.5~26.6	26.7~31.6	31.7~33.2	>=33.3
132.0~132.9	<23.9	23.9~27.1	27.2~32.3	32.4~34.0	>=34.1
133.0~133.9	<24.4	24.4~27.7	27.8~32.9	33.0~34.7	>=34.8
134.0~134.9	<24.9	24.9~28.3	28.4~33.6	33.7~35.3	>=35.4
135.0~135.9	<25.3	25.3~28.9	29.0~34.2	34.3~36.0	>=36.1
136.0~136.9	<25.8	25.8~29.5	29.6~34.9	35.0~36.7	>=36.8
137.0~137.9	<26.4	26.4~30.1	30.2~35.6	35.7~37.4	>=37.5

续表

138.0～138.9	<27.0	27.0～30.8	30.9～36.3	36.4～38.2	>=38.3
139.0～139.9	<27.6	27.6～31.5	31.6～37.1	37.2～39.1	>=39.2
140.0～140.9	<28.1	28.1～32.2	32.3～38.0	38.1～40.0	>=40.1
141.0～141.9	<28.6	28.6～32.9	33.0～38.9	39.0～40.9	>=41.0
142.0～142.9	<29.1	29.1～33.7	33.8～39.8	39.9～41.8	>=41.9
143.0～143.9	<29.7	29.7～34.5	34.6～40.7	40.8～42.7	>=42.8
144.0～144.9	<30.3	30.3～35.2	35.3～41.7	41.8～43.6	>=43.7
145.0～145.9	<30.9	30.9～35.9	36.0～42.3	42.4～44.5	>=44.6
146.0～146.9	<31.5	31.5～36.6	36.7～43.2	43.3～45.4	>=45.5
147.0～147.9	<32.1	32.1～37.4	37.5～44.2	44.3～46.4	>=46.5
148.0～148.9	<32.7	32.7～38.1	38.2～45.0	45.1～47.3	>=47.4
149.0～149.9	<33.3	33.3～38.8	38.9～45.9	46.0～48.2	>=48.3
150.0～150.9	<34.0	34.0～39.5	39.6～46.7	46.8～49.1	>=49.2
151.0～151.9	<34.6	34.6～40.1	40.2～47.5	47.6～49.9	>=50.0
152.0～152.9	<35.2	35.2～40.9	41.0～48.4	48.5～50.7	>=50.8
153.0～153.9	<35.9	35.9～41.6	41.7～49.1	49.2～51.5	>=51.6
154.0～154.9	<36.5	36.5～42.4	42.5～49.9	50.0～52.4	>=52.5
155.0～155.9	<37.1	37.1～43.3	43.4～51.1	51.2～53.4	>=53.5

注：

1. 身高低于表中所列出的最低身高段的下限值时，身高每低1厘米，实测体重需加上0.5公斤，实测身高需加上1厘米，再查表确定分值。

2. 身高高于表中所列出的最高身高段时，身高每高1厘米，其实测体重需减去0.9公斤，实测身高需减去1厘米，再查表确定分值。

表2　小学一、二年级女生身高标准体重（体重单位：公斤）

身高段（厘米）	营养不良	较低体重	正常体重	超重	肥胖
	30分	36分	60分	36分	30分
106.0～106.9	<14.8	14.8～16.9	17.0～19.4	19.5～20.3	>=20.4
107.0～107.9	<14.9	14.9～17.0	17.1～19.6	19.7～20.4	>=20.5
108.0～108.9	<15.0	15.0～17.2	17.3～19.8	19.9～20.6	>=20.7
109.0～109.9	<15.2	15.2～17.5	17.6～20.0	20.1～20.8	>=20.9
110.0～110.9	<15.5	15.5～17.8	17.9～20.3	20.4～21.1	>=21.2
111.0～111.9	<15.7	15.7～18.1	18.2～20.6	20.7～21.5	>=21.6
112.0～112.9	<16.0	16.0～18.5	18.6～21.1	21.2～21.9	>=22.0

续表

113.0~113.9	<16.2	16.2~18.8	18.9~21.5	21.6~22.3	> =22.4
114.0~114.9	<16.5	16.5~19.1	19.2~21.8	21.9~22.7	> =22.8
115.0~115.9	<16.8	16.8~19.4	19.5~22.3	22.4~23.2	> =23.3
116.0~116.9	<17.2	17.2~19.8	19.9~22.6	22.7~23.7	> =23.8
117.0~117.9	<17.5	17.5~20.2	20.3~23.0	23.1~24.2	> =24.3
118.0~118.9	<17.9	17.9~20.6	20.7~23.4	23.5~24.7	> =24.8
119.0~119.9	<18.2	18.2~20.9	21.0~24.0	24.1~25.2	> =25.3
120.0~120.9	<18.4	18.4~21.3	21.4~24.5	24.6~25.7	> =25.8
121.0~121.9	<18.8	18.8~21.7	21.8~25.0	25.1~26.1	> =26.2
122.0~122.9	<19.2	19.2~22.1	22.2~25.4	25.5~26.6	> =26.7
123.0~123.9	<19.6	19.6~22.6	22.7~25.9	26.0~27.1	> =27.2
124.0~124.9	<20.0	20.0~23.1	23.2~26.5	26.6~27.6	> =27.7
125.0~125.9	<20.4	20.4~23.6	23.7~27.0	27.1~28.2	> =28.3
126.0~126.9	<20.9	20.9~24.0	24.1~27.5	27.6~28.8	> =28.9
127.0~127.9	<21.4	21.4~24.6	24.7~28.1	28.2~29.4	> =29.5
128.0~128.9	<21.8	21.8~25.0	25.1~28.8	28.9~30.1	> =30.2
129.0~129.9	<22.3	22.3~25.6	25.7~29.6	29.7~31.0	> =31.1
130.0~130.9	<22.7	22.7~26.2	26.3~30.5	30.6~31.8	> =31.9
131.0~131.9	<23.2	23.2~26.7	26.8~31.1	31.2~32.5	> =32.6
132.0~132.9	<23.7	23.7~27.3	27.4~31.8	31.9~33.3	> =33.4
133.0~133.9	<24.1	24.1~27.7	27.8~32.6	32.7~34.1	> =34.2
134.0~134.9	<24.7	24.7~28.5	28.6~33.3	33.4~34.9	> =35.0
135.0~135.9	<25.1	25.1~29.2	29.3~34.3	34.4~36.0	> =36.1
136.0~136.9	<25.7	25.7~29.9	30.0~35.2	35.3~36.9	> =37.0
137.0~137.9	<26.3	26.3~30.7	30.8~36.0	36.1~37.7	> =37.8
138.0~138.9	<27.0	27.0~31.5	31.6~36.9	37.0~38.7	> =38.8
139.0~139.9	<27.4	27.4~32.1	32.2~37.8	37.9~39.7	> =39.8
140.0~140.9	<27.8	27.8~32.8	32.9~38.7	38.8~40.6	> =40.7
141.0~141.9	<28.5	28.5~33.5	33.6~39.7	39.8~41.7	> =41.8
142.0~142.9	<29.1	29.1~34.2	34.3~40.7	40.8~42.8	> =42.9
143.0~143.9	<29.7	29.7~35.0	35.1~41.6	41.7~43.8	> =43.9
144.0~144.9	<30.3	30.3~35.7	35.8~42.6	42.7~44.9	> =45.0
145.0~145.9	<30.8	30.8~36.4	36.5~43.6	43.7~46.0	> =46.1
146.0~146.9	<31.4	31.4~37.1	37.2~44.5	44.6~46.9	> =47.0
147.0~147.9	<32.1	32.1~37.8	37.9~45.3	45.4~47.8	> =47.9

续表

148.0~148.9	<32.6	32.6~38.5	38.6~46.2	46.3~48.7	> =48.8
149.0~149.9	<33.2	33.2~39.1	39.2~46.9	47.0~49.5	> =49.6
150.0~150.9	<33.7	33.7~39.7	39.8~47.7	47.8~50.5	> =50.6
151.0~151.9	<34.4	34.4~40.4	40.5~48.7	48.8~51.4	> =51.5
152.0~152.9	<34.9	34.9~41.1	41.2~49.5	49.6~52.3	> =52.4
153.0~153.9	<35.6	35.6~41.8	41.9~50.4	50.5~53.2	> =53.3
154.0~154.9	<36.2	36.2~42.5	42.6~51.1	51.2~54.0	> =54.1
155.0~155.9	<36.9	36.9~43.2	43.3~52.0	52.1~54.8	> =54.9

注：

1. 身高低于表中所列出的最低身高段的下限值时，身高每低 1 厘米，实测体重需加上 0.5 公斤，实测身高需加上 1 厘米，再查表确定分值。

2. 身高高于表中所列出的最高身高段时，身高每高 1 厘米，其实测体重需减去 0.9 公斤，实测身高需减去 1 厘米，再查表确定分值。

表 3　小学一、二年级男生评分标准

分值/项目	优秀				良好				及格				不及格	
	成绩	分值	成绩	分值	成绩	分值	成绩	分值	成绩	分值	成绩	分值	成绩	分值
坐位体前屈（厘米）	10.3以上	40	10.2~8.3	34	8.2~5.0	32	4.9~2.0	30	1.9~1.0	27	0.9~4.0	24	-4.1以下	20

表 4　小学一、二年级女生评分标准

分值/项目	优秀				良好				及格				不及格	
	成绩	分值	成绩	分值	成绩	分值	成绩	分值	成绩	分值	成绩	分值	成绩	分值
坐位体前屈（厘米）	113.1以上	40	13.0~11.2	34	11.1~8.0	32	7.9~5.0	30	4.9~3.4	27	3.3~1.0	24	-1.1以下	20

表5　小学三、四年级男生身高标准体重（体重单位：公斤）

身高段（厘米）	营养不良	较低体重	正常体重	超重	肥胖
	30分	36分	60分	36分	30分
106.0~106.9	<14.8	14.8~16.8	16.9~19.1	19.2~19.8	>=19.9
107.0~107.9	<15.1	15.1~17.1	17.2~19.5	19.6~20.3	>=20.4
108.0~108.9	<15.3	15.3~17.5	17.6~19.9	20.0~20.7	>=20.8
109.0~109.9	<15.6	15.6~17.9	18.0~20.3	20.4~21.1	>=21.2
110.0~110.9	<15.8	15.8~18.3	18.4~20.7	20.8~21.5	>=21.6
111.0~111.9	<16.1	16.1~18.6	18.7~21.1	21.2~21.9	>=22.0
112.0~112.9	<16.4	16.4~18.9	19.0~21.5	21.6~22.3	>=22.4
113.0~113.9	<16.7	16.7~19.2	19.3~22.0	22.1~22.8	>=22.9
114.0~114.9	<17.0	17.0~19.6	19.7~22.4	22.5~23.2	>=23.3
115.0~115.9	<17.3	17.3~19.9	20.0~22.8	22.9~23.6	>=23.7
116.0~116.9	<17.6	17.6~20.3	20.4~23.2	23.3~24.1	>=24.2
117.0~117.9	<18.0	18.0~20.6	20.7~23.6	23.7~24.6	>=24.7
118.0~118.9	<18.3	18.3~21.0	21.1~24.1	24.2~25.0	>=25.1
119.0~119.9	<18.6	18.6~21.4	21.5~24.6	24.7~25.5	>=25.6
120.0~120.9	<19.0	19.0~21.8	21.9~25.1	25.2~26.2	>=26.3
121.0~121.9	<19.4	19.4~22.2	22.3~25.6	25.7~26.8	>=26.9
122.0~122.9	<19.7	19.7~22.6	22.7~26.2	26.3~27.4	>=27.5
123.0~123.9	<20.1	20.1~23.0	23.1~26.8	26.9~28.0	>=28.1
124.0~124.9	<20.5	20.5~23.4	23.5~27.3	27.4~28.6	>=28.7
125.0~125.9	<20.9	20.9~23.8	23.9~27.8	27.9~29.2	>=29.3
126.0~126.9	<21.3	21.3~24.3	24.4~28.5	28.6~29.8	>=29.9
127.0~127.9	<21.7	21.7~24.7	24.8~29.0	29.1~30.4	>=30.5
128.0~128.9	<22.1	22.1~25.1	25.2~29.5	29.6~31.0	>=31.1
129.0~129.9	<22.6	22.6~25.6	25.7~30.1	30.2~31.6	>=31.7
130.0~130.9	<23.0	23.0~26.1	26.2~30.9	31.0~32.3	>=32.4
131.0~131.9	<23.5	23.5~26.6	26.7~31.6	31.7~33.2	>=33.3
132.0~132.9	<23.9	23.9~27.1	27.2~32.3	32.4~34.0	>=34.1
133.0~133.9	<24.4	24.4~27.7	27.8~32.9	33.0~34.7	>=34.8
134.0~134.9	<24.9	24.9~28.3	28.4~33.6	33.7~35.3	>=35.4
135.0~135.9	<25.3	25.3~28.9	29.0~34.2	34.3~36.0	>=36.1
136.0~136.9	<25.8	25.8~29.5	29.6~34.9	35.0~36.7	>=36.8
137.0~137.9	<26.4	26.4~30.1	30.2~35.6	35.7~37.4	>=37.5
138.0~138.9	<27.0	27.0~30.8	30.9~36.3	36.4~38.2	>=38.3

续表

139.0~139.9	<27.6	27.6~31.5	31.6~37.1	37.2~39.1	> =39.2
140.0~140.9	<28.1	28.1~32.2	32.3~38.0	38.1~40.0	> =40.1
141.0~141.9	<28.6	28.6~32.9	33.0~38.9	39.0~40.9	> =41.0
142.0~142.9	<29.1	29.1~33.7	33.8~39.8	39.9~41.8	> =41.9
143.0~143.9	<29.7	29.7~34.5	34.6~40.7	40.8~42.7	> =42.8
144.0~144.9	<30.3	30.3~35.2	35.3~41.7	41.8~43.6	> =43.7
145.0~145.9	<30.9	30.9~35.9	36.0~42.3	42.4~44.5	> =44.6
146.0~146.9	<31.5	31.5~36.6	36.7~43.2	43.3~45.4	> =45.5
147.0~147.9	<32.1	32.1~37.4	37.5~44.2	44.3~46.4	> =46.5
148.0~148.9	<32.7	32.7~38.1	38.2~45.0	45.1~47.3	> =47.4
149.0~149.9	<33.3	33.3~38.8	38.9~45.9	46.0~48.2	> =48.3
150.0~150.9	<34.0	34.0~39.5	39.6~46.7	46.8~49.1	> =49.2
151.0~151.9	<34.6	34.6~40.1	40.2~47.5	47.6~49.9	> =50.0
152.0~152.9	<35.2	35.2~40.9	41.0~48.4	48.5~50.7	> =50.8
153.0~153.9	<35.9	35.9~41.6	41.7~49.1	49.2~51.5	> =51.6
154.0~154.9	<36.5	36.5~42.4	42.5~49.9	50.0~52.4	> =52.5
155.0~155.9	<37.1	37.1~43.3	43.4~51.1	51.2~53.4	> =53.5

注：

1. 身高低于表中所列出的最低身高段的下限值时，身高每低1厘米，实测体重需加上0.5公斤，实测身高需加上1厘米，再查表确定分值。

2. 身高高于表中所列出的最高身高段时，身高每高1厘米，其实测体重需减去0.9公斤，实测身高需减去1厘米，再查表确定分值。

表6　小学三、四年级女生身高标准体重（体重单位：公斤）

身高段	营养不良	较低体重	正常体重	超重	肥胖
（厘米）	30分	36分	60分	36分	30分
106.0~106.9	<14.8	14.8~16.9	17.0~19.4	19.5~20.3	> =20.4
107.0~107.9	<14.9	14.9~17.0	17.1~19.6	19.7~20.4	> =20.5
108.0~108.9	<15.0	15.0~17.2	17.3~19.8	19.9~20.6	> =20.7
109.0~109.9	<15.2	15.2~17.5	17.6~20.0	20.1~20.8	> =20.9
110.0~110.9	<15.5	15.5~17.8	17.9~20.3	20.4~21.1	> =21.2
111.0~111.9	<15.7	15.7~18.1	18.2~20.6	20.7~21.5	> =21.6
112.0~112.9	<16.0	16.0~18.5	18.6~21.1	21.2~21.9	> =22.0
113.0~113.9	<16.2	16.2~18.8	18.9~21.5	21.6~22.3	> =22.4

续表

114.0~114.9	<16.5	16.5~19.1	19.2~21.8	21.9~22.7	>=22.8
115.0~115.9	<16.8	16.8~19.4	19.5~22.3	22.4~23.2	>=23.3
116.0~116.9	<17.2	17.2~19.8	19.9~22.6	22.7~23.7	>=23.8
117.0~117.9	<17.5	17.5~20.2	20.3~23.0	23.1~24.2	>=24.3
118.0~118.9	<17.9	17.9~20.6	20.7~23.4	23.5~24.7	>=24.8
119.0~119.9	<18.2	18.2~20.9	21.0~24.0	24.1~25.2	>=25.3
120.0~120.9	<18.4	18.4~21.3	21.4~24.5	24.6~25.7	>=25.8
121.0~121.9	<18.8	18.8~21.7	21.8~25.0	25.1~26.1	>=26.2
122.0~122.9	<19.2	19.2~22.1	22.2~25.4	25.5~26.6	>=26.7
123.0~123.9	<19.6	19.6~22.6	22.7~25.9	26.0~27.1	>=27.2
124.0~124.9	<20.0	20.0~23.1	23.2~26.5	26.6~27.6	>=27.7
125.0~125.9	<20.4	20.4~23.6	23.7~27.0	27.1~28.2	>=28.3
126.0~126.9	<20.9	20.9~24.0	24.1~27.5	27.6~28.8	>=28.9
127.0~127.9	<21.4	21.4~24.6	24.7~28.1	28.2~29.4	>=29.5
128.0~128.9	<21.8	21.8~25.0	25.1~28.8	28.9~30.1	>=30.2
129.0~129.9	<22.3	22.3~25.6	25.7~29.6	29.7~31.0	>=31.1
130.0~130.9	<22.7	22.7~26.2	26.3~30.5	30.6~31.8	>=31.9
131.0~131.9	<23.2	23.2~26.7	26.8~31.1	31.2~32.5	>=32.6
132.0~132.9	<23.7	23.7~27.3	27.4~31.8	31.9~33.3	>=33.4
133.0~133.9	<24.1	24.1~27.7	27.8~32.6	32.7~34.1	>=34.2
134.0~134.9	<24.7	24.7~28.5	28.6~33.3	33.4~34.9	>=35.0
135.0~135.9	<25.1	25.1~29.2	29.3~34.3	34.4~36.0	>=36.1
136.0~136.9	<25.7	25.7~29.9	30.0~35.2	35.3~36.9	>=37.0
137.0~137.9	<26.3	26.3~30.7	30.8~36.0	36.1~37.7	>=37.8
138.0~138.9	<27.0	27.0~31.5	31.6~36.9	37.0~38.7	>=38.8
139.0~139.9	<27.4	27.4~32.1	32.2~37.8	37.9~39.7	>=39.8
140.0~140.9	<27.8	27.8~32.8	32.9~38.7	38.8~40.6	>=40.7
141.0~141.9	<28.5	28.5~33.5	33.6~39.7	39.8~41.7	>=41.8
142.0~142.9	<29.1	29.1~34.2	34.3~40.7	40.8~42.8	>=42.9
143.0~143.9	<29.7	29.7~35.0	35.1~41.6	41.7~43.8	>=43.9
144.0~144.9	<30.3	30.3~35.7	35.8~42.6	42.7~44.9	>=45.0
145.0~145.9	<30.8	30.8~36.4	36.5~43.6	43.7~46.0	>=46.1
146.0~146.9	<31.4	31.4~37.1	37.2~44.5	44.6~46.9	>=46.1
147.0~147.9	<32.1	32.1~37.8	37.9~45.3	45.4~47.8	>=47.9
148.0~148.9	<32.6	32.6~38.5	38.6~46.2	46.3~48.7	>=48.8

续表

149.0～149.9	<33.2	33.2～39.1	39.2～46.9	47.0～49.5	>=49.6
150.0～150.9	<33.7	33.7～39.7	39.8～47.7	47.8～50.5	>=50.6
151.0～151.9	<34.4	34.4～40.4	40.5～48.7	48.8～51.4	>=51.5
152.0～152.9	<34.9	34.9～41.1	41.2～49.5	49.6～52.3	>=52.4
153.0～153.9	<35.6	35.6～41.8	41.9～50.4	50.5～53.2	>=53.3
154.0～154.9	<36.2	36.2～42.5	42.6～51.1	51.2～54.0	>=54.1
155.0～155.9	<36.9	36.9～43.2	43.3～52.0	52.1～54.8	>=54.9

注：

1. 身高低于表中所列出的最低身高段的下限值时，身高每低 1 厘米，实测体重需加上 0.5 公斤，实测身高需加上 1 厘米，再查表确定分值。

2. 身高高于表中所列出的最高身高段时，身高每高 1 厘米，其实测体重需减去 0.9 公斤，实测身高需减去 1 厘米，再查表确定分值。

表 7　小学三、四年级男生评分标准

项目＼分值	优秀				良好				及格				不及格	
	成绩	分值	成绩	分值	成绩	分值	成绩	分值	成绩	分值	成绩	分值	成绩	分值
50米跑（秒）	8.7以下	30	8.8～9.1	26	9.2～9.5	24	9.6～10.0	23	10.1～10.3	20	10.4～11.2	18	11.3以上	15
立定跳远（厘米）	157以上	30	156～150	26	149～140	24	139～128	23	127～120	20	119～104	18	103以下	15

表 8　小学一、二年级女生评分标准

项目＼分值	优秀				良好				及格				不及格	
	成绩	分值	成绩	分值	成绩	分值	成绩	分值	成绩	分值	成绩	分值	成绩	分值
50米跑（秒）	9.1以下	30	9.2～9.5	26	9.6～10.0	24	10.1～10.4	23	10.5～10.7	20	10.8～11.6	18	11.7以上	15

续表

立定跳远（厘米）	146以上	30	145~140	26	139~128	24	127~117	23	116~110	20	109~97	18	96以下	15

表9　小学五、六年级男生身高标准体重（体重单位：公斤）

身高段（厘米）	营养不良	较低体重	正常体重	超重	肥胖
	30分	36分	60分	36分	30分
106.0~106.9	<14.8	14.8~16.8	16.9~19.1	19.2~19.8	>=19.9
107.0~107.9	<15.1	15.1~17.1	17.2~19.5	19.6~20.3	>=20.4
108.0~108.9	<15.3	15.3~17.5	17.6~19.9	20.0~20.7	>=20.8
109.0~109.9	<15.6	15.6~17.9	18.0~20.3	20.4~21.1	>=21.2
110.0~110.9	<15.8	15.8~18.3	18.4~20.7	20.8~21.5	>=21.6
111.0~111.9	<16.1	16.1~18.6	18.7~21.1	21.2~21.9	>=22.0
112.0~112.9	<16.4	16.4~18.9	19.0~21.5	21.6~22.3	>=22.4
113.0~113.9	<16.7	16.7~19.2	19.3~22.0	22.1~22.8	>=22.9
114.0~114.9	<17.0	17.0~19.6	19.7~22.4	22.5~23.2	>=23.3
115.0~115.9	<17.3	17.3~19.9	20.0~22.8	22.9~23.6	>=23.7
116.0~116.9	<17.6	17.6~20.3	20.4~23.2	23.3~24.1	>=24.2
117.0~117.9	<18.0	18.0~20.6	20.7~23.6	23.7~24.6	>=24.7
118.0~118.9	<18.3	18.3~21.0	21.1~24.1	24.2~25.0	>=25.1
119.0~119.9	<18.6	18.6~21.4	21.5~24.6	24.7~25.5	>=25.6
120.0~120.9	<19.0	19.0~21.8	21.9~25.1	25.2~26.2	>=26.3
121.0~121.9	<19.4	19.4~22.2	22.3~25.6	25.7~26.8	>=26.9
122.0~122.9	<19.7	19.7~22.6	22.7~26.2	26.3~27.4	>=27.5
123.0~123.9	<20.1	20.1~23.0	23.1~26.8	26.9~28.0	>=28.1
124.0~124.9	<20.5	20.5~23.4	23.5~27.3	27.4~28.6	>=28.7
125.0~125.9	<20.9	20.9~23.8	23.9~27.8	27.9~29.2	>=29.3
126.0~126.9	<21.3	21.3~24.3	24.4~28.5	28.6~29.8	>=29.9
127.0~127.9	<21.7	21.7~24.7	24.8~29.0	29.1~30.4	>=30.5
128.0~128.9	<22.1	22.1~25.1	25.2~29.5	29.6~31.0	>=31.1
129.0~129.9	<22.6	22.6~25.6	25.7~30.1	30.2~31.6	>=31.7
130.0~130.9	<23.0	23.0~26.1	26.2~30.9	31.0~32.3	>=32.4
131.0~131.9	<23.5	23.5~26.6	26.7~31.6	31.7~33.2	>=33.3
132.0~132.9	<23.9	23.9~27.1	27.2~32.3	32.4~34.0	>=34.1

续表

133. 0 ~ 133. 9	<24. 4	24. 4 ~ 27. 7	27. 8 ~ 32. 9	33. 0 ~ 34. 7	> =34. 8
134. 0 ~ 134. 9	<24. 9	24. 9 ~ 28. 3	28. 4 ~ 33. 6	33. 7 ~ 35. 3	> =35. 4
135. 0 ~ 135. 9	<25. 3	25. 3 ~ 28. 9	29. 0 ~ 34. 2	34. 3 ~ 36. 0	> =36. 1
136. 0 ~ 136. 9	<25. 8	25. 8 ~ 29. 5	29. 6 ~ 34. 9	35. 0 ~ 36. 7	> =36. 8
137. 0 ~ 137. 9	<26. 4	26. 4 ~ 30. 1	30. 2 ~ 35. 6	35. 7 ~ 37. 4	> =37. 5
138. 0 ~ 138. 9	<27. 0	27. 0 ~ 30. 8	30. 9 ~ 36. 3	36. 4 ~ 38. 2	> =38. 3
139. 0 ~ 139. 9	<27. 6	27. 6 ~ 31. 5	31. 6 ~ 37. 1	37. 2 ~ 39. 1	> =39. 2
140. 0 ~ 140. 9	<28. 1	28. 1 ~ 32. 2	32. 3 ~ 38. 0	38. 1 ~ 40. 0	> =40. 1
141. 0 ~ 141. 9	<28. 6	28. 6 ~ 32. 9	33. 0 ~ 38. 9	39. 0 ~ 40. 9	> =41. 0
142. 0 ~ 142. 9	<29. 1	29. 1 ~ 33. 7	33. 8 ~ 39. 8	39. 9 ~ 41. 8	> =41. 9
143. 0 ~ 143. 9	<29. 7	29. 7 ~ 34. 5	34. 6 ~ 40. 7	40. 8 ~ 42. 7	> =42. 8
144. 0 ~ 144. 9	<30. 3	30. 3 ~ 35. 2	35. 3 ~ 41. 7	41. 8 ~ 43. 6	> =43. 7
145. 0 ~ 145. 9	<30. 9	30. 9 ~ 35. 9	36. 0 ~ 42. 3	42. 4 ~ 44. 5	> =44. 6
146. 0 ~ 146. 9	<31. 5	31. 5 ~ 36. 6	36. 7 ~ 43. 2	43. 3 ~ 45. 4	> =45. 5
147. 0 ~ 147. 9	<32. 1	32. 1 ~ 37. 4	37. 5 ~ 44. 2	44. 3 ~ 46. 4	> =46. 5
148. 0 ~ 148. 9	<32. 7	32. 7 ~ 38. 1	38. 2 ~ 45. 0	45. 1 ~ 47. 3	> =47. 4
149. 0 ~ 149. 9	<33. 3	33. 3 ~ 38. 8	38. 9 ~ 45. 9	46. 0 ~ 48. 2	> =48. 3
150. 0 ~ 150. 9	<34. 0	34. 0 ~ 39. 5	39. 6 ~ 46. 7	46. 8 ~ 49. 1	> =49. 2
151. 0 ~ 151. 9	<34. 6	34. 6 ~ 40. 1	40. 2 ~ 47. 5	47. 6 ~ 49. 9	> =50. 0
152. 0 ~ 152. 9	<35. 2	35. 2 ~ 40. 9	41. 0 ~ 48. 4	48. 5 ~ 50. 7	> =50. 8
153. 0 ~ 153. 9	<35. 9	35. 9 ~ 41. 6	41. 7 ~ 49. 1	49. 2 ~ 51. 5	> =51. 6
154. 0 ~ 154. 9	<36. 5	36. 5 ~ 42. 4	42. 5 ~ 49. 9	50. 0 ~ 52. 4	> =52. 5
155. 0 ~ 155. 9	<37. 1	37. 1 ~ 43. 3	43. 4 ~ 51. 1	51. 2 ~ 53. 4	> =53. 5
156. 0 ~ 156. 9	<38. 1	38. 1 ~ 44. 9	45. 0 ~ 53. 0	53. 1 ~ 55. 7	> =55. 8
157. 0 ~ 157. 9	<38. 7	38. 7 ~ 45. 6	45. 7 ~ 53. 7	53. 8 ~ 56. 4	> =56. 5
158. 0 ~ 158. 9	<39. 5	39. 5 ~ 46. 3	46. 4 ~ 54. 4	54. 5 ~ 57. 1	> =57. 2
159. 0 ~ 159. 9	<40. 0	40. 0 ~ 46. 9	47. 0 ~ 55. 0	55. 1 ~ 57. 7	> =57. 8
160. 0 ~ 160. 9	<40. 5	40. 5 ~ 47. 6	47. 7 ~ 55. 7	55. 8 ~ 58. 4	> =58. 5
161. 0 ~ 161. 9	<41. 2	41. 2 ~ 48. 3	48. 4 ~ 56. 6	56. 7 ~ 59. 3	> =59. 4
162. 0 ~ 162. 0	<41. 7	41. 7 ~ 49. 0	49. 1 ~ 57. 3	57. 4 ~ 60. 0	> =60. 1
163. 0 ~ 163. 9	<42. 4	42. 4 ~ 49. 7	49. 8 ~ 57. 9	58. 0 ~ 60. 7	> =60. 8
164. 0 ~ 164. 9	<42. 9	42. 9 ~ 50. 4	50. 5 ~ 58. 6	58. 7 ~ 61. 4	> =61. 5
165. 0 ~ 165. 9	<43. 6	43. 6 ~ 51. 1	51. 2 ~ 59. 3	59. 4 ~ 62. 1	> =62. 2
166. 0 ~ 166. 9	<44. 4	44. 4 ~ 51. 8	51. 9 ~ 60. 2	60. 3 ~ 63. 0	> =63. 1
167. 0 ~ 167. 9	<45. 1	45. 1 ~ 52. 5	52. 6 ~ 60. 9	61. 0 ~ 63. 7	> =63. 8

续表

168.0~168.9	<45.8	45.8~53.2	53.3~61.6	61.7~64.4	> =64.5
169.0~169.9	<46.5	46.5~53.9	54.0~62.3	62.4~65.1	> =65.2
170.0~170.9	<47.2	47.2~54.6	54.7~63.0	63.1~65.8	> =65.9
171.0~171.9	<47.6	47.6~55.3	55.4~63.8	63.9~66.7	> =66.8
172.0~172.9	<48.4	48.4~56.1	56.2~64.8	64.9~67.7	> =67.8

注：

1. 身高低于表中所列出的最低身高段的下限值时，身高每低1厘米，实测体重需加上0.5公斤，实测身高需加上1厘米，再查表确定分值。

2. 身高高于表中所列出的最高身高段时，身高每高1厘米，其实测体重需减去0.9公斤，实测身高需减去1厘米，再查表确定分值。

表10　小学五、六年级女生身高标准体重（体重单位：公斤）

身高段（厘米）	营养不良 7分	较低体重 9分	正常体重 15分	超重 9分	肥胖 7分
115.0~115.9	<17.1	17.1~19.4	19.5~24.1	24.2~25.6	> =25.7
116.0~116.9	<17.4	17.4~19.7	19.8~24.5	24.6~26.1	> =26.2
117.0~117.9	<17.7	17.7~20.3	20.4~25.1	25.2~26.7	> =26.8
118.0~118.9	<18.1	18.1~20.7	20.8~25.7	25.8~27.3	> =27.4
119.0~119.9	<18.3	18.3~21.1	21.2~26.2	26.3~27.9	> =28.0
120.0~120.9	<18.4	18.4~21.3	21.4~26.6	26.7~28.3	> =28.4
121.0~121.9	<18.9	18.9~21.8	21.9~27.2	27.3~29.0	> =29.1
122.0~122.9	<19.2	19.2~22.1	22.2~27.8	27.9~29.7	> =29.8
123.0~123.9	<19.6	19.6~22.5	22.6~28.1	28.2~30.5	> =30.6
124.0~124.9	<19.8	19.8~22.7	22.8~28.7	28.8~30.7	> =30.8
125.0~125.9	<20.3	20.3~23.3	23.4~29.3	29.4~31.3	> =31.4
126.0~126.9	<20.7	20.7~23.7	23.8~29.7	29.8~31.7	> =31.8
127.0~127.9	<21.1	21.1~24.2	24.3~30.4	30.5~32.4	> =32.5
128.0~128.9	<21.4	21.4~24.6	24.7~30.8	30.9~32.8	> =32.9
129.0~129.9	<21.9	21.9~25.1	25.2~31.4	31.5~33.5	> =33.6
130.0~130.9	<22.4	22.4~25.6	25.7~31.9	32.0~34.0	> =34.1
131.0~131.9	<22.8	22.8~26.1	26.2~32.6	32.7~34.7	> =34.8
132.0~132.9	<23.3	23.3~26.6	26.7~33.2	33.3~35.4	> =35.5
133.0~133.9	<23.8	23.8~27.1	27.2~33.9	34.0~36.1	> =36.2
134.0~134.9	<24.2	24.2~27.6	27.7~34.5	34.6~36.8	> =36.9

续表

135.0 ~ 135.9	<24.7	24.7 ~ 28.2	28.3 ~ 35.3	35.4 ~ 37.6	> =37.7
136.0 ~ 136.9	<25.2	25.2 ~ 28.7	28.8 ~ 35.8	35.9 ~ 38.1	> =38.2
137.0 ~ 137.9	<25.7	25.7 ~ 29.3	29.4 ~ 36.7	36.8 ~ 38.9	> =39.0
138.0 ~ 138.9	<26.3	26.3 ~ 30.0	30.1 ~ 37.2	37.3 ~ 39.6	> =39.7
139.0 ~ 139.9	<26.9	26.9 ~ 30.6	30.7 ~ 38.0	38.1 ~ 40.4	> =40.5
140.0 ~ 140.9	<27.3	27.3 ~ 31.1	31.2 ~ 38.5	38.6 ~ 40.9	> =41.0
141.0 ~ 141.9	<27.8	27.8 ~ 31.6	31.7 ~ 39.0	39.1 ~ 41.4	> =41.5
142.0 ~ 142.9	<28.3	28.3 ~ 32.2	32.3 ~ 39.7	39.8 ~ 42.2	> =42.3
143.0 ~ 143.9	<28.9	28.9 ~ 32.7	32.8 ~ 40.2	40.3 ~ 42.7	> =42.8
144.0 ~ 144.9	<29.2	29.2 ~ 33.3	33.4 ~ 41.0	41.1 ~ 43.5	> =43.6
145.0 ~ 145.9	<29.8	29.8 ~ 33.9	34.0 ~ 41.7	41.8 ~ 44.1	> =44.2
146.0 ~ 146.9	<30.4	30.4 ~ 34.6	34.7 ~ 42.6	42.7 ~ 45.2	> =45.3
147.0 ~ 147.9	<30.8	30.8 ~ 35.2	35.3 ~ 43.3	43.4 ~ 46.0	> =46.1
148.0 ~ 148.9	<31.5	31.5 ~ 35.9	36.0 ~ 44.0	44.1 ~ 46.7	> =46.8
149.0 ~ 149.9	<32.3	32.3 ~ 36.6	36.7 ~ 44.9	45.0 ~ 47.6	> =47.7
150.0 ~ 150.9	<32.8	32.8 ~ 37.3	37.4 ~ 45.6	45.7 ~ 48.3	> =48.4
151.0 ~ 151.9	<33.2	33.2 ~ 37.9	38.0 ~ 46.2	46.3 ~ 48.9	> =49.0
152.0 ~ 152.9	<33.8	33.8 ~ 38.5	38.6 ~ 46.8	46.9 ~ 49.5	> =49.6
153.0 ~ 153.9	<34.5	34.5 ~ 39.2	39.3 ~ 47.6	47.7 ~ 50.4	> =50.5
154.0 ~ 154.9	<35.0	35.0 ~ 39.9	40.0 ~ 48.3	48.4 ~ 51.1	> =51.2
155.0 ~ 155.9	<35.6	35.6 ~ 40.6	40.7 ~ 49.0	49.1 ~ 51.8	> =51.9
156.0 ~ 156.9	<36.2	36.2 ~ 41.2	41.3 ~ 49.8	49.9 ~ 52.6	> =52.7
157.0 ~ 157.9	<36.8	36.8 ~ 41.9	42.0 ~ 50.6	50.7 ~ 53.5	> =53.6
158.0 ~ 158.9	<37.2	37.2 ~ 42.5	42.6 ~ 51.4	51.5 ~ 54.3	> =54.4
159.0 ~ 159.9	<37.8	37.8 ~ 43.2	43.3 ~ 52.1	52.2 ~ 55.1	> =55.2
160.0 ~ 160.9	<38.3	38.3 ~ 43.9	44.0 ~ 52.9	53.0 ~ 55.9	> =56.0
161.0 ~ 161.9	<38.9	38.9 ~ 44.5	44.6 ~ 53.5	53.6 ~ 56.5	> =56.6
162.0 ~ 162.9	<39.4	39.4 ~ 45.1	45.2 ~ 54.1	54.2 ~ 57.1	> =57.2
163.0 ~ 163.9	<40.1	40.1 ~ 45.8	45.9 ~ 54.8	54.9 ~ 57.8	> =57.9
164.0 ~ 164.9	<40.6	40.6 ~ 46.5	46.6 ~ 55.7	55.8 ~ 58.7	> =58.8
165.0 ~ 165.9	<41.2	41.2 ~ 47.1	47.2 ~ 56.4	56.5 ~ 59.5	> =59.6
166.0 ~ 166.9	<41.8	41.8 ~ 47.7	47.8 ~ 57.0	57.1 ~ 60.1	> =60.2
167.0 ~ 167.9	<42.4	42.4 ~ 48.4	48.5 ~ 58.0	58.1 ~ 61.2	> =61.3
168.0 ~ 168.9	<42.8	42.8 ~ 49.1	49.2 ~ 58.9	29.0 ~ 62.1	> =62.2

注：

1. 身高低于表中所列出的最低身高段的下限值时，身高每低 1 厘米，实测体重需加上 0.5 公斤，实测身高需加上 1 厘米，再查表确定分值。

2. 身高高于表中所列出的最高身高段时，身高每高 1 厘米，其实测体重需减去 0.9 公斤，实测身高需减去 1 厘米，再查表确定分值。

表 11　小学五、六年级男生评分标准

分值 项目	优秀				良好				及格				不及格	
	成绩	分值	成绩	分值	成绩	分值	成绩	分值	成绩	分值	成绩	分值	成绩	分值
台阶试验	70 以上	20	69 ~ 64	17	63 ~ 57	16	56 ~ 51	15	50 ~ 48	13	47 ~ 41	12	40 以下	10
50 米 × 8 往返跑	1′41″以下	20	1′42″ ~ 1′46″	17	1′47″ ~ 1′53″	16	1′54″ ~ 2′01″	15	2′02″ ~ 2′07″	13	2′08″ ~ 2′22″	12	2′23″以上	10
肺活量体重指数	68 以上	15	67 ~ 63	13	62 ~ 54	12	53 ~ 46	11	45 ~ 42	10	41 ~ 29	9	28 以下	8
50 米跑（秒）	8.3 以下	30	8.4 ~ 8.6	26	8.7 ~ 9.0	25	9.1 ~ 9.5	23	9.6 ~ 9.8	20	9.9 ~ 10.6	18	10.7 以上	15
立定跳远（厘米）	194 以上	30	193 ~ 185	26	184 ~ 173	25	172 ~ 161	23	160 ~ 155	20	154 ~ 136	18	135 以下	15
坐位体前屈（厘米）	11.1 以上	20	11.0 ~ 9.1	17	9.0 ~ 6.0	16	5.9 ~ 3.0	15	2.9 ~ 1.0	13	0.9 ~ −7.0	12	−7.1 以下	10
握力体重指数	64 以上	20	63 ~ 58	17	57 ~ 49	16	48 ~ 40	15	39 ~ 36	13	35 ~ 24	12	23 以下	10

表 12　小学五、六年级女生评分标准

项目＼分值	优秀				良好				及格				不及格	
	成绩	分值	成绩	分值	成绩	分值	成绩	分值	成绩	分值	成绩	分值	成绩	分值
台阶试验	69 以上	20	68 ~ 62	17	61 ~ 54	16	53 ~ 48	15	47 ~ 46	13	45 ~ 40	12	39 以下	10
50 米 × 8 往返跑	1′47″以下	20	1′48″~ 1′51″	17	1′52″~ 1′59″	16	2′00″~ 2′07″	15	2′08″~ 2′13″	13	2′14″~ 2′28″	12	2′29″以上	10
肺活量体重指数	59 以上	15	58 ~ 54	13	53 ~ 47	12	46 ~ 38	11	37 ~ 34	10	33 ~ 18	9	17 以下	8
50 米跑（秒）	8. 6 以下	30	8. 7 ~ 8. 9	26	9. 0 ~ 9. 4	25	9. 5 ~ 9. 9	23	10. 0 ~ 10. 2	20	10. 3 ~ 11. 2	18	11. 3 以上	15
立定跳远（厘米）	183 以上	30	182 ~ 175	26	174 ~ 163	25	162 ~ 152	23	151 ~ 147	20	146 ~ 129	18	128 以下	15
坐位体前屈（厘米）	14. 1 以上	20	14. 0 ~ 12. 5	17	12. 4 ~ 9. 0	16	8. 9 ~ 6. 0	15	5. 9 ~ 4. 0	13	3. 9 ~ 0. 0	12	－0. 1 以下	10
握力体重指数	57 以上	20	56 ~ 52	17	51 ~ 45	16	44 ~ 38	15	37 ~ 33	13	32 ~ 20	12	19 以下	10
仰卧起坐（次/分钟）	41 以上	20	40 ~ 37	17	36 ~ 30	16	29 ~ 23	15	22 ~ 19	13	18 ~ 11	12	10 以下	10

表13　初中一年级～三年级男生身高标准体重（体重单位：公斤）

身高段（厘米）	营养不良	较低体重	正常体重	超重	肥胖
	7分	9分	15分	9分	7分
123.0～123.9	<21.4	21.4～28.5	28.6～34.2	34.3～36.2	>=36.3
124.0～124.9	<21.6	21.6～29.0	29.1～34.8	34.9～36.9	>=37.0
125.0～125.9	<22.2	22.2～29.6	29.7～35.4	35.5～37.5	>=37.6
126.0～126.9	<22.6	22.6～30.4	30.5～36.2	36.3～38.4	>=38.5
127.0～127.9	<22.8	22.8～30.9	31.0～36.9	37.0～39.1	>=39.2
128.0～128.9	<23.4	23.4～31.5	31.6～37.6	37.7～39.8	>=39.9
129.0～129.9	<24.1	24.1～32.2	32.3～38.2	38.3～40.4	>=40.5
130.0～130.9	<24.6	24.6～32.8	32.9～39.1	39.2～41.3	>=41.4
131.0～131.9	<25.1	25.1～33.4	33.5～39.7	39.8～41.9	>=42.0
132.0～132.9	<25.7	25.7～34.0	34.1～40.3	40.4～42.5	>=42.6
133.0～133.9	<26.3	26.3～34.6	34.7～41.3	41.4～43.2	>=43.3
134.0～134.9	<26.8	26.8～35.2	35.3～41.6	41.7～43.9	>=44.0
135.0～135.9	<27.2	27.2～35.8	35.9～42.2	42.3～44.5	>=44.6
136.0～136.9	<27.8	27.8～36.4	36.5～42.8	42.9～45.1	>=45.2
137.0～137.9	<28.2	28.2～37.0	37.1～43.4	43.5～45.7	>=45.8
138.0～138.9	<28.7	28.7～37.6	37.7～44.1	44.2～46.4	>=46.5
139.0～139.9	<29.4	29.4～38.3	38.4～44.7	44.8～47.0	>=47.1
140.0～140.9	<30.1	30.1～39.0	39.1～45.6	45.7～47.9	>=48.0
141.0～141.9	<30.8	30.8～39.7	39.8～46.3	46.4～48.6	>=48.7
142.0～142.9	<31.5	31.5～40.4	40.5～47.0	47.1～49.3	>=49.4
143.0～143.9	<32.2	32.2～41.1	41.2～47.7	47.8～50.0	>=50.1
144.0～144.9	<32.8	32.8～41.8	41.9～48.4	48.5～50.7	>=50.8
145.0～145.9	<33.5	33.5～42.5	42.6～49.2	49.3～51.6	>=51.7
146.0～146.9	<34.1	34.1～43.1	43.2～49.8	49.9～52.2	>=52.3
147.0～147.9	<34.6	34.6～43.8	43.9～50.5	50.6～52.9	>=53.0
148.0～148.9	<35.3	35.3～44.5	44.6～51.4	51.5～53.8	>=53.9
149.0～149.9	<35.8	35.8～45.1	45.2～52.0	52.1～54.4	>=54.5
150.0～150.9	<36.5	36.5～45.8	45.9～52.7	52.8～55.1	>=55.2
151.0～151.9	<37.0	37.0～46.5	46.6～53.5	53.6～56.0	>=56.1
152.0～152.9	<37.6	37.6～47.1	47.2～54.1	54.2～56.6	>=56.7
153.0～153.9	<38.3	38.3～47.8	47.9～54.8	54.9～57.3	>=57.4
154.0～154.9	<39.0	39.0～48.5	48.6～55.5	55.6～58.0	>=58.1
155.0～155.9	<39.6	39.6～49.1	49.2～56.1	56.2～58.6	>=58.7

续表

156.0~156.9	<40.3	40.3~49.8	49.9~56.8	56.9~59.3	> =59.4
157.0~157.9	<40.9	40.9~50.5	50.6~57.7	57.8~60.2	> =60.3
158.0~158.9	<41.4	41.4~51.2	51.3~58.4	58.5~60.9	> =61.0
159.0~159.9	<42.2	42.2~51.9	52.0~59.1	59.2~61.6	> =61.7
160.0~160.9	<42.9	42.9~52.7	52.8~59.9	60.0~62.4	> =62.5
161.0~161.9	<43.6	43.6~53.4	53.5~60.6	60.7~63.1	> =63.2
162.0~162.0	<44.3	44.3~54.1	54.2~61.4	61.5~64.0	> =64.1
163.0~163.9	<44.8	44.8~54.7	54.8~62.0	62.1~64.6	> =64.7
164.0~164.9	<45.4	45.4~55.4	55.5~62.7	62.8~65.1	> =65.2
165.0~165.9	<46.2	46.2~56.1	56.2~63.4	63.5~66.0	> =66.1
166.0~166.9	<46.8	46.8~56.7	56.8~64.0	64.1~66.6	> =66.7
167.0~167.9	<47.4	47.4~57.4	57.5~64.9	65.0~67.5	> =67.6
168.0~168.9	<48.0	48.0~58.1	58.2~65.6	65.7~68.2	> =68.3
169.0~169.9	<48.7	48.7~58.8	58.9~66.4	66.5~69.1	> =69.2
170.0~170.9	<49.4	49.4~59.5	59.6~67.1	67.2~69.8	> =69.9
171.0~171.9	<50.0	50.0~60.2	60.3~68.0	68.1~70.7	> =70.8
172.0~172.9	<50.6	50.6~60.8	60.9~69.0	69.1~71.8	> =71.9
173.0~173.9	<51.2	51.2~61.5	61.6~69.9	70.0~72.8	> =72.9
174.0~174.9	<51.9	51.9~62.3	62.4~70.9	71.0~73.9	> =74.0
175.0~175.9	<52.7	52.7~63.1	63.2~71.8	71.9~74.8	> =74.9
176.0~176.9	<53.3	53.3~63.8	63.9~72.8	72.9~75.9	> =76.0
177.0~177.9	<54.0	54.0~64.6	64.7~73.9	74.0~77.1	> =77.2
178.0~178.9	<54.7	54.7~65.4	65.5~74.8	74.9~78.1	> =78.2
179.0~179.9	<55.8	55.8~66.2	66.3~75.8	75.9~79.1	> =79.2
180.0~180.9	<56.3	56.3~66.9	67.0~76.7	76.8~80.1	> =80.2
181.0~181.9	<56.9	56.9~67.7	67.8~77.7	77.8~81.2	> =81.3
182.0~182.9	<57.5	57.5~68.4	68.5~78.6	78.7~82.1	> =82.2
183.0~183.9	<58.1	58.1~69.1	69.2~79.4	79.5~83.0	> =83.1
184.0~184.9	<58.7	58.7~69.8	69.9~80.4	80.5~84.1	> =84.2
185.0~185.9	<59.5	59.5~70.5	70.6~81.3	81.4~85.0	> =85.1
186.0~186.9	<60.3	60.3~71.3	71.4~82.3	82.4~86.1	> =86.2

注：

1. 身高低于表中所列出的最低身高段的下限值时，身高每低1厘米，实测体重需加上0.5公斤，实测身高需加上1厘米，再查表确定分值。

2. 身高高于表中所列出的最高身高段时，身高每高1厘米，其实测体重需减去0.9公斤，实测身高需减去1厘米，再查表确定分值。

表14　初中一年级～三年级女生身高标准体重（体重单位：公斤）

身高段（厘米）	营养不良	较低体重	正常体重	超重	肥胖
	7分	9分	15分	9分	7分
121.0～121.9	<19.8	19.8～25.4	25.5～30.9	31.0～32.6	>=32.7
122.0～122.9	<20.3	20.3～25.9	26.0～31.7	31.8～33.7	>=33.8
123.0～123.9	<20.6	20.6～26.5	26.6～32.5	32.6～34.5	>=34.6
124.0～124.9	<21.1	21.1～27.0	27.1～33.1	33.2～35.2	>=35.3
125.0～125.9	<21.6	21.6～27.5	27.6～33.6	33.7～35.7	>=35.8
126.0～126.9	<22.1	22.1～28.0	28.1～34.4	34.5～36.4	>=36.5
127.0～127.9	<22.6	22.6～28.5	28.6～35.0	35.1～37.1	>=37.2
128.0～128.9	<23.0	23.0～29.0	29.1～35.4	35.5～37.6	>=37.7
129.0～129.9	<23.5	23.5～29.6	29.7～36.2	36.3～38.4	>=38.5
130.0～130.9	<23.9	23.9～30.1	30.2～36.8	36.9～39.1	>=39.2
131.0～131.9	<24.4	24.4～30.6	30.7～37.5	37.6～39.8	>=39.9
132.0～132.9	<24.9	24.9～31.1	31.2～38.1	38.2～40.3	>=40.4
133.0～133.9	<25.3	25.3～31.6	31.7～38.7	38.8～41.0	>=41.1
134.0～134.9	<25.6	25.6～32.1	32.2～39.2	39.3～41.5	>=41.6
135.0～135.9	<26.2	26.2～32.7	32.8～39.7	39.8～42.1	>=42.2
136.0～136.9	<27.3	27.3～33.2	33.3～40.4	40.5～42.8	>=42.9
137.0～137.9	<27.4	27.4～33.6	33.7～40.7	40.8～43.2	>=43.3
138.0～138.9	<27.7	27.7～34.1	34.2～41.5	41.6～43.7	>=43.8
139.0～139.9	<28.1	28.1～34.6	34.7～41.9	42.0～44.4	>=44.5
140.0～140.9	<28.6	28.6～35.2	35.3～42.5	42.6～45.0	>=45.1
141.0～141.9	<29.1	29.1～35.8	35.9～43.1	43.2～45.6	>=45.7
142.0～142.9	<29.6	29.6～36.4	36.5～43.9	44.0～46.4	>=46.5
143.0～143.9	<30.2	30.2～37.0	37.1～44.4	44.5～46.8	>=46.9
144.0～144.9	<30.8	30.8～37.7	37.8～45.0	45.1～47.5	>=47.6
145.0～145.9	<31.5	31.5～38.3	38.4～45.7	45.8～48.1	>=48.2
146.0～146.9	<32.1	32.1～38.0	39.0～46.2	46.3～48.7	>=48.8
147.0～147.9	<32.7	32.7～39.6	39.7～47.1	47.2～49.6	>=49.7
148.0～148.9	<33.3	33.3～40.3	40.4～47.9	48.0～50.3	>=50.4
149.0～149.9	<33.8	33.8～40.9	41.0～48.5	48.6～50.9	>=51.0
150.0～150.9	<34.3	34.3～41.4	41.5～49.0	49.1～51.6	>=51.7

续表

151. 0 ~151. 9	<34. 9	34. 9 ~42. 0	42. 1 ~49. 6	49. 7 ~52. 2	> =52. 3
152. 0 ~152. 9	<35. 5	35. 5 ~42. 6	42. 7 ~50. 3	50. 4 ~52. 8	> =52. 9
153. 0 ~153. 9	<36. 1	36. 1 ~43. 2	43. 3 ~51. 0	51. 1 ~53. 6	> =53. 7
154. 0 ~154. 9	<36. 6	36. 6 ~43. 7	43. 8 ~51. 6	51. 7 ~54. 1	> =54. 2
155. 0 ~155. 9	<37. 3	37. 3 ~44. 5	44. 6 ~52. 3	52. 4 ~54. 9	> =55. 0
156. 0 ~156. 9	<37. 8	37. 8 ~45. 0	45. 1 ~52. 9	53. 0 ~55. 4	> =55. 5
157. 0 ~157. 9	<38. 3	38. 3 ~45. 5	45. 6 ~53. 5	53. 6 ~56. 1	> =56. 2
158. 0 ~158. 9	<38. 7	38. 7 ~46. 1	46. 2 ~54. 2	54. 3 ~56. 9	> =57. 0
159. 0 ~159. 9	<39. 3	39. 3 ~46. 7	46. 8 ~54. 9	55. 0 ~57. 5	> =57. 6
160. 0 ~160. 9	<39. 8	39. 8 ~47. 2	47. 3 ~55. 7	55. 8 ~58. 2	> =58. 3
161. 0 ~161. 9	<40. 4	40. 4 ~47. 9	48. 0 ~56. 2	56. 3 ~58. 9	> =59. 0
162. 0 ~162. 9	<41. 0	41. 0 ~48. 5	48. 6 ~56. 9	57. 0 ~59. 7	> =59. 8
163. 0 ~163. 9	<41. 7	41. 7 ~49. 2	49. 3 ~57. 7	57. 8 ~60. 6	> =60. 7
164. 0 ~164. 9	<42. 2	42. 2 ~49. 8	49. 9 ~58. 6	58. 7 ~61. 6	> =61. 7
165. 0 ~165. 9	<42. 7	42. 7 ~50. 4	50. 5 ~59. 2	59. 3 ~62. 2	> =62. 3
166. 0 ~166. 9	<43. 3	43. 3 ~51. 0	51. 1 ~59. 8	59. 9 ~62. 8	> =62. 9
167. 0 ~167. 9	<43. 8	43. 8 ~51. 5	51. 6 ~60. 4	60. 5 ~63. 3	> =63. 4
168. 0 ~168. 9	<44. 5	44. 5 ~52. 2	52. 3 ~61. 1	61. 2 ~64. 0	> =64. 1
169. 0 ~169. 9	<45. 1	45. 1 ~52. 9	53. 0 ~61. 7	61. 8 ~64. 7	> =64. 8
170. 0 ~170. 9	<45. 6	45. 6 ~53. 5	53. 6 ~62. 3	62. 4 ~65. 3	> =65. 4
171. 0 ~171. 9	<46. 1	46. 1 ~54. 0	54. 1 ~63. 0	63. 1 ~66. 0	> =66. 1
172. 0 ~172. 9	<46. 5	46. 5 ~54. 5	54. 6 ~63. 6	63. 7 ~66. 5	> =66. 6
173. 0 ~173. 9	<47. 0	47. 0 ~55. 0	55. 1 ~34. 2	64. 3 ~67. 2	> =67. 3
174. 0 ~174. 9	<47. 6	47. 6 ~55. 6	55. 7 ~64. 8	64. 9 ~67. 8	> =67. 9
175. 0 ~175. 9	<48. 2	48. 2 ~56. 3	56. 4 ~65. 7	65. 8 ~38. 7	> =68. 8
176. 0 ~176. 9	<48. 7	48. 7 ~57. 0	57. 1 ~66. 5	66. 6 ~69. 6	> =69. 7
177. 0 ~177. 9	<49. 2	49. 2 ~57. 8	57. 9 ~67. 4	67. 5 ~70. 6	> =70. 7

注：

1. 身高低于表中所列出的最低身高段的下限值时，身高每低 1 厘米，实测体重需加上 0. 5 公斤，实测身高需加上 1 厘米，再查表确定分值。

2. 身高高于表中所列出的最高身高段时，身高每高 1 厘米，其实测体重需减去 0. 9 公斤，实测身高需减去 1 厘米，再查表确定分值。

表15　初中一年级男生评分标准

项目＼分值	优秀				良好				及格				不及格	
	成绩	分值	成绩	分值	成绩	分值	成绩	分值	成绩	分值	成绩	分值	成绩	分值
台阶试验	64以上	20	63~59	17	58~53	16	52~48	15	47~46	13	45~40	12	39以下	10
1000米跑	4′07″以下	20	4′08″~4′18″	17	4′19″~4′38″	16	4′39″~5′04″	15	5′05″~5′20″	13	5′21″~5′51″	12	5′52″以上	10
肺活量体重指数	68以上	15	68~64	13	63~55	12	54~47	11	46~42	10	41~30	9	29以下	8
50米跑(秒)	7.5以下	30	7.6~7.8	26	7.9~8.3	25	8.4~8.8	23	8.9~9.1	20	9.2~10.0	18	10.1以上	15
立定跳远(厘米)	221以上	30	220~213	26	212~199	25	198~181	23	180~171	20	170~150	18	149以下	15
坐位体前屈(厘米)	13.2以上	20	13.1~11.0	17	10.9~7.3	16	7.2~4.0	15	3.9~2.0	13	1.9~-5.0	12	-5.1以下	10
握力体重指数	73以上	20	72~66	17	65~56	16	55~45	15	45~41	13	40~30	12	29以下	10

表16　初中一年级女生评分标准

项目＼分值	优秀				良好				及格				不及格	
	成绩	分值	成绩	分值	成绩	分值	成绩	分值	成绩	分值	成绩	分值	成绩	分值
台阶试验	63以上	20	62～57	17	56～50	16	49～45	15	44～43	13	42～38	12	37以下	10
800跑	3′43″以下	20	3′44″～3′53″	17	3′54″～4′11″	16	4′12″～4′35″	15	4′36″～4′50″	13	4′51″～5′25″	12	5′26″以上	10
肺活量体重指数	60以上	15	60～56	13	55～48	12	47～40	11	39～35	10	34～21	9	20以下	8
50米跑（秒）	8.3以下	30	8.4～8.7	26	8.8～9.1	25	9.2～9.6	23	9.7～9.9	20	10.0～10.8	18	10.9以上	15
立定跳远（厘米）	191以上	30	190～181	26	180～169	25	168～157	23	156～150	20	149～131	18	130以下	15
坐位体前屈（厘米）	16.6以上	20	16.5～14.5	17	14.4～10.4	16	10.3～7.0	15	6.9～5.0	13	4.9～－0.4	12	－0.5以下	10
握力体重指数	59以上	20	58～54	17	53～47	16	46～40	15	39～36	13	35～27	12	26以下	10
仰卧起坐（次/分钟）	42以上	20	41～38	17	37～32	16	31～25	15	24～20	13	19～13	12	12以下	10

表 17　初中二年级男生评分标准

项目＼分值	优秀				良好				及格				不及格	
	成绩	分值	成绩	分值	成绩	分值	成绩	分值	成绩	分值	成绩	分值	成绩	分值
台阶试验	64 以上	20	63 ~ 58	17	57 ~ 52	16	51 ~ 47	15	46 ~ 45	13	44 ~ 40	12	39 以下	10
1000米跑	3′57"以下	20	3′58"~4′07"	17	4′08"~4′26"	16	4′27"~4′50"	15	4′51"~5′07"	13	5′08"~5′44"	12	5′45"以上	10
肺活量体重指数	70 以上	15	69 ~ 65	13	64 ~ 57	12	56 ~ 49	11	48 ~ 45	10	44 ~ 34	9	33 以下	8
50 米跑（秒）	7. 3 以下	30	7. 4 ~ 7. 6	26	7. 7 ~ 8. 0	25	8. 1 ~ 8. 5	23	8. 6 ~ 8. 8	20	8. 9 ~ 9. 9	18	10. 0 以上	15
立定跳远（厘米）	236 以上	30	235 ~ 228	26	227 ~ 212	25	211 ~ 200	23	199 ~ 190	20	189 ~ 165	18	164 以下	15
坐位体前屈（厘米）	14. 5 以上	20	14. 4 ~ 12. 0	17	11. 9 ~ 8. 1	16	8. 0 ~ 4. 5	15	4. 4 ~ 2. 0	13	1. 9 ~ －5. 2	12	－5. 3 以下	10
握力体重指数	77 以上	20	76 ~ 70	17	69 ~ 60	16	59 ~ 50	15	49 ~ 46	13	45 ~ 32	12	31 以下	10

表 18　初中二年级女生评分标准

分值 项目	优秀				良好				及格				不及格	
	成绩	分值	成绩	分值	成绩	分值	成绩	分值	成绩	分值	成绩	分值	成绩	分值
台阶试验	59 以上	20	58 ~ 55	17	54 ~ 49	16	48 ~ 45	15	44 ~ 43	13	42 ~ 39	12	38 以下	10
800 跑	3′40″以下	20	3′41″~ 3′50″	17	3′51″~ 4′08″	16	4′09″~ 4′30″	15	4′31″~ 4′45″	13	4′46″~ 5′22″	12	5′23″以上	10
肺活量体重指数	60 以上	15	59 ~ 55	13	54 ~ 48	12	47 ~ 41	11	40 ~ 37	10	36 ~ 24	9	23 以下	8
50 米跑（秒）	8. 4 以下	30	8. 5 ~ 8. 7	26	8. 8 ~ 9. 1	25	9. 2 ~ 9. 8	23	9. 9 ~ 10. 1	20	10. 2 ~ 11. 4	18	11. 5 以上	15
立定跳远（厘米）	189 以上	30	188 ~ 181	26	180 ~ 170	25	169 ~ 160	23	159 ~ 152	20	151 ~ 132	18	131 以下	15
坐位体前屈（厘米）	15. 1 以上	20	15. 0 ~ 13. 8	17	13. 7 ~ 10. 0	16	9. 9 ~ 6. 2	15	6. 1 ~ 4. 5	13	4. 4 ~ –1. 0	12	–1. 1 以下	10
握力体重指数	58 以上	20	57 ~ 53	17	52 ~ 46	16	45 ~ 40	15	39 ~ 35	13	34 ~ 26	12	25 以下	10
仰卧起坐（次/分钟）	43 以上	20	42 ~ 39	17	38 ~ 32	16	31 ~ 25	15	24 ~ 21	13	20 ~ 14	12	13 以下	10

表 19　初中三年级男生评分标准

项目＼分值	优秀				良好				及格				不及格	
	成绩	分值	成绩	分值	成绩	分值	成绩	分值	成绩	分值	成绩	分值	成绩	分值
台阶试验	61 以上	20	60 ~ 57	17	56 ~ 52	16	51 ~ 47	15	46 ~ 45	13	44 ~ 41	12	40 以下	10
1000 米跑	3′48″以下	20	3′49″~ 3′57″	17	3′58″~ 4′14″	16	4′15″~ 4′35″	15	4′36″~ 4′50″	13	4′51″~ 5′28″	12	5′29″以上	10
肺活量体重指数	71 以上	15	70 ~ 67	13	66 ~ 58	12	57 ~ 50	11	49 ~ 46	10	45 ~ 33	9	32 以下	8
50 米跑（秒）	7.0 以下	30	7.1 ~ 7.3	26	7.4 ~ 7.6	25	7.7 ~ 8.1	23	8.2 ~ 8.3	20	8.4 ~ 8.9	18	9.0 以上	15
立定跳远（厘米）	246 以上	30	245 ~ 236	26	235 ~ 222	25	221 ~ 210	23	209 ~ 202	20	201 ~ 180	18	179 以下	15
坐位体前屈（厘米）	16.1 以上	20	16.0 ~ 14.0	17	13.9 ~ 10.1	16	10.0 ~ 6.5	15	6.4 ~ 4.0	13	3.9 ~ －3.0	12	－3.1 以下	10
握力体重指数	79 以上	20	78 ~ 72	17	71 ~ 63	16	62 ~ 54	15	53 ~ 49	13	48 ~ 35	12	34 以下	10

表20　初中三年级女生评分标准

分值 项目	优秀				良好				及格				不及格	
	成绩	分值	成绩	分值	成绩	分值	成绩	分值	成绩	分值	成绩	分值	成绩	分值
台阶试验	58以上	20	57~54	17	53~49	16	48~46	15	45~44	13	43~40	12	39以下	10
800跑	3′39″以下	20	3′40″~3′49″	17	3′50″~4′05″	16	4′06″~4′25″	15	4′26″~4′38″	13	4′39″~5′15″	12	5′16″以上	10
肺活量体重指数	59以上	15	58~55	13	54~49	12	48~41	11	40~36	10	35~22	9	21以下	8
50米跑（秒）	8.3以下	30	8.4~8.6	26	8.7~9.0	25	9.1~9.4	23	9.5~9.7	20	9.8~10.6	18	10.7以上	15
立定跳远（厘米）	196以上	30	195~189	26	188~176	25	175~165	23	164~158	20	157~137	18	136以下	15
坐位体前屈（厘米）	17.4以上	20	17.3~15.2	17	15.1~11.5	16	11.4~8.0	15	7.9~6.0	13	5.9~-1.0	12	-1.1以下	10
握力体重指数	60以上	20	59~55	17	54~48	16	47~40	15	39~37	13	36~27	12	26以下	10
仰卧起坐（次/分钟）	43以上	20	42~40	17	39~33	16	32~27	15	26~23	13	22~15	12	14以下	10

表 21 高中一年级～三年级男生身高标准体重（体重单位：公斤）

身高段 (厘米)	营养不良 7 分	较低体重 9 分	正常体重 15 分	超重 9 分	肥胖 7 分
140.0～140.9	<32.1	32.1～40.3	40.4～46.3	46.4～48.3	>=48.4
141.0～141.9	<32.4	32.4～40.7	40.8～47.0	47.1～49.1	>=49.2
142.0～142.9	<32.8	32.8～41.2	41.3～47.7	47.8～49.8	>=49.9
143.0～143.9	<33.3	33.3～41.7	41.8～48.2	48.3～50.3	>=50.4
144.0～144.9	<33.6	33.6～42.2	42.3～48.8	48.9～51.0	>=51.1
145.0～145.9	<34.0	34.0～42.7	42.8～49.5	49.6～51.7	>=51.8
146.0～146.9	<34.4	34.4～43.3	43.4～50.1	50.2～52.3	>=52.4
147.0～147.9	<35.0	35.0～43.9	44.0～50.8	50.9～53.1	>=53.2
148.0～148.9	<35.6	35.6～44.5	44.6～51.4	51.5～53.7	>=53.8
149.0～149.9	<36.2	36.2～45.1	45.2～52.2	52.3～54.5	>=54.6
150.0～150.9	<36.7	36.7～45.7	45.8～52.8	52.9～55.1	>=55.2
151.0～151.9	<37.3	37.3～46.2	46.3～53.4	53.5～55.8	>=55.9
152.0～152.9	<37.7	37.7～46.8	46.9～54.0	54.1～56.4	>=56.5
153.0～153.9	<38.2	38.2～47.4	47.5～54.6	54.7～57.0	>=57.1
154.0～154.9	<38.9	38.9～48.1	48.2～55.3	55.4～57.7	>=27.8
155.0～155.9	<39.6	39.6～48.8	48.9～56.0	56.1～58.4	>=58.5
156.0～156.9	<40.4	40.4～49.6	49.7～57.0	57.1～59.4	>=59.5
157.0～157.9	<41.0	41.0～50.3	50.4～57.7	57.8～60.1	>=60.2
158.0～158.9	<41.7	41.7～51.0	51.1～58.5	58.6～61.0	>=61.1
159.0～159.9	<42.4	42.4～51.7	51.8～59.2	59.3～61.7	>=61.8
160.0～160.9	<43.1	43.1～52.5	52.6～60.0	60.1～62.5	>=62.6
161.0～161.9	<43.8	43.8～53.3	53.4～60.8	60.9～63.3	>=63.4
162.0～162.0	<44.5	44.5～54.0	54.1～61.5	61.6～64.0	>=64.1
163.0～163.9	<45.3	45.3～54.8	54.9～62.5	62.6～65.0	>=65.1
164.0～164.9	<45.9	45.9～55.5	55.6～63.2	63.3～65.7	>=65.8
165.0～165.9	<46.5	46.5～56.3	56.4～64.0	64.1～66.5	>=66.6
166.0～166.9	<47.1	47.1～57.0	57.1～64.7	64.8～67.2	>=67.3
167.0～167.9	<48.0	48.0～57.8	57.9～65.6	65.7～68.2	>=68.3
168.0～168.9	<48.7	48.7～58.5	58.6～66.3	66.4～68.9	>=69.0
169.0～169.9	<49.3	49.3～59.2	59.3～67.0	67.1～69.6	>=69.7
170.0～170.9	<50.1	50.1～60.0	60.1～67.8	67.9～70.4	>=70.5
171.0～171.9	<50.7	50.7～60.6	60.7～68.8	68.9～71.2	>=71.3
172.0～172.9	<51.4	51.4～61.5	61.6～69.5	69.6～72.1	>=72.2

续表

173.0～173.9	<52.1	52.1～62.2	62.3～70.3	70.4～73.0	>=73.1
174.0～174.9	<52.9	52.9～63.0	63.1～71.3	71.4～74.0	>=74.1
175.0～175.9	<53.7	53.7～63.8	63.9～72.2	72.3～75.0	>=75.1
176.0～176.9	<54.4	54.4～64.5	64.6～73.1	73.2～75.9	>=76.0
177.0～177.9	<55.2	55.2～65.2	65.3～73.9	74.0～76.8	>=76.9
178.0～178.9	<55.7	55.7～66.0	66.1～74.9	75.0～77.8	>=77.9
179.0～179.9	<56.4	56.4～66.7	66.8～75.7	75.8～78.7	>=78.8
180.0～180.9	<57.1	57.1～67.4	67.5～76.4	76.5～79.4	>=79.5
181.0～181.9	<57.7	57.7～68.1	68.2～77.4	77.5～80.6	>=80.7
182.0～182.9	<58.5	58.5～68.9	69.0～78.5	78.6～81.7	>=81.8
183.0～183.9	<59.2	59.2～69.6	69.7～79.4	79.5～82.6	>=82.7
184.0～184.9	<60.0	60.0～70.4	70.5～80.3	80.4～83.6	>=83.7
185.0～185.9	<60.8	60.8～71.2	71.3～81.3	81.4～84.6	>=84.7
186.0～186.9	<61.5	61.5～72.0	72.1～82.2	82.3～85.6	>=85.7
187.0～187.9	<62.3	62.3～72.9	73.0～83.3	83.4～86.7	>=86.8
188.0～188.9	<63.0	63.0～73.7	73.8～84.2	84.3～87.7	>=87.8
189.0～189.9	<63.9	63.9～74.5	74.6～85.0	85.1～88.5	>=88.6
190.0～190.9	<64.6	64.6～75.4	75.5～86.2	86.3～89.8	>=89.9

注:

1. 身高低于表中所列出的最低身高段的下限值时，身高每低1厘米，实测体重需加上0.5公斤，实测身高需加上1厘米，再查表确定分值。

2. 身高高于表中所列出的最高身高段时，身高每高1厘米，其实测体重需减去0.9公斤，实测身高需减去1厘米，再查表确定分值。

表22　高中一年级～三年级女生身高标准体重（体重单位：公斤）

身高段（厘米）	营养不良 7分	较低体重 9分	正常体重 15分	超重 9分	肥胖 7分
140.0～140.9	<33.8	33.8～40.3	40.4～48.0	48.1～50.5	>=50.6
141.0～141.9	<34.3	34.3～40.9	41.0～48.7	48.8～51.3	>=51.4
142.0～142.9	<34.6	34.6～41.4	41.5～49.2	49.3～51.8	>=51.9
143.0～143.9	<35.0	35.0～41.8	41.9～49.9	50.0～52.6	>=52.7
144.0～144.9	<35.3	35.3～42.2	42.3～50.3	50.4～53.0	>=53.1
145.0～145.9	<35.6	35.6～42.7	42.8～51.0	51.1～53.7	>=53.8
146.0～146.9	<36.1	36.1～43.2	43.3～51.6	51.7～54.4	>=54.5
147.0～147.9	<36.7	36.7～43.8	43.9～52.4	52.5～55.2	>=55.3
148.0～148.9	<37.0	37.0～44.3	44.4～52.9	53.0～55.7	>=55.8

续表

149.0~149.9	<37.4	37.4~44.8	44.9~53.4	53.5~56.2	>=56.3
150.0~150.9	<37.9	37.9~45.3	45.4~54.0	54.1~56.9	>=57.0
151.0~151.9	<38.4	38.4~45.8	45.9~54.5	54.6~57.4	>=57.5
152.0~152.9	<38.9	38.9~46.3	46.4~55.2	55.3~57.9	>=58.0
153.0~153.9	<39.4	39.4~46.8	46.9~55.7	55.8~58.6	>=58.7
154.0~154.9	<40.0	40.0~47.4	47.5~56.4	56.5~59.4	>=59.5
155.0~155.9	<40.5	40.5~47.9	48.0~56.9	57.0~59.9	>=60.0
156.0~156.9	<41.1	41.1~48.5	48.6~57.5	57.6~60.5	>=60.6
157.0~157.9	<41.6	41.6~49.1	49.2~58.1	58.2~61.1	>=61.2
158.0~158.9	<42.0	42.0~49.6	49.7~58.8	58.9~61.8	>=61.9
159.0~159.9	<42.5	42.5~50.2	50.3~59.5	59.6~62.6	>=62.7
160.0~160.9	<43.0	43.0~50.7	50.8~60.0	60.1~63.1	>=63.2
161.0~161.9	<43.5	43.5~51.2	51.3~60.7	60.8~63.8	>=63.9
162.0~162.9	<44.0	44.0~51.7	51.8~61.2	61.3~64.3	>=64.4
163.0~163.9	<44.4	44.4~52.2	52.3~61.8	61.9~65.0	>=65.1
164.0~164.9	<44.8	44.8~52.7	52.8~62.3	62.4~65.5	>=65.6
165.0~165.9	<45.2	45.2~53.1	53.2~62.7	62.8~65.9	>=66.0
166.0~166.9	<45.6	45.6~53.6	53.7~63.4	63.5~66.6	>=66.7
167.0~167.9	<46.1	46.1~54.1	54.2~64.1	64.2~67.1	>=67.2
168.0~168.9	<46.6	46.6~54.6	54.7~64.9	65.0~67.6	>=67.7
169.0~169.9	<47.1	47.1~55.2	55.3~65.3	65.4~68.4	>=68.5
170.0~170.9	<47.6	47.6~55.7	55.8~65.8	65.9~68.9	>=69.0
171.0~171.9	<48.1	48.1~56.4	56.5~66.3	66.4~69.6	>=69.7
172.0~172.9	<48.7	48.7~57.0	57.1~67.1	67.2~70.4	>=70.5
173.0~173.9	<49.3	49.3~57.6	57.7~67.7	67.8~71.0	>=71.1
174.0~174.9	<49.9	49.9~58.2	58.3~68.3	68.4~71.6	>=71.7
175.0~175.9	<50.5	50.5~58.9	59.0~69.1	69.2~72.5	>=72.6
176.0~176.9	<50.9	50.9~59.5	59.6~69.9	70.0~73.3	>=73.4
177.0~177.9	<51.6	51.6~60.2	60.3~70.6	70.7~74.0	>=74.1
178.0~178.9	<52.1	52.1~60.9	61.0~71.4	71.5~74.9	>=75.0
179.0~179.9	<52.6	52.6~61.5	61.6~72.0	72.1~75.5	>=75.6
180.0~180.9	<53.3	53.3~62.2	62.3~72.7	72.8~76.2	>=76.3
181.0~181.9	<53.8	53.8~62.8	62.9~73.3	73.4~76.8	>=76.9
182.0~182.9	<54.4	54.4~63.4	63.5~73.9	74.0~77.4	>=77.5
183.0~183.9	<55.0	55.0~64.0	64.1~74.7	74.8~78.2	>=78.3
184.0~184.9	<55.4	55.4~64.6	64.7~75.3	75.4~78.8	>=78.9
185.0~185.9	<55.8	55.8~65.3	65.4~76.1	76.2~79.7	>=79.8

注：

1. 身高低于表中所列出的最低身高段的下限值时，身高每低 1 厘米，实测体重需加上 0.5 公斤，实测身高需加上 1 厘米，再查表确定分值。

2. 身高高于表中所列出的最高身高段时，身高每高 1 厘米，其实测体重需减去 0.9 公斤，实测身高需减去 1 厘米，再查表确定分值。

表 23　高中一年级男生评分标准

分值 项目	优秀				良好				及格				不及格	
	成绩	分值	成绩	分值	成绩	分值	成绩	分值	成绩	分值	成绩	分值	成绩	分值
台阶试验	64 以上	20	63～59	17	58～53	16	52～49	15	48～47	13	46～41	12	40 以下	10
1000 米跑	3′42″以下	20	3′43″～3′50″	17	3′51″～4′06″	16	4′07″～4′25″	15	4′26″～4′39″	13	4′40″～5′14″	12	5′15″以上	10
肺活量体重指数	73 以上	15	72～68	13	67～61	12	60～53	11	52～48	10	47～38	9	37 以下	8
50 米跑（秒）	6.8 以下	30	6.9～7.0	26	7.1～7.3	25	7.4～7.6	23	7.7～7.8	20	7.9～8.4	18	8.5 以上	15
立定跳远（厘米）	254 以上	30	253～248	26	247～235	25	234～220	23	219～215	20	214～198	18	197 以下	15
坐位体前屈（厘米）	17.1 以上	20	17.0～15.0	17	14.9～11.2	16	11.1～7.2	15	7.1～5.0	13	4.9～−1.0	12	−1.1 以下	10
握力体重指数	77 以上	20	76～71	17	70～61	16	60～53	15	52～50	13	49～40	12	39 以下	10

表24　高中一年级女生评分标准

项目＼分值	优秀				良好				及格				不及格	
	成绩	分值	成绩	分值	成绩	分值	成绩	分值	成绩	分值	成绩	分值	成绩	分值
台阶试验	59以上	20	58~55	17	54~50	16	49~46	15	45~44	13	43~40	12	39以下	10
800跑	3′39″以下	20	3′40″~3′48″	17	3′49″~4′04″	16	4′05″~4′24″	15	4′25″~4′37″	13	4′38″~5′10″	12	5′11″以上	10
肺活量体重指数	60以上	15	59~56	13	55~49	12	48~42	11	41~39	10	38~27	9	26以下	8
50米跑（秒）	8.2以下	30	8.3~8.5	26	8.6~8.9	25	9.0~9.4	23	9.5~9.6	20	9.7~10.6	18	10.7以上	15
立定跳远（厘米）	196以上	30	195~190	26	189~179	25	178~169	23	168~162	20	161~145	18	144以下	15
坐位体前屈（厘米）	18.1以上	20	18.0~16.0	17	15.9~12.6	16	12.5~8.6	15	8.5~6.5	13	6.4~0.0	12	−0.1以下	10
握力体重指数	61以上	20	60~55	17	54~48	16	47~40	15	39~38	13	37~29	12	28以下	10
仰卧起坐（次/分钟）	44以上	20	43~40	17	39~35	16	34~28	15	27~25	13	24~16	12	15以下	10

表 25　高中二年级男生评分标准

项目＼分值	优秀				良好				及格				不及格	
	成绩	分值	成绩	分值	成绩	分值	成绩	分值	成绩	分值	成绩	分值	成绩	分值
台阶试验	63 以上	20	62 ~ 59	17	58 ~ 53	16	52 ~ 49	15	48 ~ 46	13	45 ~ 41	12	40 以下	10
1000 米跑	3′41″以下	20	3′42″~3′50″	17	3′51″~4′04″	16	4′05″~4′23″	15	4′24″~4′34″	13	4′35″~5′08″	12	5′09″以上	10
肺活量体重指数	73 以上	15	72 ~ 69	13	68 ~ 61	12	60 ~ 54	11	53 ~ 49	10	48 ~ 36	9	35 以下	8
50 米跑（秒）	6.6 以下	30	6.7 ~ 6.9	26	7.0 ~ 7.2	25	7.3 ~ 7.4	23	7.5 ~ 7.6	20	7.7 ~ 8.2	18	8.3 以上	15
立定跳远（厘米）	256 以上	30	255 ~ 250	26	249 ~ 235	25	234 ~ 221	23	220 ~ 215	20	214 ~ 190	18	189 以下	15
坐位体前屈（厘米）	17.1 以上	20	17.0 ~ 15.0	17	14.9 ~ 11.5	16	11.4 ~ 7.2	15	7.1 ~ 5.0	13	4.9 ~ −2.0	12	−2.1 以下	10
握力体重指数	81 以上	20	80 ~ 76	17	75 ~ 67	16	66 ~ 58	15	57 ~ 52	13	51 ~ 41	12	40 以下	10

表 26 初中三年级女生评分标准

分值 / 项目	优秀				良好				及格				不及格	
	成绩	分值	成绩	分值	成绩	分值	成绩	分值	成绩	分值	成绩	分值	成绩	分值
台阶试验	58 以上	20	57 ~ 54	17	53 ~ 49	16	48 ~ 45	15	44 ~ 42	13	41 ~ 39	12	38 以下	10
800 跑	3′40"以下	20	3′41"~3′49"	17	3′50"~4′05"	16	4′06"~4′25"	15	4′26"~4′37"	13	4′38"~5′12"	12	5′13"以上	10
肺活量体重指数	60 以上	15	59 ~ 55	13	54 ~ 48	12	47 ~ 41	11	40 ~ 38	10	37 ~ 26	9	25 以下	8
50 米跑（秒）	8.1 以下	30	8.2 ~ 8.4	26	8.5 ~ 8.8	25	8.9 ~ 9.2	23	9.3 ~ 9.4	20	9.5 ~ 10.3	18	10.4 以上	15
立定跳远（厘米）	194 以上	30	193 ~ 186	26	185 ~ 175	25	174 ~ 165	23	164 ~ 160	20	159 ~ 140	18	139 以下	15
坐位体前屈（厘米）	17.7 以上	20	17.6 ~ 15.8	17	15.7 ~ 12.2	16	12.1 ~ 8.8	15	8.7 ~ 6.3	13	6.2 ~ 0.0	12	−0.1 以下	10
握力体重指数	62 以上	20	61 ~ 56	17	55 ~ 50	16	49 ~ 42	15	41 ~ 40	13	39 ~ 30	12	29 以下	10
仰卧起坐（次/分钟）	45 以上	20	44 ~ 41	17	40 ~ 35	16	34 ~ 30	15	29 ~ 26	13	25 ~ 17	12	16 以下	10

表 27 高中三年级男生评分标准

项目＼分值	优秀				良好				及格				不及格	
	成绩	分值	成绩	分值	成绩	分值	成绩	分值	成绩	分值	成绩	分值	成绩	分值
台阶试验	61 以上	20	60 ~ 57	17	56 ~ 51	16	51 ~ 47	15	46 ~ 45	13	44 ~ 41	12	40 以下	10
1000 米跑	3′39" 以下	20	3′40" ~ 3′48"	17	3′49" ~ 4′03"	16	4′04" ~ 4′22"	15	4′23" ~ 4′34"	13	4′35" ~ 5′11"	12	5′12" 以上	10
肺活量体重指数	71 以上	15	70 ~ 66	13	65 ~ 58	12	57 ~ 50	11	49 ~ 46	10	45 ~ 36	9	35 以下	8
50 米跑（秒）	6.6 以下	30	6.7 ~ 6.8	26	6.9 ~ 7.1	25	7.2 ~ 7.4	23	7.5 ~ 7.6	20	7.7 ~ 8.4	18	8.5 以上	15
立定跳远（厘米）	260 以上	30	259 ~ 252	26	251 ~ 240	25	239 ~ 226	23	225 ~ 220	20	219 ~ 201	18	200 以下	15
坐位体前屈（厘米）	18.8 以上	20	18.7 ~ 16.0	17	15.9 ~ 12.0	16	11.9 ~ 8.0	15	7.9 ~ 6.0	13	5.9 ~ 0.0	12	–0.1 以下	10
握力体重指数	81 以上	20	80 ~ 74	17	73 ~ 66	16	65 ~ 58	15	57 ~ 54	13	53 ~ 41	12	40 以下	10

表 28　高中三年级女生评分标准

项目＼分值	优秀				良好				及格				不及格	
	成绩	分值	成绩	分值	成绩	分值	成绩	分值	成绩	分值	成绩	分值	成绩	分值
台阶试验	57 以上	20	56 ~ 54	17	53 ~ 49	16	48 ~ 45	15	44 ~ 43	13	42 ~ 39	12	38 以下	10
800 跑	3′40″以下	20	3′41″~ 3′50″	17	3′51″~ 4′07″	16	4′08″~ 4′25″	15	4′26″~ 4′38″	13	4′39″~ 5′10″	12	5′11″以上	10
肺活量体重指数	59 以上	15	58 ~ 54	13	53 ~ 48	12	47 ~ 41	11	40 ~ 37	10	36 ~ 26	9	25 以下	8
50 米跑（秒）	8.1 以下	30	8.2 ~ 8.4	26	8.5 ~ 8.8	25	8.9 ~ 9.2	23	9.3 ~ 9.5	20	9.6 ~ 10.0	18	10.1 以上	15
立定跳远（厘米）	198 以上	30	197 ~ 190	26	189 ~ 180	25	179 ~ 170	23	169 ~ 160	20	159 ~ 135	18	134 以下	15
坐位体前屈（厘米）	19.1 以上	20	19.0 ~ 16.5	17	16.4 ~ 13.0	16	12.9 ~ 10.0	15	9.9 ~ 7.8	13	7.7 ~ 0.0	12	-0.1 以下	10
握力体重指数	59 以上	20	58 ~ 55	17	54 ~ 49	16	48 ~ 43	15	42 ~ 40	13	39 ~ 30	12	29 以下	10
仰卧起坐（次/分钟）	44 以上	20	43 ~ 41	17	40 ~ 35	16	34 ~ 29	15	28 ~ 25	13	24 ~ 18	12	17 以下	10

表 29　大学男生身高标准体重（体重单位：公斤）

身高段 （厘米）	营养不良 7 分	较低体重 9 分	正常体重 15 分	超重 9 分	肥胖 7 分
140.0 ~ 140.9	<32.1	32.1 ~ 40.3	40.4 ~ 46.3	46.4 ~ 48.3	> =48.4
141.0 ~ 141.9	<32.4	32.4 ~ 40.7	40.8 ~ 47.0	47.1 ~ 49.1	> =49.2
142.0 ~ 142.9	<32.8	32.8 ~ 41.2	41.3 ~ 47.7	47.8 ~ 49.8	> =49.9
143.0 ~ 143.9	<33.3	33.3 ~ 41.7	41.8 ~ 48.2	48.3 ~ 50.3	> =50.4
144.0 ~ 144.9	<33.6	33.6 ~ 42.2	42.3 ~ 48.8	48.9 ~ 51.0	> =51.1
145.0 ~ 145.9	<34.0	34.0 ~ 42.7	42.8 ~ 49.5	49.6 ~ 51.7	> =51.8
146.0 ~ 146.9	<34.4	34.4 ~ 43.3	43.4 ~ 50.1	50.2 ~ 52.3	> =52.4
147.0 ~ 147.9	<35.0	35.0 ~ 43.9	44.0 ~ 50.8	50.9 ~ 53.1	> =53.2
148.0 ~ 148.9	<35.6	35.6 ~ 44.5	44.6 ~ 51.4	51.5 ~ 53.7	> =53.8
149.0 ~ 149.9	<36.2	36.2 ~ 45.1	45.2 ~ 52.2	52.3 ~ 54.5	> =54.6
150.0 ~ 150.9	<36.7	36.7 ~ 45.7	45.8 ~ 52.8	52.9 ~ 55.1	> =55.2
151.0 ~ 151.9	<37.3	37.3 ~ 46.2	46.3 ~ 53.4	53.5 ~ 55.8	> =55.9
152.0 ~ 152.9	<37.7	37.7 ~ 46.8	46.9 ~ 54.0	54.1 ~ 56.4	> =56.5
153.0 ~ 153.9	<38.2	38.2 ~ 47.4	47.5 ~ 54.6	54.7 ~ 57.0	> =57.1
154.0 ~ 154.9	<38.9	38.9 ~ 48.1	48.2 ~ 55.3	55.4 ~ 57.7	> =27.8
155.0 ~ 155.9	<39.6	39.6 ~ 48.8	48.9 ~ 56.0	56.1 ~ 58.4	> =58.5
156.0 ~ 156.9	<40.4	40.4 ~ 49.6	49.7 ~ 57.0	57.1 ~ 59.4	> =59.5
157.0 ~ 157.9	<41.0	41.0 ~ 50.3	50.4 ~ 57.7	57.8 ~ 60.1	> =60.2
158.0 ~ 158.9	<41.7	41.7 ~ 51.0	51.1 ~ 58.5	58.6 ~ 61.0	> =61.1
159.0 ~ 159.9	<42.4	42.4 ~ 51.7	51.8 ~ 59.2	59.3 ~ 61.7	> =61.8
160.0 ~ 160.9	<43.1	43.1 ~ 52.5	52.6 ~ 60.0	60.1 ~ 62.5	> =62.6
161.0 ~ 161.9	<43.8	43.8 ~ 53.3	53.4 ~ 60.8	60.9 ~ 63.3	> =63.4
162.0 ~ 162.0	<44.5	44.5 ~ 54.0	54.1 ~ 61.5	61.6 ~ 64.0	> =64.1
163.0 ~ 163.9	<45.3	45.3 ~ 54.8	54.9 ~ 62.5	62.6 ~ 65.0	> =65.1
164.0 ~ 164.9	<45.9	45.9 ~ 55.5	55.6 ~ 63.2	63.3 ~ 65.7	> =65.8
165.0 ~ 165.9	<46.5	46.5 ~ 56.3	56.4 ~ 64.0	64.1 ~ 66.5	> =66.6
166.0 ~ 166.9	<47.1	47.1 ~ 57.0	57.1 ~ 64.7	64.8 ~ 67.2	> =67.3
167.0 ~ 167.9	<48.0	48.0 ~ 57.8	57.9 ~ 65.6	65.7 ~ 68.2	> =68.3
168.0 ~ 168.9	<48.7	48.7 ~ 58.5	58.6 ~ 66.3	66.4 ~ 68.9	> =69.0
169.0 ~ 169.9	<49.3	49.3 ~ 59.2	59.3 ~ 67.0	67.1 ~ 69.6	> =69.7
170.0 ~ 170.9	<50.1	50.1 ~ 60.0	60.1 ~ 67.8	67.9 ~ 70.4	> =70.5
171.0 ~ 171.9	<50.7	50.7 ~ 60.6	60.7 ~ 68.8	68.9 ~ 71.2	> =71.3
172.0 ~ 172.9	<51.4	51.4 ~ 61.5	61.6 ~ 69.5	69.6 ~ 72.1	> =72.2

续表

173.0~173.9	<52.1	52.1~62.2	62.3~70.3	70.4~73.0	> =73.1
174.0~174.9	<52.9	52.9~63.0	63.1~71.3	71.4~74.0	> =74.1
175.0~175.9	<53.7	53.7~63.8	63.9~72.2	72.3~75.0	> =75.1
176.0~176.9	<54.4	54.4~64.5	64.6~73.1	73.2~75.9	> =76.0
177.0~177.9	<55.2	55.2~65.2	65.3~73.9	74.0~76.8	> =76.9
178.0~178.9	<55.7	55.7~66.0	66.1~74.9	75.0~77.8	> =77.9
179.0~179.9	<56.4	56.4~66.7	66.8~75.7	75.8~78.7	> =78.8
180.0~180.9	<57.1	57.1~67.4	67.5~76.4	76.5~79.4	> =79.5
181.0~181.9	<57.7	57.7~68.1	68.2~77.4	77.5~80.6	> =80.7
182.0~182.9	<58.5	58.5~68.9	69.0~78.5	78.6~81.7	> =81.8
183.0~183.9	<59.2	59.2~69.6	69.7~79.4	79.5~82.6	> =82.7
184.0~184.9	<60.0	60.0~70.4	70.5~80.3	80.4~83.6	> =83.7
185.0~185.9	<60.8	60.8~71.2	71.3~81.3	81.4~84.6	> =84.7
186.0~186.9	<61.5	61.5~72.0	72.1~82.2	82.3~85.6	> =85.7
187.0~187.9	<62.3	62.3~72.9	73.0~83.3	83.4~86.7	> =86.8
188.0~188.9	<63.0	63.0~73.7	73.8~84.2	84.3~87.7	> =87.8
189.0~189.9	<63.9	63.9~74.5	74.6~85.0	85.1~88.5	> =88.6
190.0~190.9	<64.6	64.6~75.4	75.5~86.2	86.3~89.8	> =89.9

注：

1. 身高低于表中所列出的最低身高段的下限值时，身高每低 1 厘米，实测体重需加上 0.5 公斤，实测身高需加上 1 厘米，再查表确定分值。

2. 身高高于表中所列出的最高身高段时，身高每高 1 厘米，其实测体重需减去 0.9 公斤，实测身高需减去 1 厘米，再查表确定分值。

表 30　大学女生身高标准体重（体重单位：公斤）

身高段	营养不良	较低体重	正常体重	超重	肥胖
（厘米）	7 分	9 分	15 分	9 分	7 分
140.0~140.9	<36.5	36.5~42.4	42.5~50.6	50.7~53.3	> =53.4
141.0~141.9	<36.6	36.6~42.9	43.0~51.3	51.4~54.1	> =54.2
142.0~142.9	<36.8	36.8~43.2	43.3~51.9	52.0~54.7	> =54.8
143.0~143.9	<37.0	37.0~43.5	43.6~52.3	52.4~55.2	> =55.3
144.0~144.9	<37.2	37.2~43.7	43.8~52.7	52.8~55.6	> =55.7
145.0~145.9	<37.5	37.5~44.0	44.1~53.1	53.2~56.1	> =56.2
146.0~146.9	<37.9	37.9~44.4	44.5~53.7	53.8~56.7	> =56.8

续表

147.0 ~ 147.9	<38.5	38.5 ~ 45.0	45.1 ~ 54.3	54.4 ~ 57.3	> =57.4
148.0 ~ 148.9	<39.1	39.1 ~ 45.7	45.8 ~ 55.0	55.1 ~ 58.0	> =58.1
149.0 ~ 149.9	<39.5	39.5 ~ 46.2	46.3 ~ 55.6	55.7 ~ 58.7	> =58.8
150.0 ~ 150.9	<39.9	39.9 ~ 46.6	46.7 ~ 56.2	56.3 ~ 59.3	> =59.4
151.0 ~ 151.9	<40.3	40.3 ~ 47.1	47.2 ~ 56.7	56.8 ~ 59.8	> =59.9
152.0 ~ 152.9	<40.8	40.8 ~ 47.6	47.7 ~ 57.4	57.5 ~ 60.5	> =60.6
153.0 ~ 153.9	<41.4	41.4 ~ 48.2	48.3 ~ 57.9	58.0 ~ 61.1	> =61.2
154.0 ~ 154.9	<41.9	41.9 ~ 48.8	48.9 ~ 58.6	58.7 ~ 61.9	> =62.0
155.0 ~ 155.9	<42.3	42.3 ~ 49.1	49.2 ~ 59.1	59.2 ~ 62.4	> =62.5
156.0 ~ 156.9	<42.9	42.9 ~ 49.7	49.8 ~ 59.7	59.8 ~ 63.0	> =63.1
157.0 ~ 157.9	<43.5	43.5 ~ 50.3	50.4 ~ 60.4	60.5 ~ 63.6	> =63.7
158.0 ~ 158.9	<44.0	44.0 ~ 50.8	50.9 ~ 61.2	61.3 ~ 64.5	> =64.6
159.0 ~ 159.9	<44.5	44.5 ~ 51.4	51.5 ~ 61.7	61.8 ~ 65.1	> =65.2
160.0 ~ 160.9	<45.0	45.0 ~ 52.1	52.2 ~ 62.3	62.4 ~ 65.6	> =65.7
161.0 ~ 161.9	<45.4	45.4 ~ 52.5	52.6 ~ 62.8	62.9 ~ 66.2	> =66.3
162.0 ~ 162.9	<45.9	45.9 ~ 53.1	53.2 ~ 63.4	63.5 ~ 66.8	> =66.9
163.0 ~ 163.9	<46.4	46.4 ~ 53.6	53.7 ~ 63.9	64.0 ~ 67.3	> =67.4
164.0 ~ 164.9	<46.8	46.8 ~ 54.2	54.3 ~ 64.5	64.6 ~ 67.9	> =68.0
165.0 ~ 165.9	<47.4	47.4 ~ 54.8	54.9 ~ 65.0	65.1 ~ 68.3	> =68.4
166.0 ~ 166.9	<48.0	48.0 ~ 55.4	55.5 ~ 65.5	65.6 ~ 68.9	> =69.0
167.0 ~ 167.9	<48.5	48.5 ~ 56.0	56.1 ~ 66.2	66.3 ~ 69.5	> =69.6
168.0 ~ 168.9	<49.0	49.0 ~ 56.4	56.5 ~ 66.7	66.8 ~ 70.1	> =70.2
169.0 ~ 169.9	<49.4	49.4 ~ 56.8	56.9 ~ 67.3	67.4 ~ 70.7	> =70.8
170.0 ~ 170.9	<49.9	49.9 ~ 57.3	57.4 ~ 67.9	68.0 ~ 71.4	> =71.5
171.0 ~ 171.9	<50.2	50.2 ~ 57.8	57.9 ~ 68.5	68.6 ~ 72.1	> =72.2
172.0 ~ 172.9	<50.7	50.7 ~ 58.4	58.5 ~ 69.1	69.2 ~ 72.7	> =72.8
173.0 ~ 173.9	<51.0	51.0 ~ 58.8	58.9 ~ 69.6	69.7 ~ 73.1	> =73.2
174.0 ~ 174.9	<51.3	51.3 ~ 59.3	59.4 ~ 70.2	70.3 ~ 73.6	> =73.7
175.0 ~ 175.9	<51.9	51.9 ~ 59.9	60.0 ~ 70.8	70.9 ~ 74.4	> =74.5
176.0 ~ 176.9	<52.4	52.4 ~ 60.4	60.5 ~ 71.5	71.6 ~ 75.1	> =75.2
177.0 ~ 177.9	<52.8	52.8 ~ 61.0	61.1 ~ 72.1	72.2 ~ 75.7	> =75.8
178.0 ~ 178.9	<53.2	53.2 ~ 61.5	61.6 ~ 72.6	72.7 ~ 76.2	> =76.3
179.0 ~ 179.9	<53.6	53.6 ~ 62.0	62.1 ~ 73.2	73.3 ~ 76.7	> =76.8
180.0 ~ 180.9	<54.1	54.1 ~ 62.5	62.6 ~ 73.7	73.8 ~ 77.0	> =77.1
181.0 ~ 181.9	<54.5	54.5 ~ 63.1	63.2 ~ 74.3	74.4 ~ 77.8	> =77.9
182.0 ~ 182.9	<55.1	55.1 ~ 63.8	63.9 ~ 75.0	75.1 ~ 79.4	> =79.5
183.0 ~ 183.9	<55.6	55.6 ~ 64.5	64.6 ~ 75.7	75.8 ~ 80.4	> =80.5
184.0 ~ 184.9	<56.1	56.1 ~ 65.3	65.4 ~ 76.6	76.7 ~ 81.2	> =81.3
185.0 ~ 185.9	<56.8	56.8 ~ 66.1	66.2 ~ 77.5	77.6 ~ 82.4	> =82.5
186.0 ~ 186.9	<57.3	57.3 ~ 66.9	67.0 ~ 78.6	78.7 ~ 83.3	> =83.4

注：

1. 身高低于表中所列出的最低身高段的下限值时，身高每低 1 厘米，实测体重需加上 0.5 公斤，实测身高需加上 1 厘米，再查表确定分值。

2. 身高高于表中所列出的最高身高段时，身高每高 1 厘米，其实测体重需减去 0.9 公斤，实测身高需减去 1 厘米，再查表确定分值。

表 31　大学男生评分标准

分值 项目	优秀				良好				及格				不及格	
	成绩	分值	成绩	分值	成绩	分值	成绩	分值	成绩	分值	成绩	分值	成绩	分值
台阶试验	59 以上	20	58 ~ 54	17	53 ~ 50	16	49 ~ 46	15	45 ~ 43	13	42 ~ 40	12	39 以下	10
1000 米跑	3′39" 以下	20	3′40" ~ 3′46"	17	3′37", ~ 4′00"	16	4′01", ~ 4′18"	15	4′19", ~ 4′29"	13	4′30" ~ 5′04"	12	5′05" 以上	10
肺活量体重指数	75 以上	15	74 ~ 70	13	69 ~ 64	12	63 ~ 57	11	56 ~ 54	10	53 ~ 44	9	43 以下	8
50 米跑（秒）	6.8 以下	30	6.9 ~ 7.0	26	7.1 ~ 7.3	25	7.4 ~ 7.7	23	7.8 ~ 8.0	20	8.1 ~ 8.4	18	8.5 以上	15
立定跳远（厘米）	255 以上	30	254 ~ 250	26	249 ~ 239	25	238 ~ 227	23	226 ~ 220	20	219 ~ 195	18	194 以下	15
坐位体前屈（厘米）	18.1 以上	20	18.0 ~ 16.0	17	15.9 ~ 12.3	16	12.2 ~ 8.9	15	8.8 ~ 6.7	13	6.6 ~ 0.1	12	0.0 以下	10
握力体重指数	75 以上	20	74 ~ 70	17	69 ~ 63	16	62 ~ 56	15	55 ~ 51	13	50 ~ 41	12	40 以下	10

表 32　大学女生评分标准

项目＼分值	优秀				良好				及格				不及格	
	成绩	分值	成绩	分值	成绩	分值	成绩	分值	成绩	分值	成绩	分值	成绩	分值
台阶试验	56 以上	20	55 ~ 52	17	51 ~ 48	16	47 ~ 44	15	43 ~ 42	13	41 ~ 25	12	24 以下	10
800 跑	3′37″以下	20	3′38″~3′45″	17	3′46″~4′00″	16	4′01″~4′19″	15	4′20″~4′33″	13	4′31″~5′03″	12	5′04″以上	10
肺活量体重指数	61 以上	15	60 ~ 57	13	56 ~ 51	12	50 ~ 46	11	45 ~ 42	10	41 ~ 32	9	31 以下	8
50 米跑（秒）	8.3 以下	30	8.4 ~ 8.7	26	8.8 ~ 9.1	25	9.2 ~ 9.6	23	9.7 ~ 9.8	20	9.9 ~ 11.0	18	11.1 以上	15
立定跳远（厘米）	196 以上	30	195 ~ 187	26	186 ~ 178	25	177 ~ 166	23	165 ~ 161	20	160 ~ 139	18	138 以下	15
坐位体前屈（厘米）	18.1 以上	20	18.0 ~ 16.2	17	16.1 ~ 13.0	16	12.9 ~ 9.0	15	8.9 ~ 7.8	13	7.7 ~ 3.0	12	2.9 以下	10
握力体重指数	57 以上	20	56 ~ 52	17	51 ~ 46	16	45 ~ 40	15	39 ~ 36	13	35 ~ 29	12	28 以下	10
仰卧起坐（次/分钟）	44 以上	20	43 ~ 41	17	40 ~ 35	16	34 ~ 28	15	27 ~ 24	13	23 ~ 20	12	19 以下	10

附表三　学生体质健康标准（试行方案）登记卡（小学）

省(自治区、直辖市)		地(市、区、盟)			县(旗)		
学校		班级		学号		IC 卡号	
姓名		性别		民族		出生年月	

年级　成绩　项目	小学一、二年级		小学三、四年级		小学五、六年级	
	一年级	二年级	三年级	四年级	五年级	六年级
身高						
体重						
坐位体前屈						
50 米跑						
立定跳远						
肺活量						
台阶试验*						
50 米×8 往返跑*						
仰卧起坐*						
握力*						
学年得分						
学段得分						
评价等级						
体育教师签字						
班主任						

注:1. 带*号为选择项目,根据《标准》的要求进行选择。

2. 评价等级栏内按“优秀”“良好”“及格”“不及格”填写。

学校签章:

附表四　学生体质健康标准(试行方案)登记卡(初级中学)

省(自治区、直辖市)		地(市、区、盟)			县(旗)		
学校		班级		学号		IC 卡号	
姓名		性别		民族		出生年月	

成绩 / 年级 / 项目	中学一年级		中学二年级		中学三年级	
身高						
体重						
台阶试验*						
1000 米跑(男)*						
800 米跑(女)*						
肺活量						
50 米跑*						
立定跳远						
坐位体前屈*						
仰卧起坐*						
握力*						
学年得分						
评价等级						
体育教师签字						
班主任签字						

注:1. 带*号为选择项目,根据《标准》的要求进行选择。

2. 评价等级栏内按“优秀”“良好”“及格”“不及格”填写。

学校签章:

附表五　学生体质健康标准(试行方案)登记卡(高级中学)

省(自治区、直辖市)		地(市、区、盟)				县(旗)	
学校		班级		学号		IC 卡号	
姓名		性别		民族		出生年月	

成绩 / 年级 / 项目	中学一年级		中学二年级		中学三年级	
身高						
体重						
台阶试验 *						
1000 米跑(男) *						
800 米跑(女) *						
肺活量						
50 米跑 *						
立定跳远 *						
坐位体前屈 *						
仰卧起坐(女) *						
握力 *						
学年得分						
评价等级						
体育教师签字						
班主任签字						

注:1. 带＊号为选择项目,根据《标准》的要求进行选择。

2. 评价等级栏内按“优秀”“良好”“及格”“不及格”填写。

学校签章:

附表六　学生体质健康标准（试行方案）登记卡（大学）

省（自治区、直辖市）		地（市、区、盟）			县（旗）		
学校		班级		学号		IC 卡号	
姓名		性别		民族		出生年月	

项目 \ 年级 成绩	一年级	二年级	三年级	四年级
身高				
体重				
台阶试验*				
1000 米跑（男）*				
800 米跑（女）*				
肺活量				
50 米跑				
立定跳远				
坐位体前屈				
仰卧起坐*				
握力*				
学年得分				
评价等级				
体育教师签字				
班主任签字				

注：1. 带＊号为选择项目，根据《标准》的要求进行选择。

2. 评价等级栏内按“优秀”“良好”“及格”“不及格”填写。

学校签章：

附表七　免于执行体质健康标准（试行方案）申请表

<table>
<tr><td>姓名</td><td></td><td>性别</td><td></td><td>出生年月</td><td></td></tr>
<tr><td>班级</td><td colspan="2"></td><td>家长签字</td><td colspan="2"></td></tr>
<tr><td>原因</td><td colspan="5"></td></tr>
<tr><td>医院证明</td><td colspan="5"></td></tr>
<tr><td>班主任签字</td><td colspan="2"></td><td>体育教师签字</td><td colspan="2"></td></tr>
<tr><td>学校审批意见</td><td colspan="5"></td></tr>
</table>

注：1. 本表一式二份，一份放入学生档案，一份报上级教育主管部门备案。

2. 高等学校家长签字栏可由学生本人签。

参考文献

1.【健身气功新功法丛书】《健身气功·易筋经》、《健身气功·五禽戏》、《健身气功·六字诀》、《健身气功·八段锦》，国家体育总局健身气功管理中心编，2003.7，人民体育出版社

2.《中国传统保健体育与养生》，虞定海主编，2001.10，上海科学技术出版社

3. 袁顺兴．《健身气功具有良好的养生保健作用》，《健身气功》，2006年第1期

4.《运动生理学》（体育系通用教材），体育院、系教材编审委员会《运动生理学》编写组编，1984年5月第2版，人民体育出版社

5.《大学体育》，赖有才主编，1991年，黑龙江教育出版社

6. 周荔裳．《气功和健身气功答疑》，《健身气功》，2004年第1期

7. 张天戈．《“气功”一词的由来与发展演变》，《健身气功》，2005年第2期

8. 刘天君．《健身气功概念浅议》，《健身气功》，2004年第2期

9.《健身气功培训教程》（试用），国家体育总局武术运动管理中心编，1998.12，人民体育出版社